기초에서 실무까지

정보화 실무

교재에서 사용하는 실습 파일 및 완성 파일은
교학사 홈페이지의 [자료실]-[출판]-[단행본]으로 접속하여
'정보화 실무 한글 2022'로 검색한 후 다운로드하여 사용하세요.

Contents

SECTION 01 한글 2022 시작하기
① 한글 2022 실행하기와 종료하기 ·········· 4
② 한글 2022 화면 구성 살펴보기 ·········· 5
③ 문서 작성하고 저장하기 ·········· 7

SECTION 02 특수 문자·한자 입력하기
① 특수 문자 입력하기 ·········· 10
② 한자 입력하기 ·········· 13

SECTION 03 복사하기·오려 두기·붙이기
① 복사하여 붙이기 ·········· 16
② 오려 두고 붙이기 ·········· 18

SECTION 04 글자 모양 설정하기
① 글꼴과 글자 크기 설정하기 ·········· 20
② 다양한 글자 속성 설정하기 ·········· 22

SECTION 05 문단 모양 설정하기
① 줄 간격과 정렬 방식 설정하기 ·········· 26
② 테두리/배경 설정하기 ·········· 29

SECTION 06 스타일 설정하기
① 스타일 만들기 ·········· 32
② 스타일 적용하기 ·········· 36

SECTION 07 이미지로 문서 꾸미기
① 이미지 삽입하기 ·········· 38
② 캡션 넣고 여백 설정하기 ·········· 42

SECTION 08 글상자 활용하기
① 글상자 입력하기 ·········· 46
② 글상자 꾸미기 ·········· 48

SECTION 09 글맵시·그리기마당 활용하기
① 글맵시 입력하기 ·········· 52
② 그리기마당 입력하기 ·········· 55

SECTION 10 표 작성하기
① 표 만들고 내용 입력하기 ·········· 58
② 줄/칸 간격 조절하기 ·········· 61
③ 셀 테두리와 배경색 설정하기 ·········· 63

SECTION 11 표 계산하기
- ❶ 블록 합계 구하기 66
- ❷ 블록 평균 구하기 69

SECTION 12 도형으로 문서 만들기
- ❶ 도형 삽입하기 72
- ❷ 도형으로 항목 만들기 75

SECTION 13 차트 만들기
- ❶ 차트 삽입하기 80
- ❷ 차트 속성 설정하기 82

SECTION 14 수식 만들기
- ❶ 수식 편집기 살펴보기 86
- ❷ 수식 입력하기 87

SECTION 15 머리말/꼬리말, 주석, 쪽 번호 입력하기
- ❶ 머리말/꼬리말 입력하기 90
- ❷ 주석 입력하기 93
- ❸ 쪽 번호 입력하기 94

SECTION 16 문단 번호 적용하고 차례 만들기
- ❶ 문단 번호 적용하기 96
- ❷ 차례 만들기 99

SECTION 17 찾아 바꾸기와 조판 부호 지우기
- ❶ 틀린 글자 찾아 바꾸기 102
- ❷ 조판 부호 지우기 105

SECTION 18 다단과 구역 설정하기
- ❶ 다단 설정하기 108
- ❷ 구역 설정하기 109

SECTION 19 덧말, 첫 글자 장식, 강조점 넣기
- ❶ 덧말 넣기 112
- ❷ 첫 글자 장식하기 113
- ❸ 강조점 넣기 114

SECTION 20 책갈피와 하이퍼링크
- ❶ 책갈피 넣기 116
- ❷ 하이퍼링크 연결하기 118

Hangul 2022

01 한글 2022 시작하기
SECTION

한글 2022는 편리한 사용자 인터페이스와 빠른 편집 기능을 사용하여 문서를 작성할 수 있는 대표적인 프로그램입니다. 한글 2022는 다양한 콘텐츠를 내려받아 문서 작성을 할 수 있으며 스마트폰과 태블릿에서도 편하게 사용할 수 있도록 앱 기능이 강화되었습니다.

1 한글 2022 실행하기와 종료하기

1 바탕화면에 있는 '한글 2022'를 더블 클릭하면 '문서 시작 도우미'가 나타납니다. '문서 시작 도우미'에서 '새 문서'를 클릭합니다.

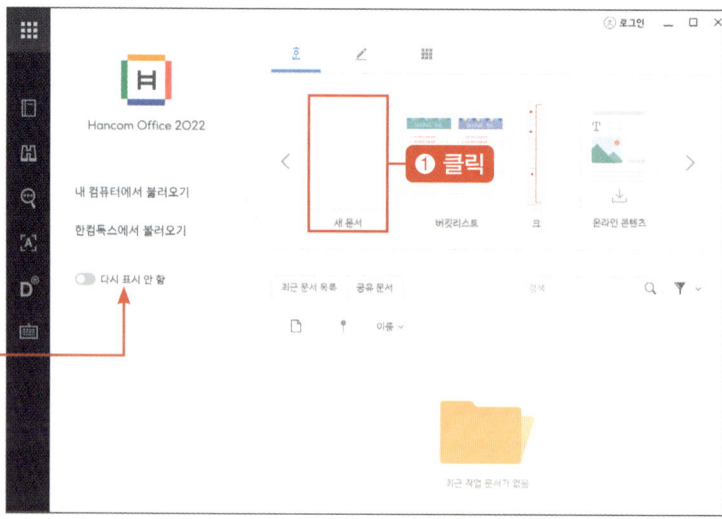

TIP 왼쪽의 '다시 표시 안 함'을 체크하면 한글 2022를 시작할 때 바로 '새 문서'가 나타납니다. '문서 시작 도우미'를 다시 시작하려면 [파일] 탭의 '문서 시작 도우미'를 클릭합니다.

2 새 문서가 나타납니다. 한글 2022를 종료하려면 [파일] 탭의 '끝'을 클릭합니다.

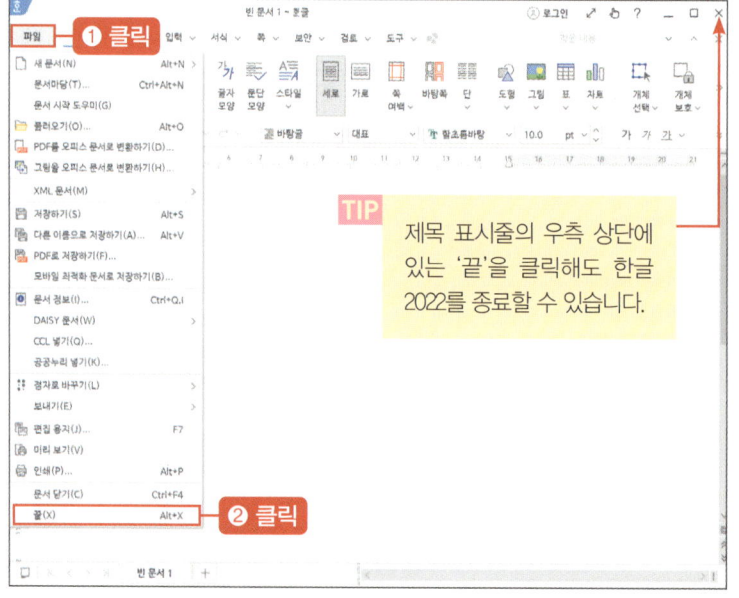

TIP 제목 표시줄의 우측 상단에 있는 '끝'을 클릭해도 한글 2022를 종료할 수 있습니다.

4 • 정보화 실무 한글 2022

2 한글 2022 화면 구성 살펴보기

① 한글 2022는 다양한 요소로 구성되어 있습니다. 아래 화면 구성을 살펴보면서 한글 2022의 기능을 알아봅니다.

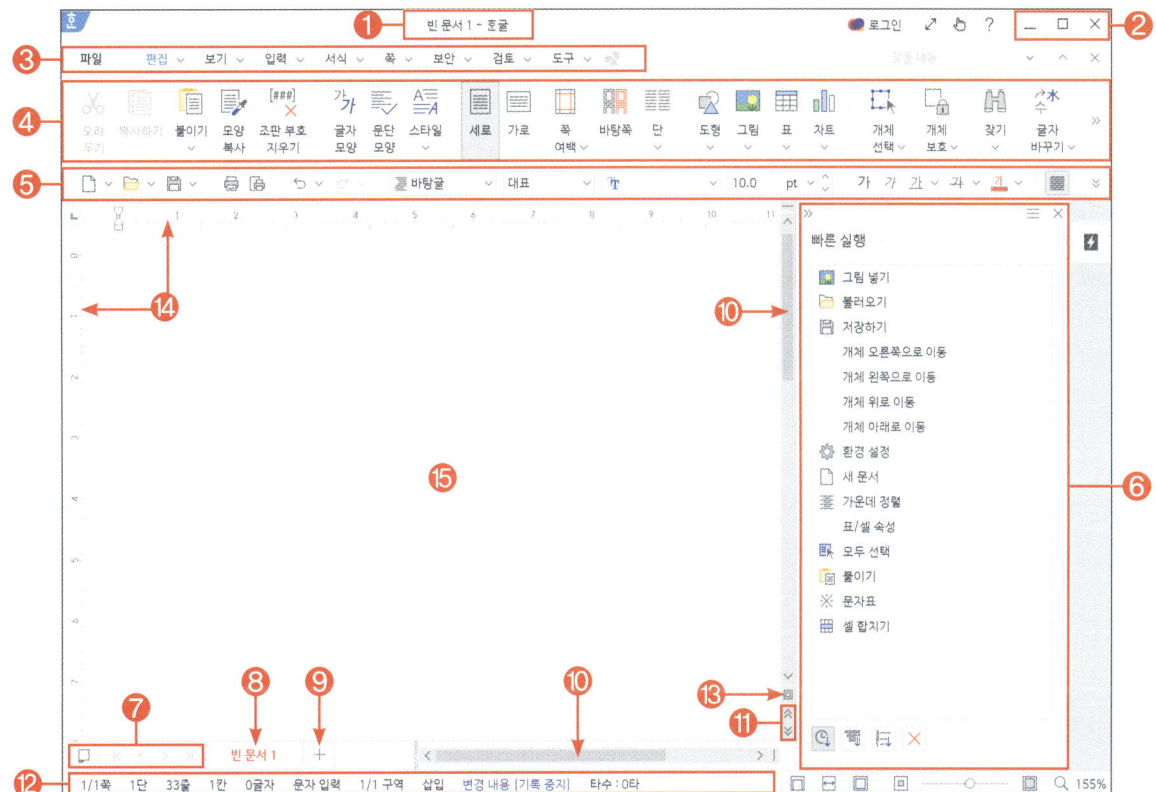

❶ **제목 표시줄** 현재 작업 중인 문서의 경로와 파일 이름을 표시합니다.

❷ **창 조절 단추** 창 크기의 최소화, 이전 크기로 복원 또는 최대화, 창 닫기의 기능을 합니다.

❸ **메뉴 표시줄** 모든 기능이 메뉴 방식으로 표시되어 있으며 메뉴의 ∨를 클릭하면 하위 메뉴가 나타납니다.

❹ **기본 도구 상자** 각 메뉴에서 자주 사용하는 기능을 그룹별로 묶어 놓았으며, [메뉴] 탭을 클릭하면 해당 기능이 열림 상자 형식으로 나타납니다.

❺ **서식 도구 상자** 문서를 작성할 때 자주 사용하는 기능을 모아 아이콘으로 묶어 놓은 곳입니다.

❻ **작업창** [보기] 탭의 [작업창]에서 보이기/감추기 상태를 정할 수 있습니다. 11개의 작업창이 제공되며 작업창을 활용하면 문서 편집 시간을 줄일 수 있고 작업 속도를 높여 효율적입니다.

❼ **탭 이동 아이콘** 여러 개의 문서 탭이 열려 있을 때 이전 탭/다음 탭으로 이동합니다. 단, 탭이 너무 많아서 한 번에 보이지 않을 때만 활성화됩니다.

❽ **문서 탭** 작성 중인 문서의 파일명을 표시하며 저장되지 않은 문서는 빨간색, 저장 완료된 문서는 검은색으로 표시됩니다.

❾ **새 탭** 문서에 새 탭을 추가합니다.

❿ **가로/세로 이동 막대** 문서 내용 화면이 편집 화면보다 크거나 작을 때 화면을 가로/세로로 이동합니다.

⓫ **쪽 이동 아이콘** 작성 중인 문서가 여러 장일 때 쪽 단위로 이동합니다.

⓬ **상황선** 편집창의 상태와 마우스 커서의 위치 등 다양한 정보를 보여 줍니다.

⓭ **보기 선택 아이콘** 쪽 윤곽, 문단 부호 보이기/숨기기, 조판 부호 보이기/숨기기, 투명 선 보이기/숨기기, 격자 설정, 찾기, 쪽 찾아가기, 구역 찾아가기, 줄 찾아가기, 스타일 찾아가기 설정, 조판 부호 찾아가기 설정 등 보기 관련 다양한 기능을 선택할 수 있습니다.

⓮ **눈금자** 문서의 레이아웃과 가로세로 간격을 직접 확인하며 조절할 수 있습니다.

⓯ **편집창** 글자나 그림과 같은 내용을 넣고 꾸미는 작업 공간입니다.

② [새 문서]를 실행하면 기본적으로 [편집] 탭이 선택된 상태로 [기본 도구 상자]가 제공됩니다. 메뉴에서 [입력] 탭을 클릭하면 [기본 도구 상자]가 변경됩니다.

③ [입력] 탭의 ∨를 클릭하면 하위 메뉴가 펼쳐집니다. 하위 메뉴 중에서 [덧말 넣기]를 클릭합니다. [덧말 넣기] 대화 상자가 열립니다.

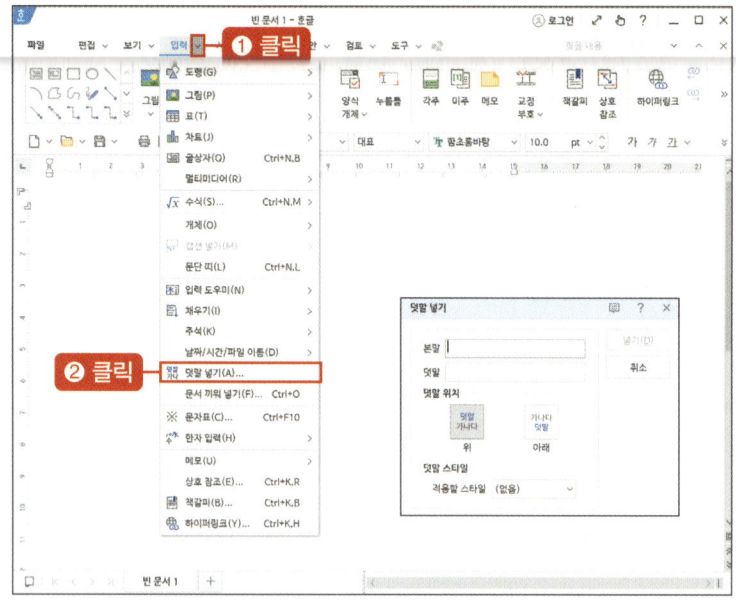

> **TIP** 대화 상자는 어떤 작업을 할 때 구체적으로 어떻게 할 것인지 사용자에게 물어보는 창입니다. 대화 상자를 통해 구현하고자 하는 사항을 상세하게 설정할 수 있습니다.

더 알아보기 [빠른 메뉴]

문서에서 마우스 오른쪽 버튼을 누르면 현재 상태에서 실행할 수 있는 기능을 단축키와 함께 보여 주는 [빠른 메뉴]가 열립니다. 화면 상단의 메뉴를 클릭하면 필요하지 않은 메뉴도 표시되지만, [빠른 메뉴]를 활용하면 현재 상태에서 실행 가능한 메뉴만을 표시해 주어 편리합니다.

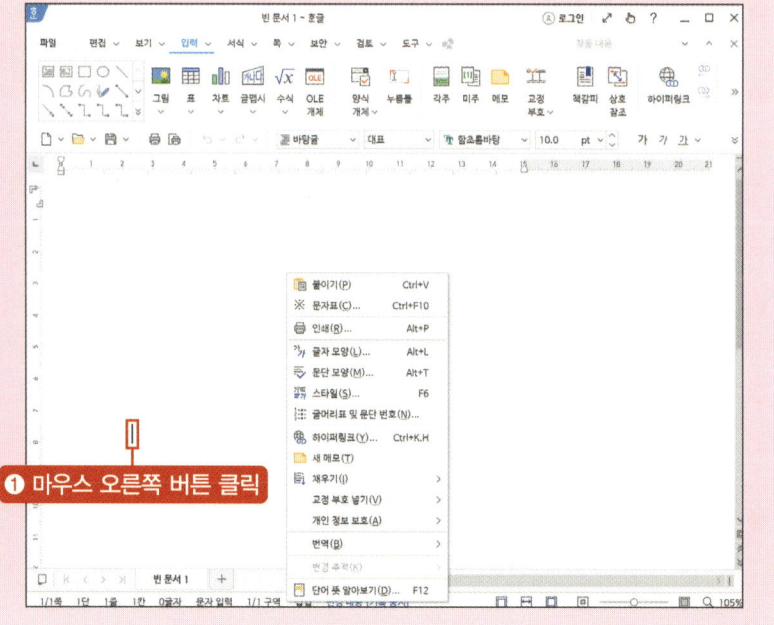

3 문서 작성하고 저장하기

1 한글 2022를 실행한 후 다음과 같이 입력합니다. 문서를 저장하기 위해 [서식 도구 상자]의 '저장하기'를 클릭합니다.

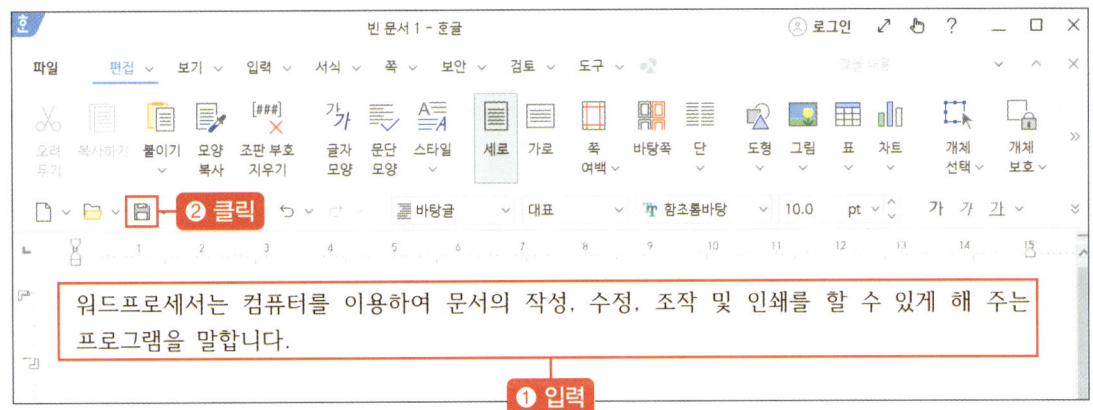

2 '새 폴더'를 클릭하여 만든 폴더의 이름을 '한글 2022 연습'으로 입력하고 Enter 키를 누릅니다. 이름이 설정되면 '한글 2022 연습' 폴더를 선택한 후 [열기]를 클릭합니다.

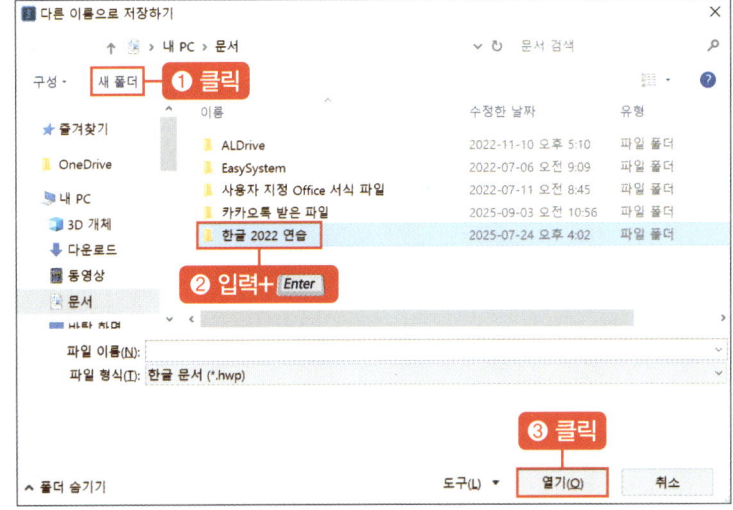

3 '파일 이름'에 '워드프로세서'를 입력하고 '파일 형식'은 'hwpx'를 선택한 후 [저장]을 클릭합니다.

TIP 기존 한글 문서가 호환성이 떨어지고 데이터 분석이 어렵다는 문제를 해결하고, 문서에 대한 개방성을 확보하기 위해 XML 기반의 개방형 파일 형식인 'hwpx'로 문서를 저장해 봅니다.

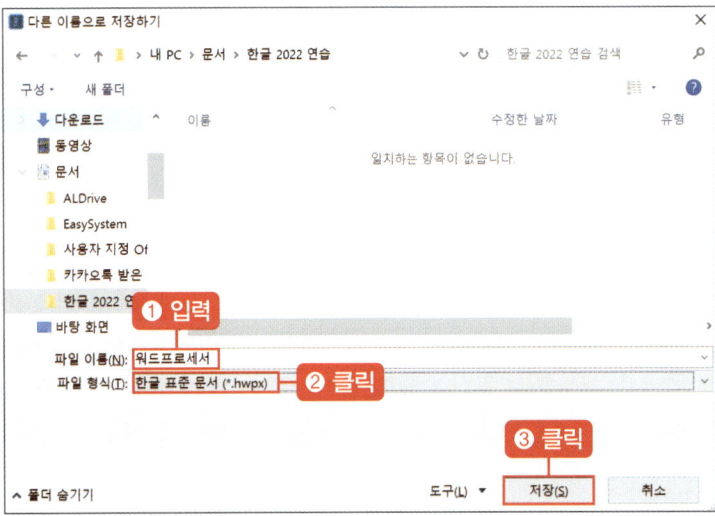

④ 기존 문서에 다음과 같이 추가 입력합니다.

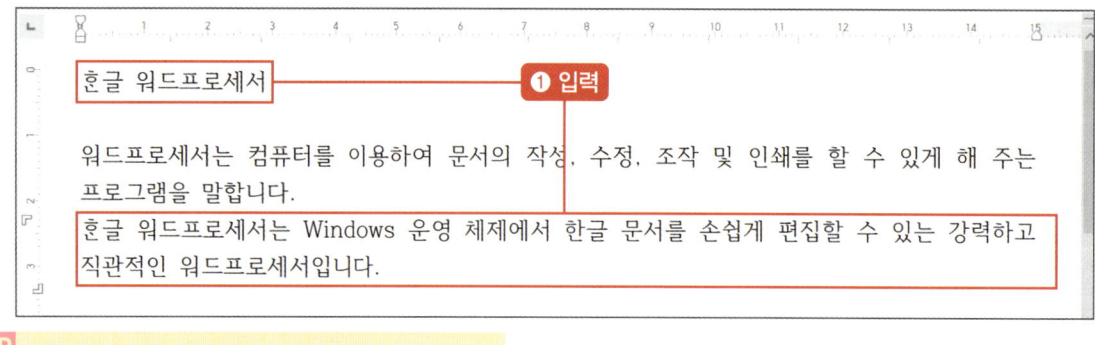

TIP
- ㅣ 키를 두 번 누르면 'ㆍ'가 입력됩니다.
- ㅎ, ㅏ, ㄴ 키를 누르면 '한'이 입력되고
- ㅎ, ㅏ, ㅏ, ㄴ 키를 누르면 'ᄒᆞᆫ'이 입력됩니다.

⑤ 현재 문서를 다른 파일 이름으로 변경하여 저장하려면 [파일] 탭의 '다른 이름으로 저장하기'를 클릭합니다.

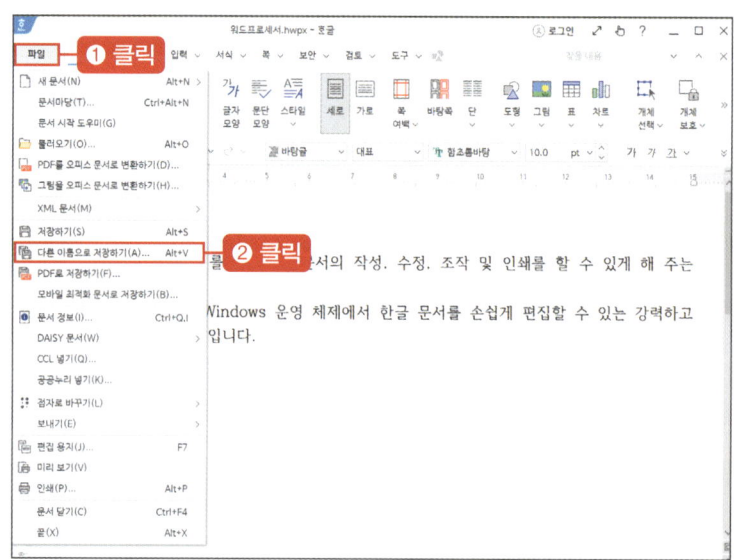

⑥ [다른 이름으로 저장하기] 대화 상자가 열리면 저장할 폴더를 선택하고 '파일 이름'을 '한글 워드프로세서'로 입력한 후 [저장]을 클릭합니다.

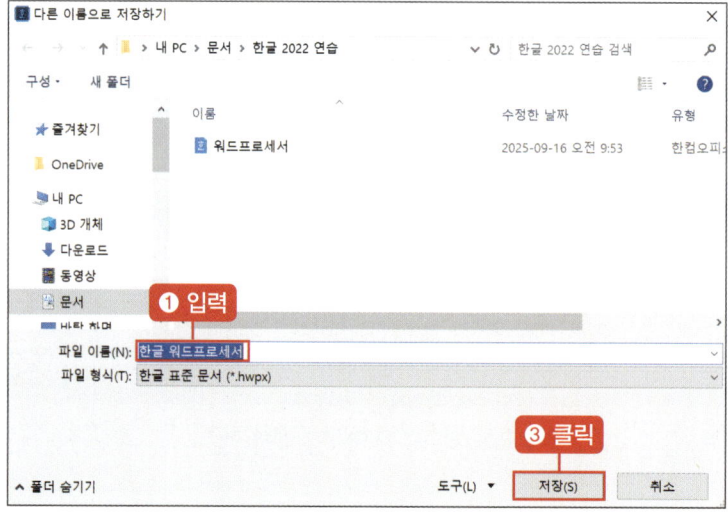

셀프 테스트

1 [서식] 탭의 ∨를 선택하여 하위 메뉴를 펼쳐서 [문단 모양] 대화 상자를 열어 보세요.

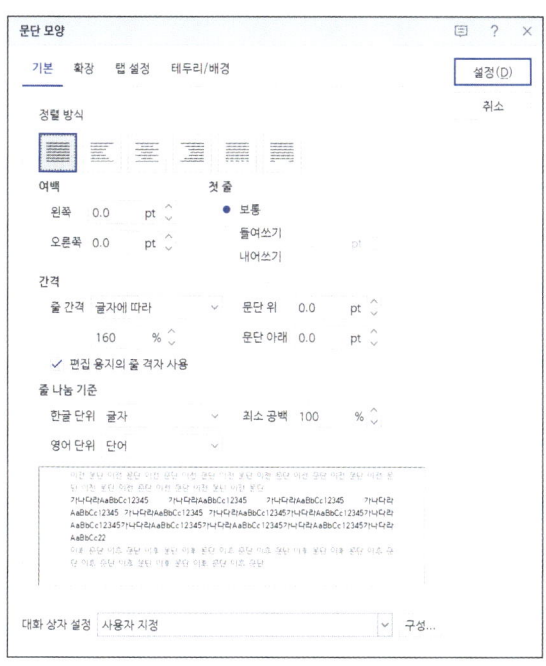

2 [새 문서]를 실행하여 다음과 같이 입력하고 '정보화 실무 시리즈.hwpx'로 저장해 보세요.

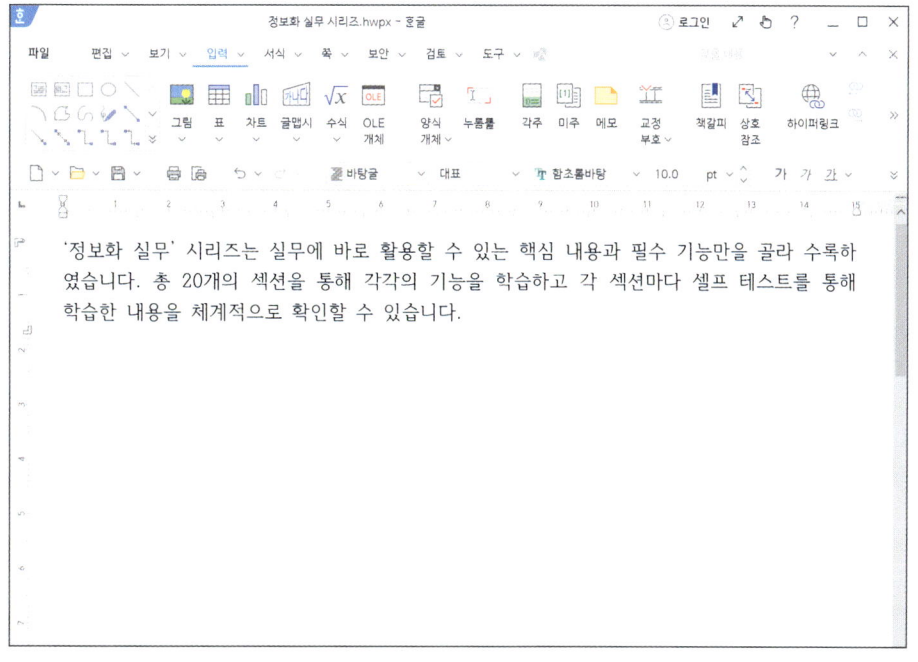

02 특수 문자·한자 입력하기

SECTION

Hangul 2022

문자표를 이용하면 다양한 문자나 기호를 입력할 수 있습니다. 한자로 바꾸기를 활용하면 한글을 한자로 변환할 수 있습니다.

1 특수 문자 입력하기

1 한글 2022에서 [새 문서]를 실행하고 [파일] 탭의 [불러오기]를 클릭합니다.

> **TIP** [서식 도구 상자]에서 [불러오기] 아이콘을 클릭해도 됩니다.

2 [불러오기] 대화 상자가 열리면 '한글 워드프로세서_준비.hwpx'를 선택하고 [열기]를 클릭합니다.

> **TIP** [불러오기] 단축키 Alt + O

❸ 쉼표(,)를 가운뎃점(·)으로 바꾸기 위해 본문에서 쉼표(,)와 다음 빈칸까지 드래그하여 블록을 설정합니다.

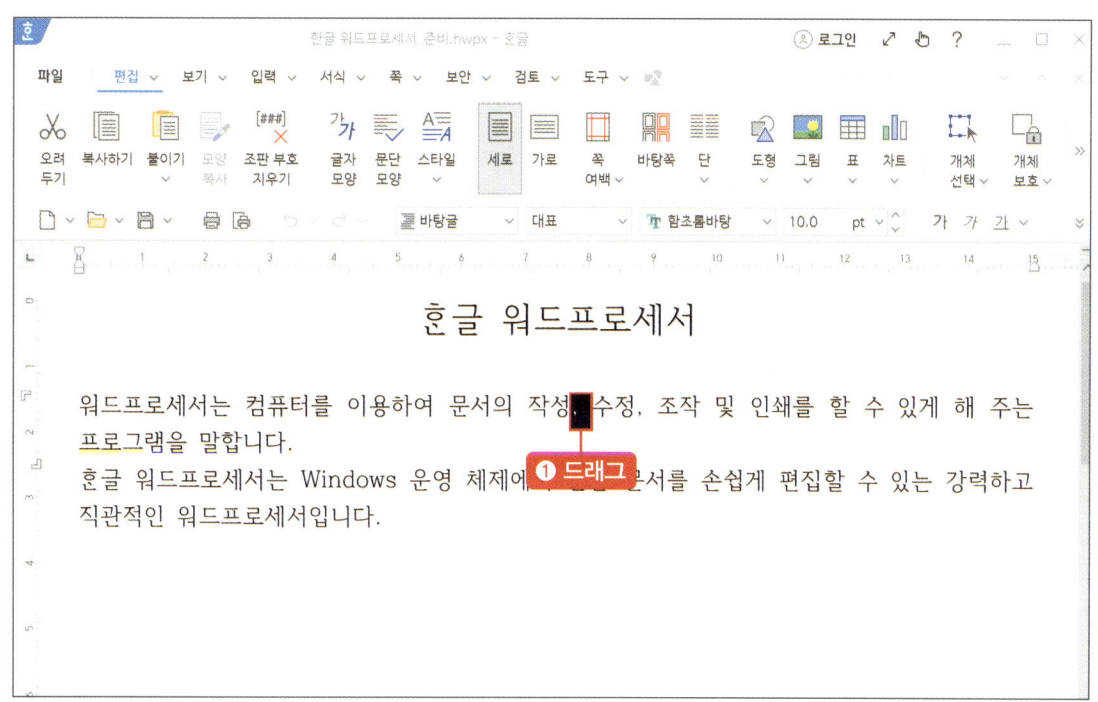

❹ [입력] 탭의 ∨를 눌러 [문자표]를 클릭합니다.

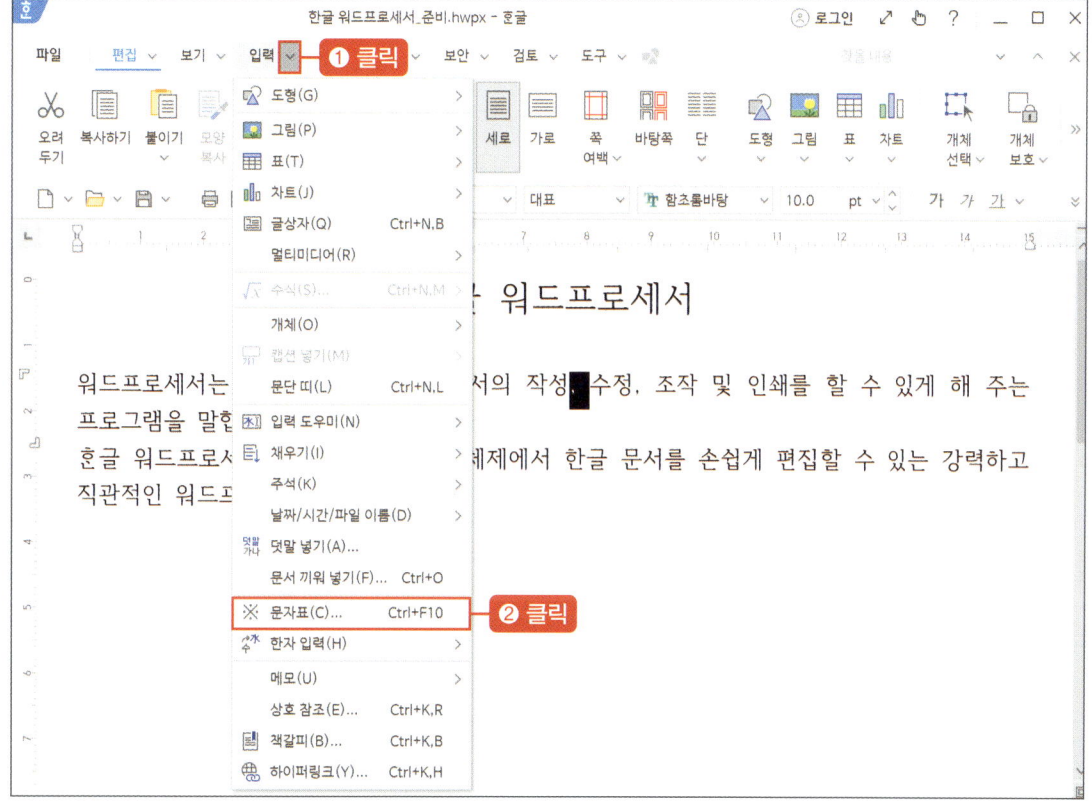

⑤ [문자표] 대화 상자가 열리면 [사용자 문자표] 탭에서 '기호1'을 눌러 가운뎃점(·)을 선택하고 [넣기]를 클릭합니다.

⑥ 쉼표(,)가 가운뎃점(·)으로 바뀐 것을 확인할 수 있습니다. 같은 방식으로 '수정' 뒤의 쉼표(,)도 가운뎃점(·)으로 바꿔 봅니다.

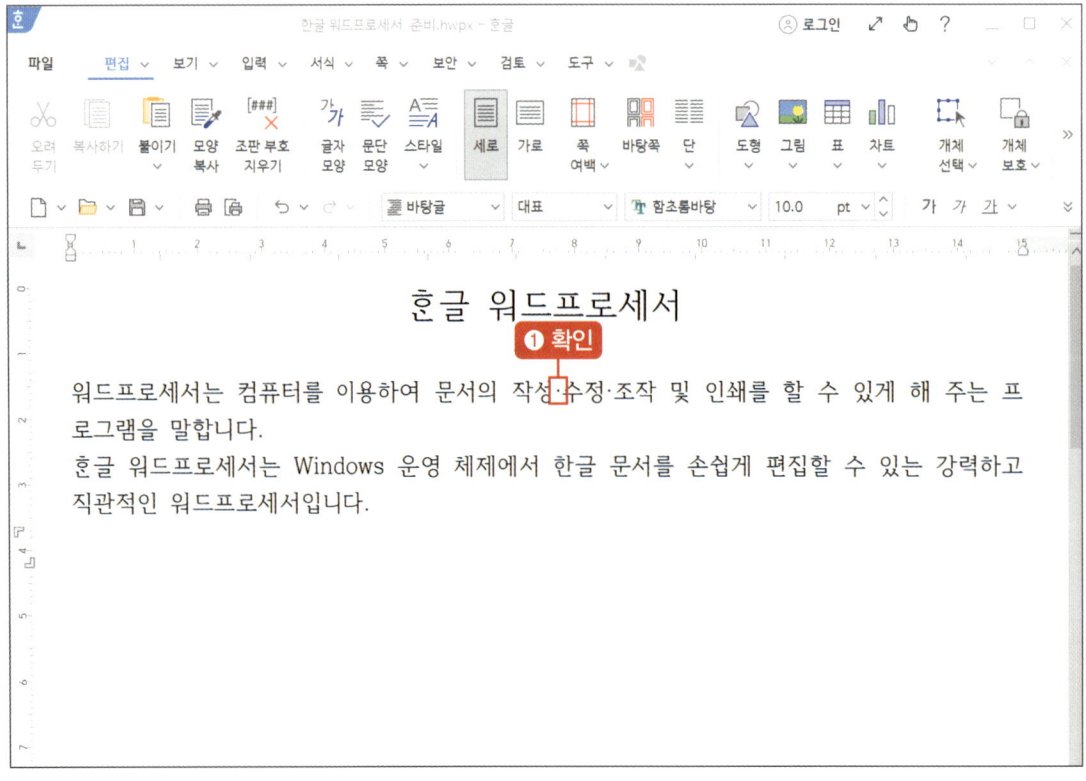

2 한자 입력하기

1 '인쇄' 뒤에 마우스 커서를 놓고 [입력] 탭의 ∨를 눌러 [한자 입력]에서 [한자로 바꾸기]를 클릭합니다.

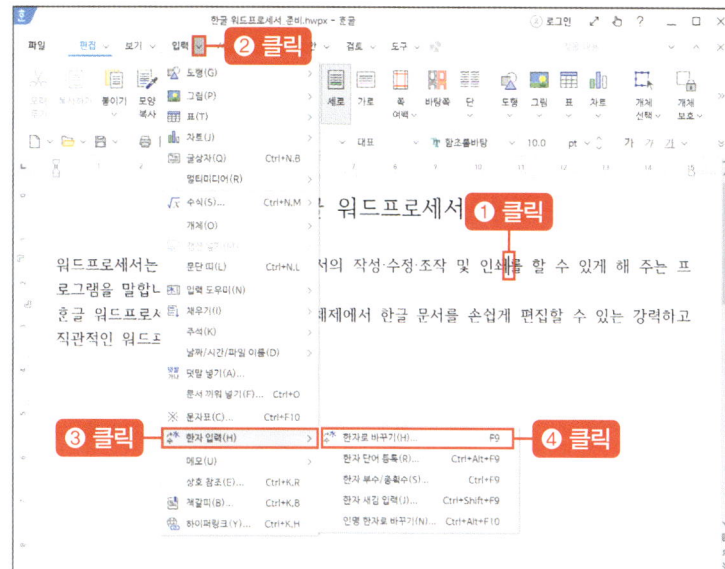

TIP [한자로 바꾸기] 단축키 F9

2 [한자로 바꾸기] 대화 상자가 열리면 '한자 목록'에서 '印刷'를 선택하고 '입력 형식'에서 '한글(漢字)'를 누른 뒤 [바꾸기]를 클릭합니다.

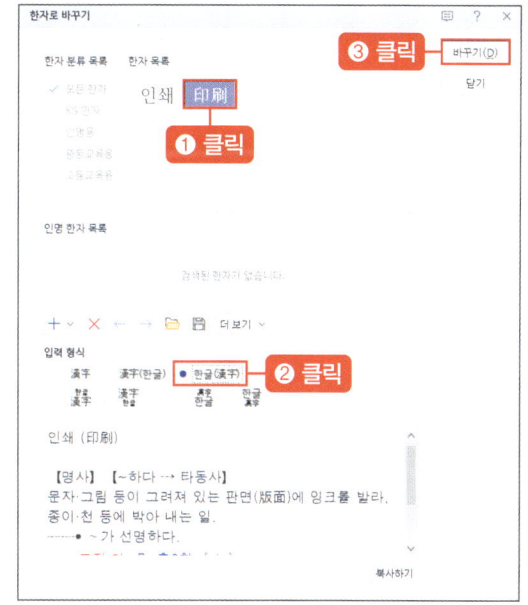

TIP 한글을 한자로 바꿀 때 한자만 표기하거나, 한글과 한자를 함께 표기하거나, 한자를 덧말 형식으로 표기하는 등 다양한 입력 형식을 지원합니다.

3 '편집' 뒤에 마우스 커서를 놓고 F9 키를 누릅니다.

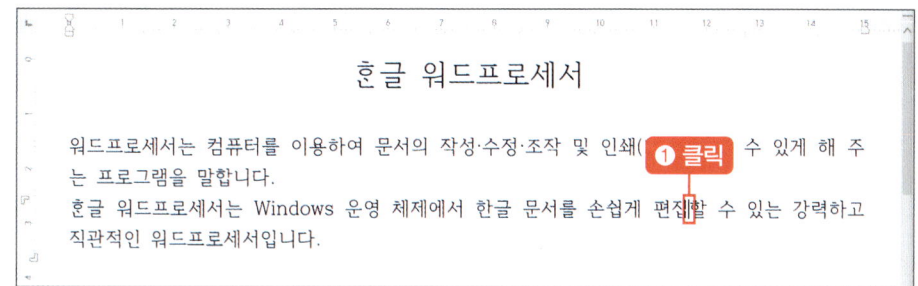

④ [한자로 바꾸기] 대화 상자가 열리면 '편집'에 해당되는 한자가 2개인 것을 확인할 수 있습니다. 어느 한자가 맞는지 찾기 위해 '한자 사전' 내용을 참고합니다.

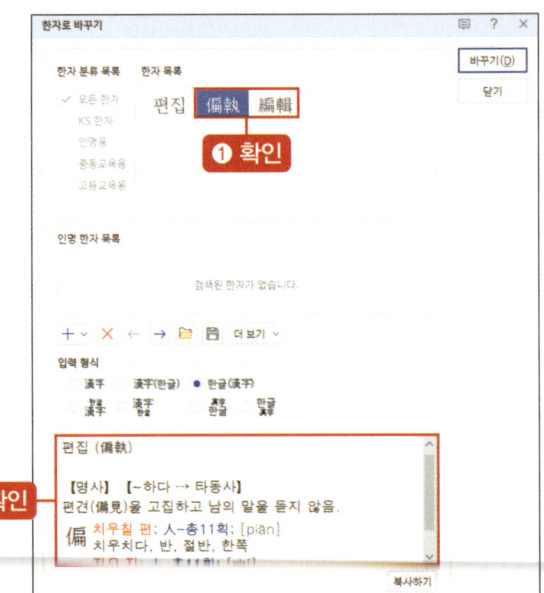

⑤ '한자 목록'에서 '編輯'를 선택하고 '입력 형식'에서 '한글(漢字)'를 누른 뒤 [바꾸기]를 클릭합니다.

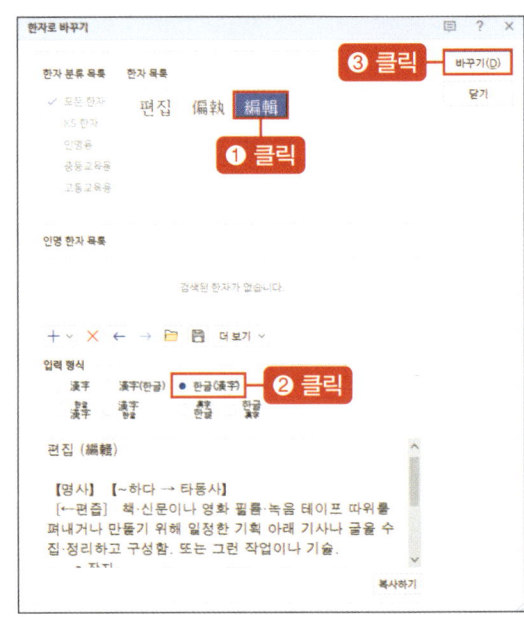

⑥ 한자가 모두 입력된 것을 확인할 수 있습니다.

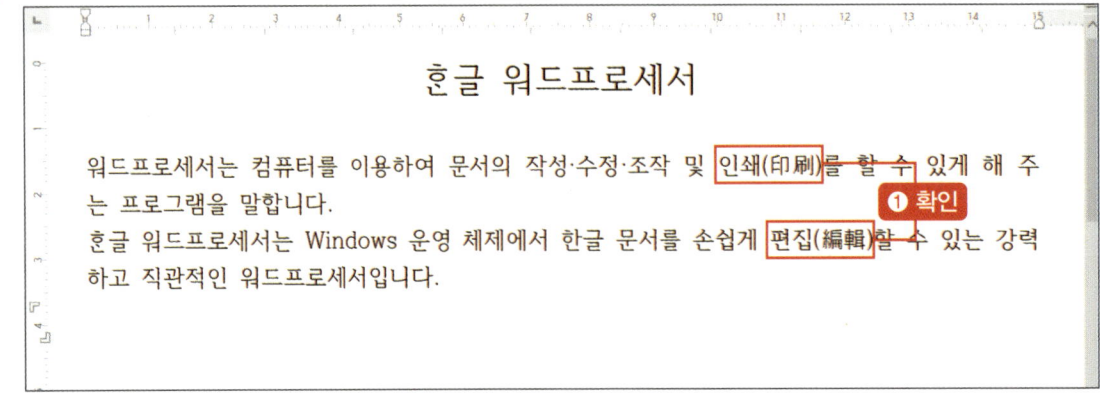

셀프 테스트

1 '평생학습센터 수강생 모집_준비.hwpx' 파일을 열어서 특수 문자를 입력하여 문서를 완성해 보세요.

[입력]-[문자표]-[사용자 문자표]-[기호1]

[입력]-[문자표]-[사용자 문자표]-[기호2]

2 '단심가_준비.hwpx' 파일을 열어서 한자를 입력하여 문서를 완성해 보세요.

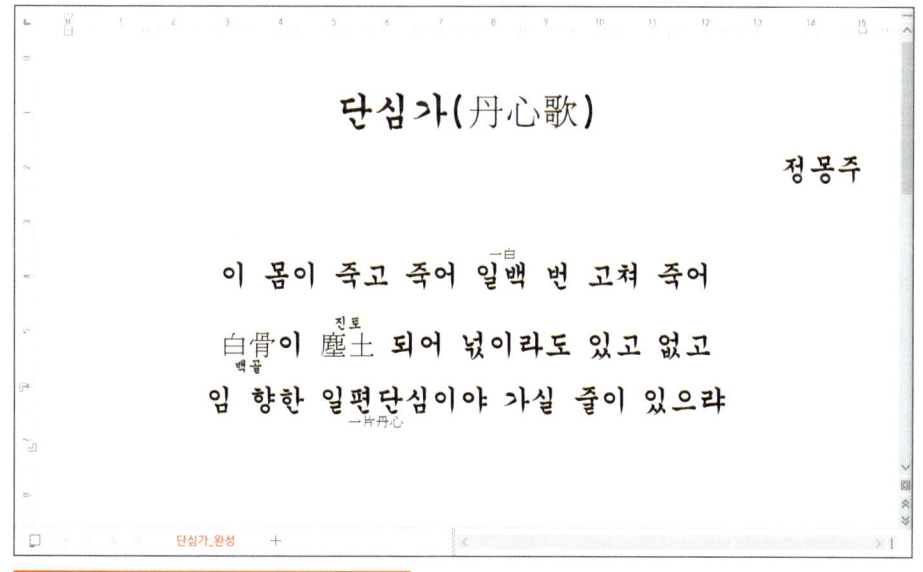

[입력]-[한자 입력]-[한자로 바꾸기]

Hangul 2022

SECTION 03 복사하기·오려 두기·붙이기

문서를 작성하다 보면 같은 내용을 반복해서 입력하거나 이미 작성한 글의 위치를 변경해야 하는 경우가 있습니다. 이럴 때 복사하기, 오려 두기, 붙이기 기능을 활용하면 편리합니다.

1 복사하여 붙이기

1 '양성평등주간 기념행사_준비.hwpx' 파일을 열어서 '♡♥' 전체를 마우스로 드래그하여 블록으로 설정합니다. [편집] 탭의 ∨를 눌러 [복사하기]를 클릭합니다.

> **TIP** [편집] 탭의 [기본 도구 상자]에서 [복사하기] 아이콘을 클릭해도 됩니다.
>
>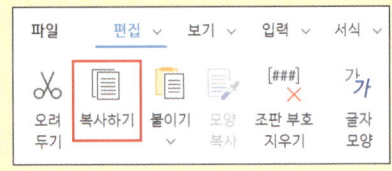

2 '양성평등주간 기념행사' 아래 복사할 위치에 마우스 커서를 놓습니다.

❸ [편집] 탭의 ∨를 눌러 [붙이기]를 클릭합니다.

> **TIP** [편집] 탭의 [기본 도구 상자]에서 [붙이기] 아이콘을 클릭해도 됩니다.
>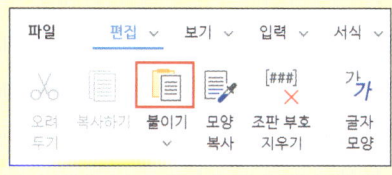

❹ 복사한 내용이 입력된 것을 확인할 수 있습니다.

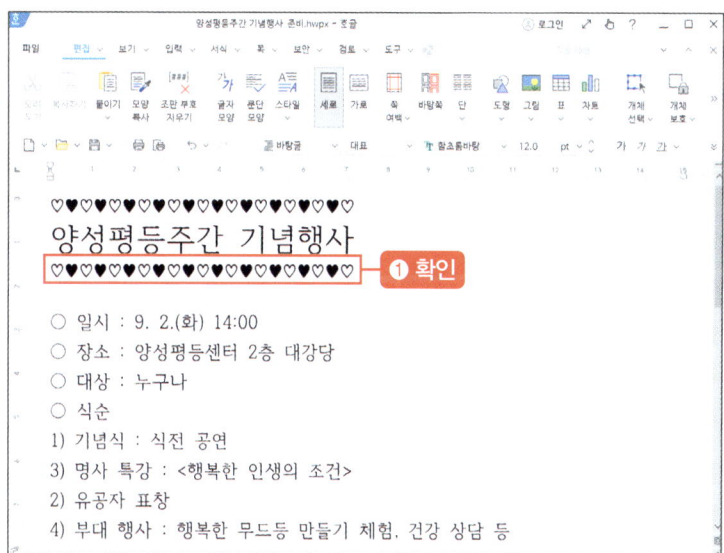

> **TIP** [복사하기] 단축키 `Ctrl`+`C`
> [붙이기] 단축키 `Ctrl`+`V`

더 알아보기 되돌리기

[편집] 탭의 ∨를 눌러 [되돌리기]를 클릭하면 바로 앞에 실행한 명령을 취소하여 입력한 내용을 지우거나 지운 내용을 되살리는 등 문서 편집 과정에서 수행한 동작을 되돌릴 수 있습니다.
실행한 명령을 단계별로 기억하므로, 되돌리기를 반복 실행하면 문서를 이전 단계로 되돌릴 수 있습니다.

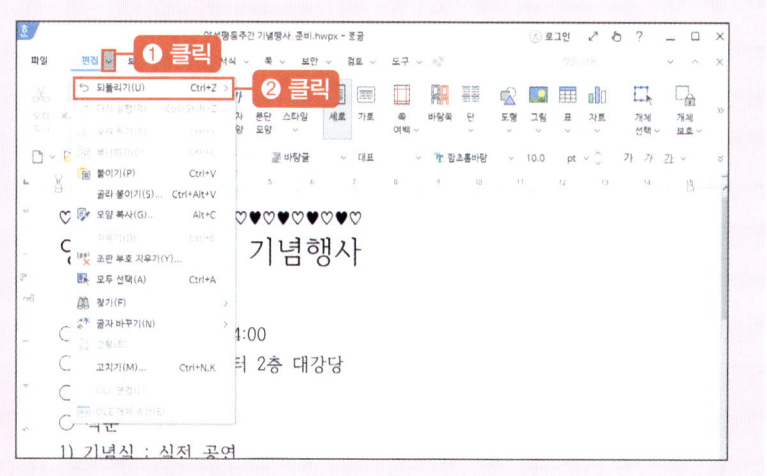

2 오려 두고 붙이기

1 식순에서 2번과 3번의 위치를 바꾸기 위해 2번을 블록으로 설정하고 [편집] 탭의 ∨를 눌러 [오려 두기]를 클릭합니다.

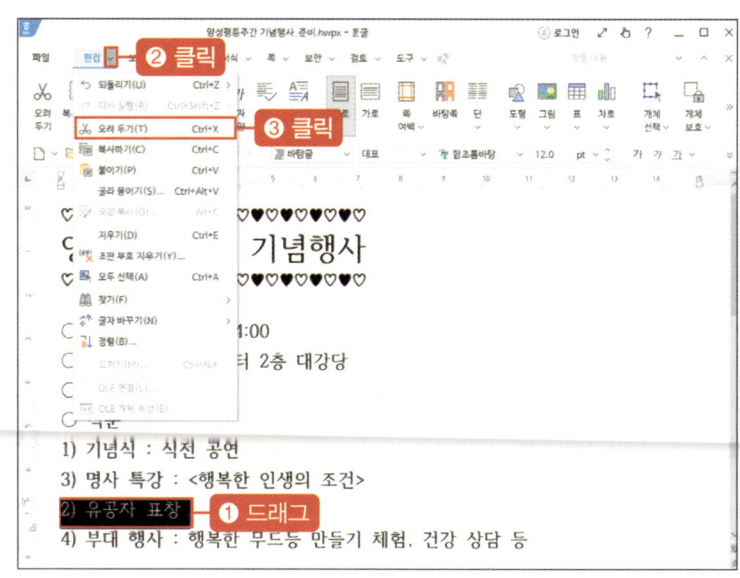

> **TIP** [편집] 탭의 [기본 도구 상자]에서 [오려 두기] 아이콘을 클릭해도 됩니다.
>
>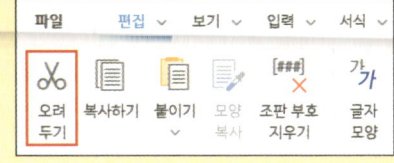

2 Delete 키와 Enter 키를 이용해 다음과 같이 줄을 정리한 후 1번 아래 마우스 커서를 놓고 [편집] 탭의 [붙이기]를 클릭합니다.

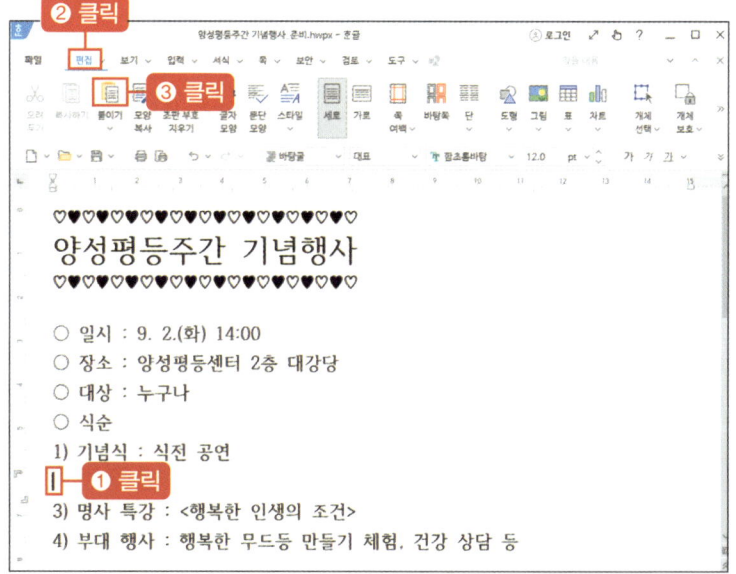

> **TIP** [오려 두기] 단축키 Ctrl + X
> [붙이기] 단축키 Ctrl + V
>
>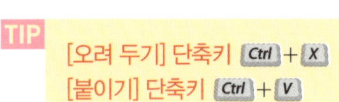

3 오려 둔 내용이 입력된 것을 확인할 수 있습니다.

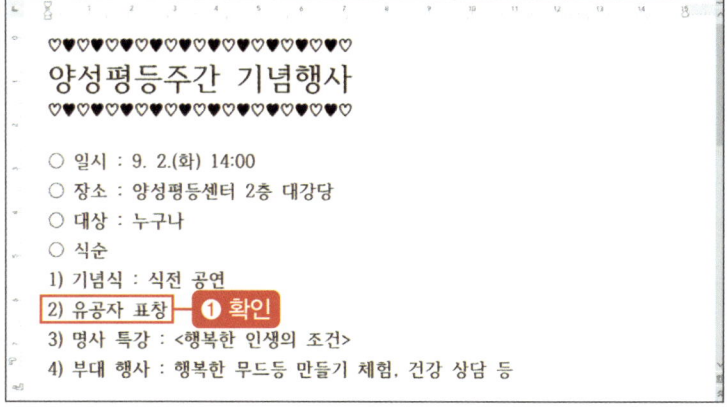

셀프 테스트

1 '자선모임 입장권_준비.hwpx' 파일을 열어서 복사하기와 붙이기 기능을 활용하여 문서를 완성해 보세요.

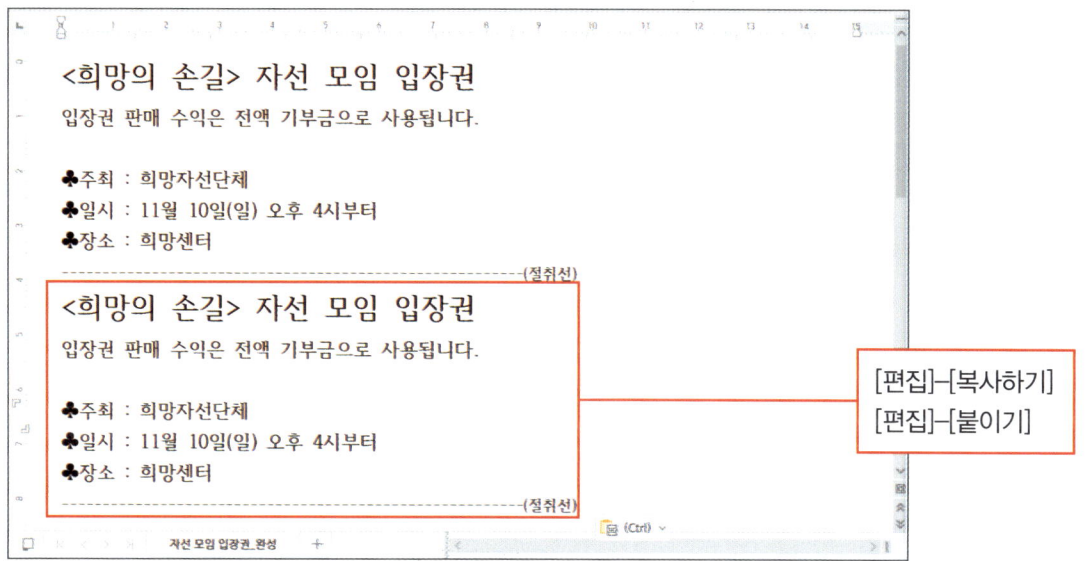

2 '24절기_준비.hwpx' 파일을 열어서 오려 두기와 붙이기 기능을 활용하여 문서를 완성해 보세요.

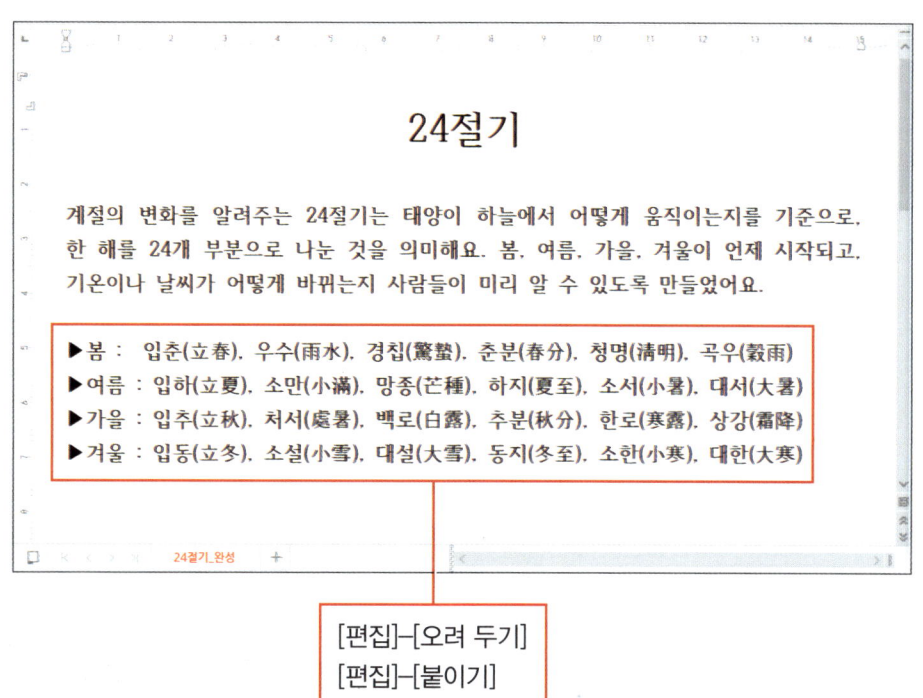

Hangul 2022

04 글자 모양 설정하기
SECTION

글자 모양 메뉴에서 글꼴, 글자 크기 등을 지정할 수 있습니다. 또한 글자 색, 기울임, 진하게, 밑줄, 그림자 등을 적용하여 글자를 다양하게 꾸밀 수 있습니다.

1 글꼴과 글자 크기 설정하기

1 '명절연휴 대중교통 운행안내_준비.hwpx' 파일을 열어서 '제목' 전체를 마우스로 드래그하여 블록으로 설정합니다. [서식] 탭의 ∨를 눌러 [글자 모양]을 클릭합니다.

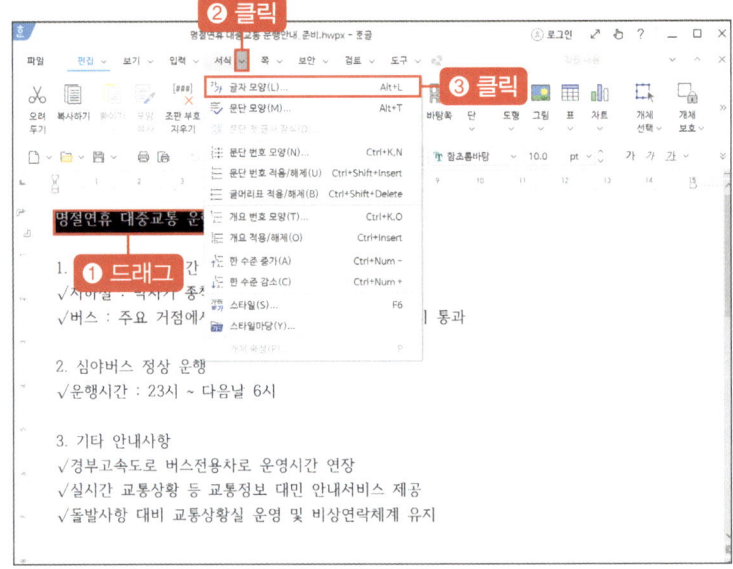

TIP [편집] 탭이나 [서식] 탭의 [기본 도구 상자]에서 [글자 모양] 아이콘을 클릭해도 됩니다.

2 [글자 모양] 대화 상자가 열리면 '기준 크기'를 '20.0pt', '글꼴'은 '양재튼튼B'로 하고 [설정]을 클릭합니다.

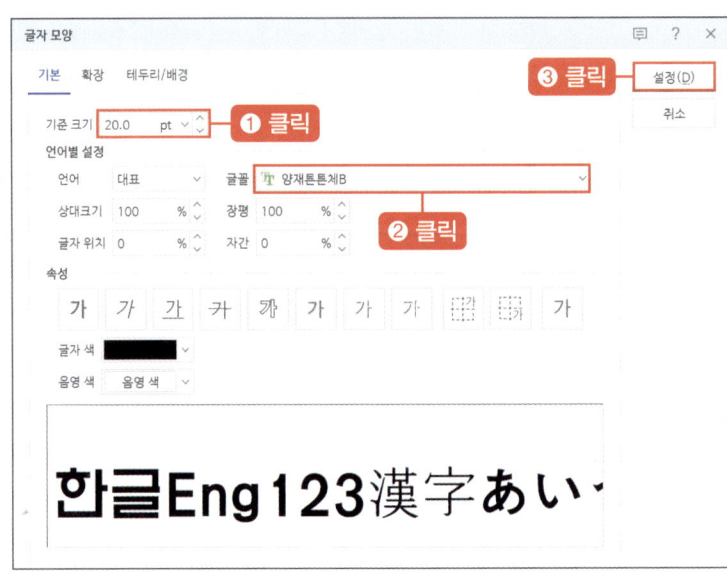

TIP [글자 모양] 단축키 Alt + L

③ 글꼴은 [서식 도구 상자]에서 바로 설정할 수도 있습니다. '1. 대중교통 막차시간 연장안내'를 드래그하여 블록으로 설정하고 [서식 도구 상자]의 '글꼴'에서 ∨를 눌러 '모든 글꼴'을 선택하고 '함초롬돋움'을 클릭합니다.

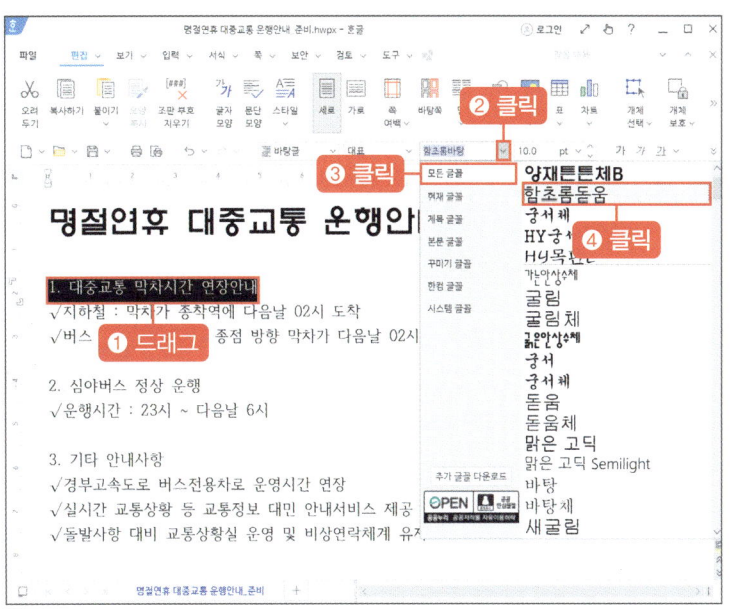

④ 글자 크기도 [서식 도구 상자]에서 바로 설정할 수 있습니다. '1. 대중교통 막차시간 연장안내'를 드래그하여 블록으로 설정한 상태에서 [서식 도구 상자]의 '글자 크기'에서 ∨를 눌러 '12.0pt'로 설정합니다.

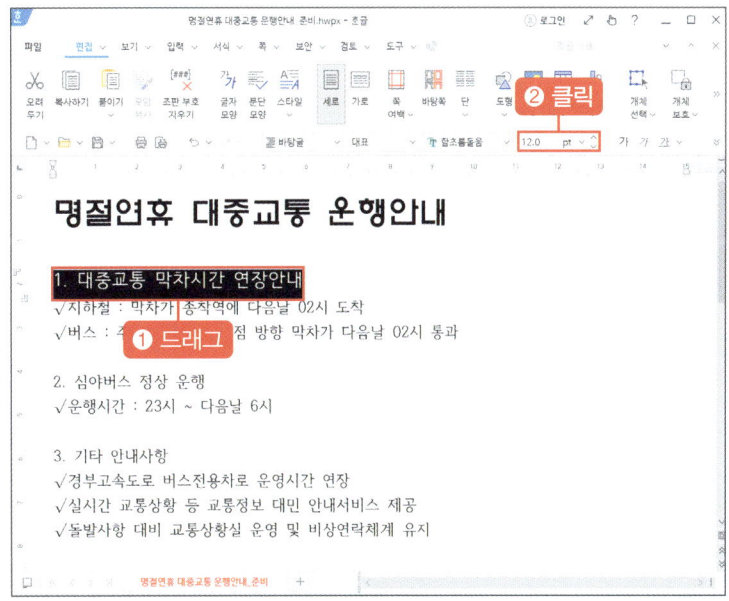

⑤ 같은 방법으로 '2. 심야버스 정상 운행'과 '3. 기타 안내사항'의 '글꼴'과 '글자 크기'를 설정해 봅니다.

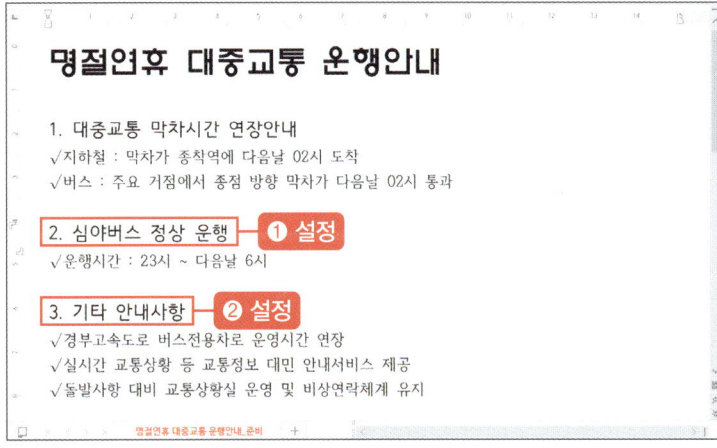

2 다양한 글자 속성 설정하기

1 '제목' 전체를 마우스로 드래그하여 블록으로 설정하고 [글자 모양] 단축키 `Alt` + `L` 키를 누릅니다.

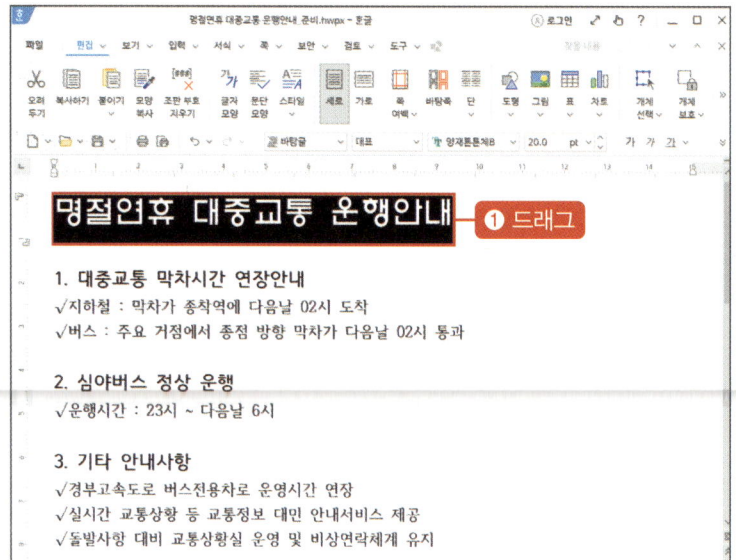

2 [글자 모양] 대화 상자가 열리면 '글자 색'의 ∨를 눌러 '파랑'을 선택하고 [설정]을 클릭합니다.

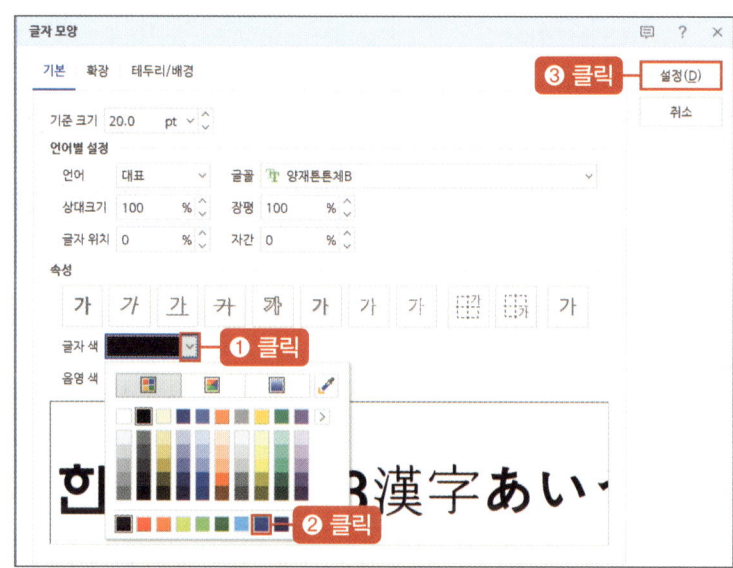

3 '제목'의 '글자 색'이 변경된 것을 확인할 수 있습니다.

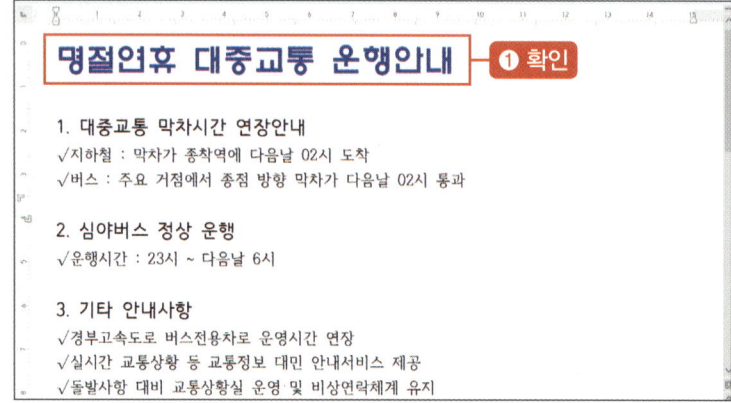

④ '1. 대중교통 막차시간 연장안내'를 마우스로 드래그하여 블록으로 설정하고 Alt + L 키를 누릅니다.

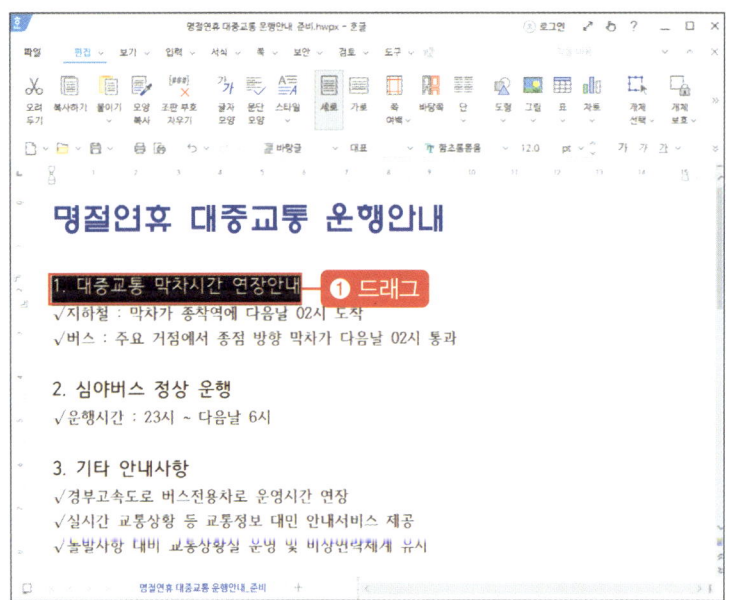

⑤ [글자 모양] 대화 상자가 열리면 '속성'에서 '진하게'와 '밑줄'을 선택하고 '음영 색'의 ∨를 눌러 '노랑'을 선택하고 [설정]을 클릭합니다.

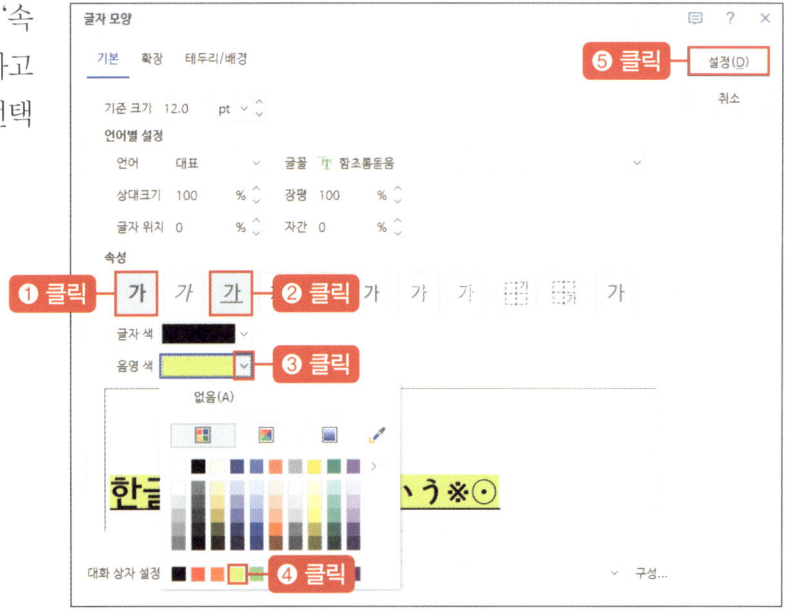

⑥ 같은 방법으로 '2. 심야버스 정상 운행'과 '3. 기타 안내사항'의 '속성'을 설정해 봅니다.

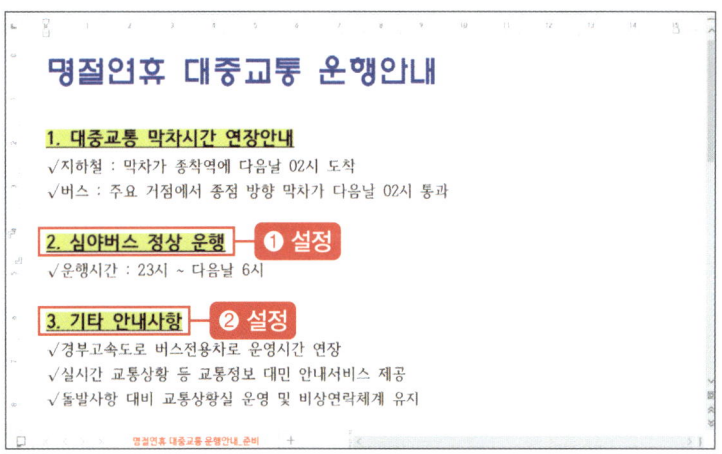

04 글자 모양 설정하기 • 23

더 알아보기 [모양 복사]

1 '명절연휴 대중교통 운행안내_준비.hwpx' 파일에서 '1. 대중교통 막차시간 연장안내'를 마우스로 드래그하여 블록으로 설정하고 Alt + L 키를 눌러 [글자 모양] 대화 상자를 엽니다. '글꼴'은 '함초롬돋움', '글자 크기'는 '12.0pt', '진하게'와 '밑줄'을 선택하고 '음영 색'을 '노랑'으로 설정합니다. 마우스 커서를 '1. 대중교통 막차시간 연장안내' 뒤에 놓고 [편집] 탭의 [모양 복사]를 클릭합니다.

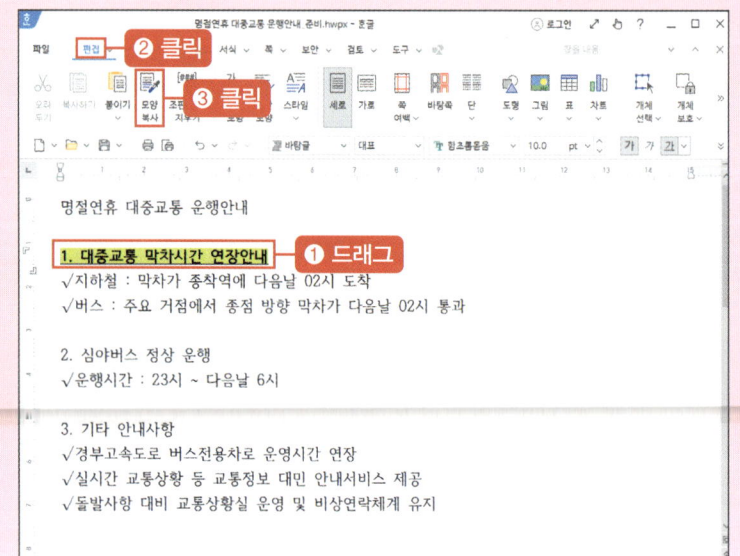

2 [모양 복사] 대화 상자가 열리면 '글자 모양'을 선택하고 [복사]를 클릭합니다.

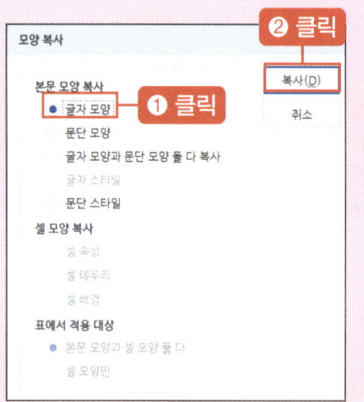

TIP [모양 복사]는 마우스 커서가 위치한 곳의 글자 모양이나 문단 모양, 스타일 등을 복사하여 다른 곳에 간편하게 적용하는 기능입니다. 특정 모양을 반복적으로 설정해야 하는 경우에 매우 유용합니다.

3 '2. 심야버스 정상 운행'을 드래그하여 블록으로 설정하고 [편집] 탭의 [모양 복사]를 클릭합니다. 복사해 둔 글자 모양으로 한꺼번에 변경된 것을 확인할 수 있습니다.

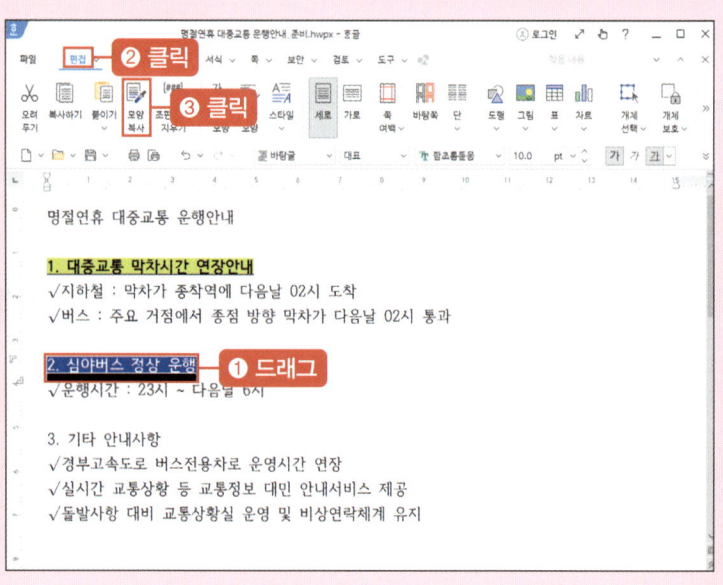

셀프 테스트

① '수강생 모집_준비.hwpx' 파일을 열어서 글자 모양을 다음과 같이 설정하여 문서를 완성해 보세요.

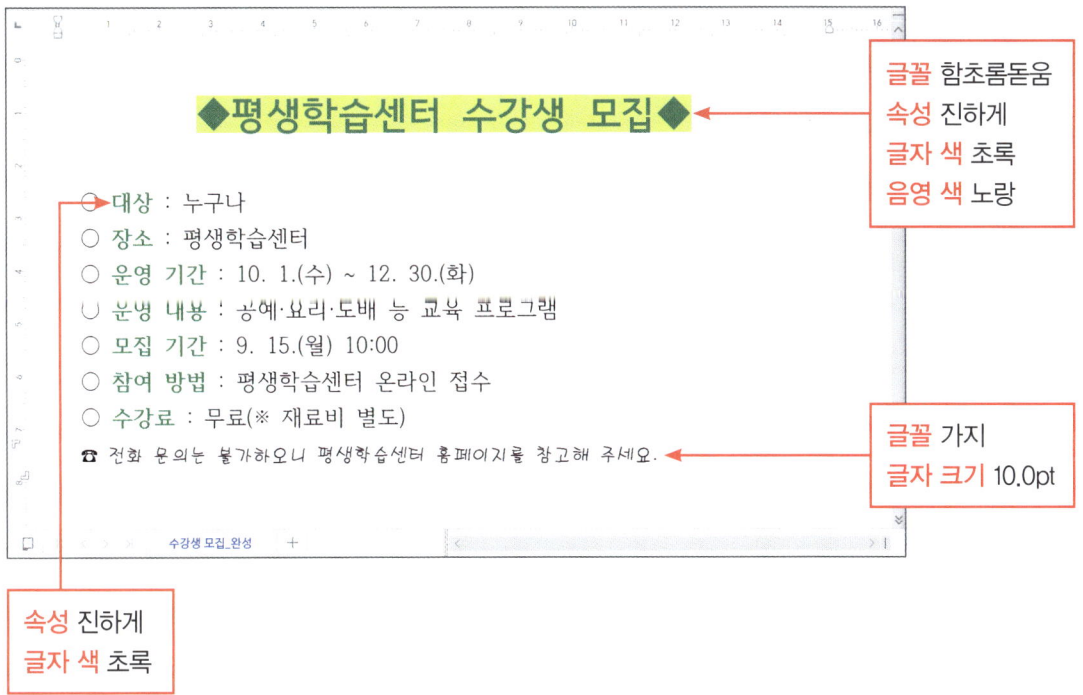

② '정기연주회_준비.hwpx' 파일을 열어서 글자 모양을 다음과 같이 설정하여 문서를 완성해 보세요.

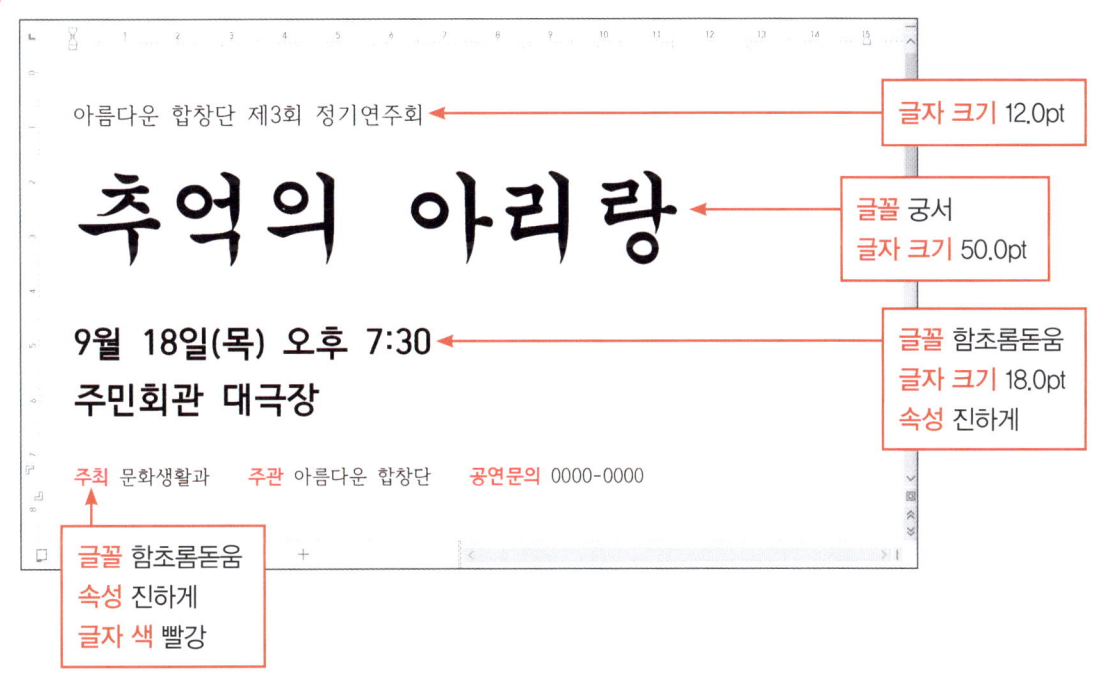

Hangul 2022

05 문단 모양 설정하기
SECTION

문단은 문맥에 따라 줄바꿈으로 구분하는 단위로, 한글에서는 Enter 키를 누르면 문단이 나뉩니다. 문단 모양 메뉴에서는 문단의 여백, 들여쓰기/내어쓰기, 정렬 방식, 줄 간격, 문단 테두리 등을 설정할 수 있습니다.

1 줄 간격과 정렬 방식 설정하기

1 '오존주의보_준비.hwpx' 파일을 열어서 내용 전체를 드래그하여 블록으로 설정합니다. 줄 간격을 보기 좋게 설정하기 위해 [서식] 탭의 ∨를 눌러 [문단 모양]을 클릭합니다.

> **TIP** 하나의 문단 모양을 변경하려면 해당 문단에 커서를 놓기만 해도 되지만 여러 문단을 한 번에 바꾸려면 해당 내용을 모두 드래그하여 블록으로 지정하면 됩니다.

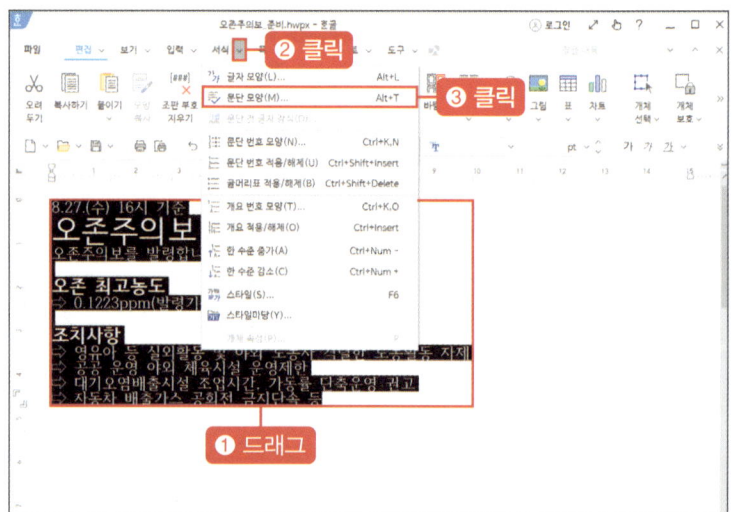

2 [문단 모양] 대화 상자가 열리면 [기본] 탭의 '간격'에서 '줄 간격'을 '160%'로 입력하고 [설정]을 클릭합니다.

> **TIP** [문단 모양] 단축키 Alt + T

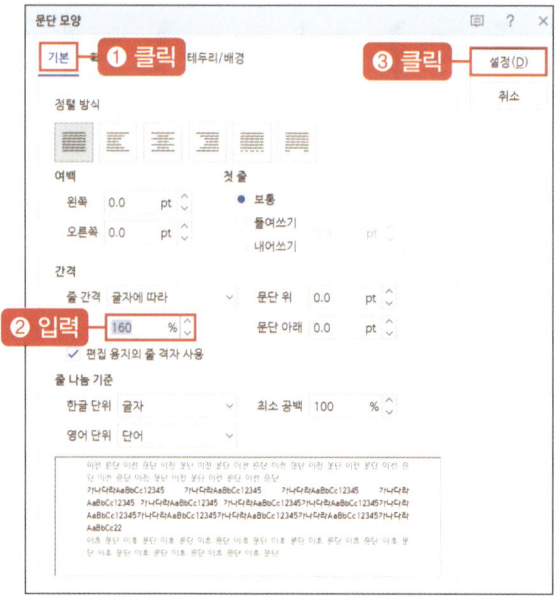

3 이번에는 첫째 줄부터 셋째 줄까지 드래그하여 블록으로 설정하고 [편집] 탭 [문단 모양]을 클릭합니다.

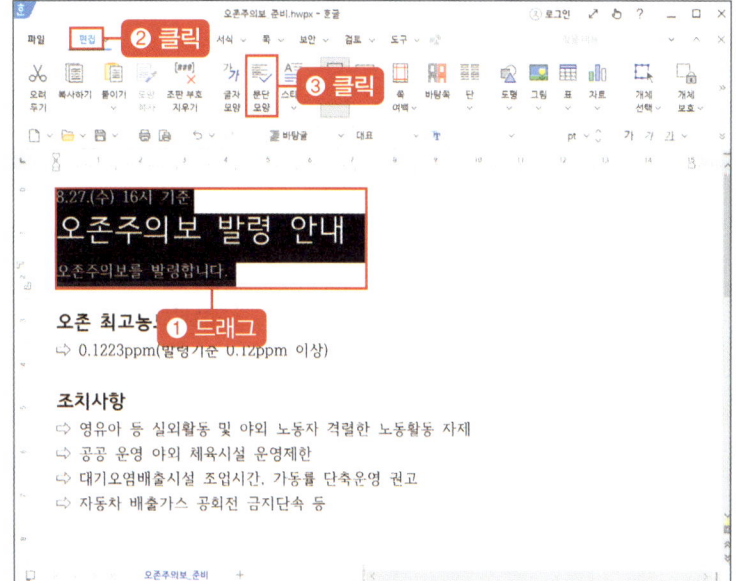

TIP [서식] 탭의 [기본 도구 상자]에서 [문단 모양] 아이콘을 클릭해도 됩니다.

4 [문단 모양] 대화 상자가 열리면 [기본] 탭의 '정렬 방식'에서 '가운데 정렬'을 선택하고 [설정]을 클릭합니다.

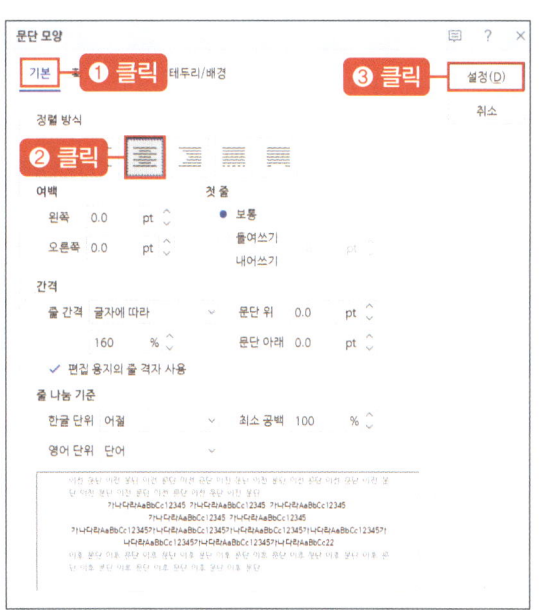

5 다음의 위치에 마우스 커서를 놓고 [문단 모양]의 단축키 Alt + T 키를 누릅니다.

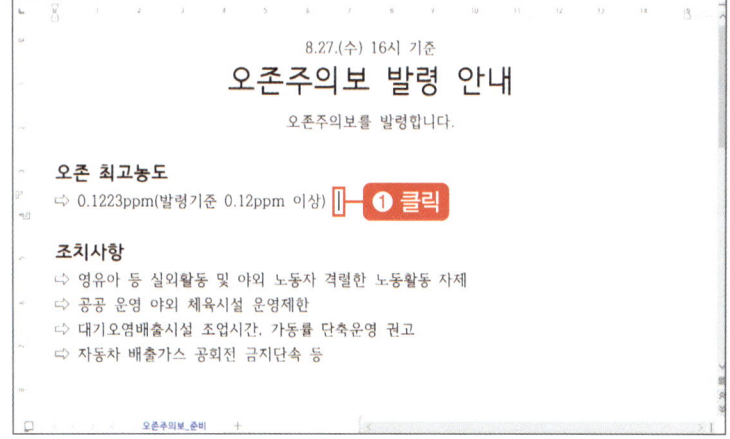

⑥ [문단 모양] 대화 상자가 열리면 [기본] 탭의 '여백'의 '왼쪽'에서 '10.0pt'를 입력하고 [설정]을 클릭합니다.

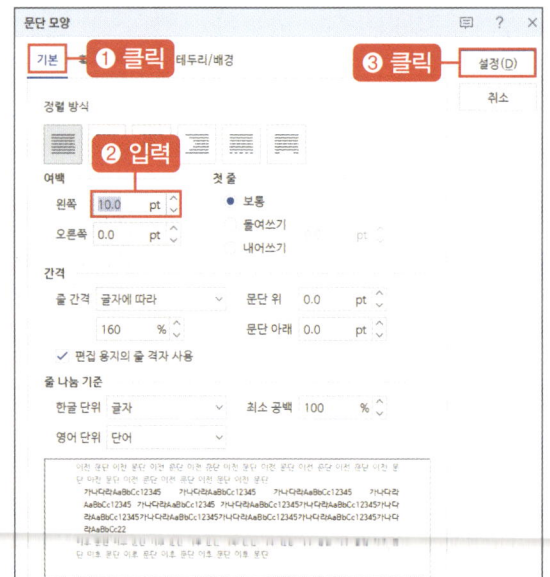

⑦ 해당 문단이 설정한 여백만큼 들여쓰기가 됩니다. 다음과 같이 '조치사항'의 내용에 해당되는 네 줄도 모두 드래그하여 블록으로 설정하고 왼쪽 여백을 '10.0pt'로 설정합니다.

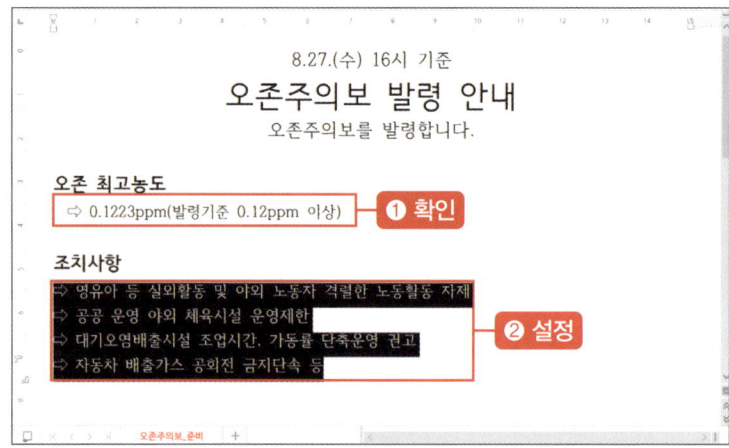

⑧ 문단 모양이 다음과 같이 변경되었습니다.

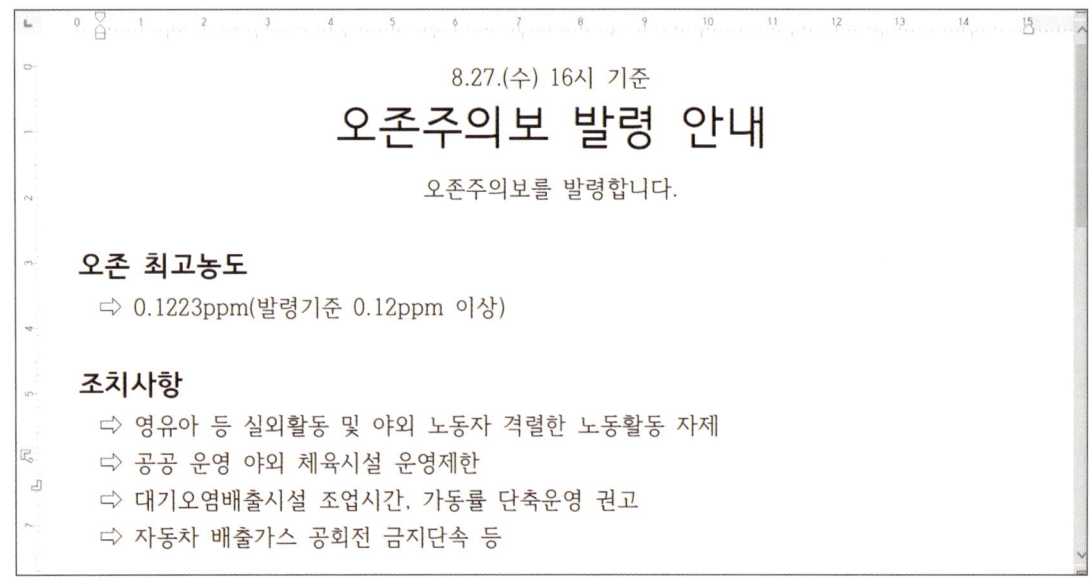

2 테두리/배경 설정하기

1 첫 번째 줄을 드래그하여 블록으로 설정하고 [편집] 탭의 [문단 모양]을 클릭합니다.

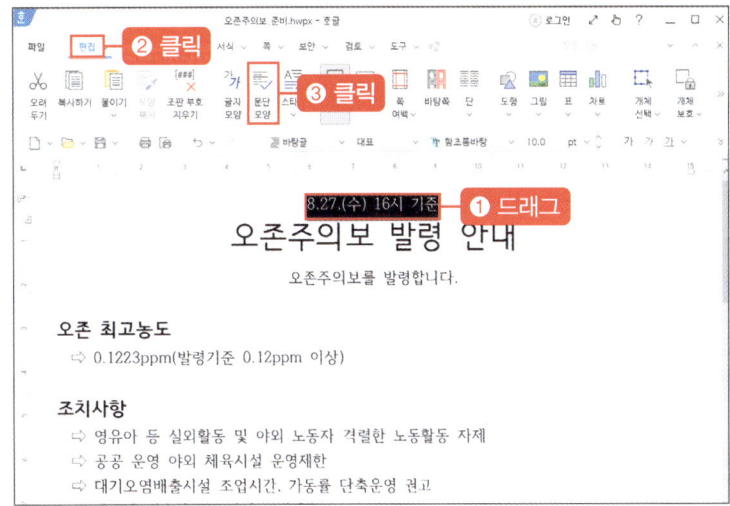

2 [문단 모양] 대화 상자가 열리면 [테두리/배경] 탭의 '배경'에서 '면 색'을 '시안'으로 선택하고 '문단 여백 무시'를 체크한 후 [설정]을 클릭합니다.

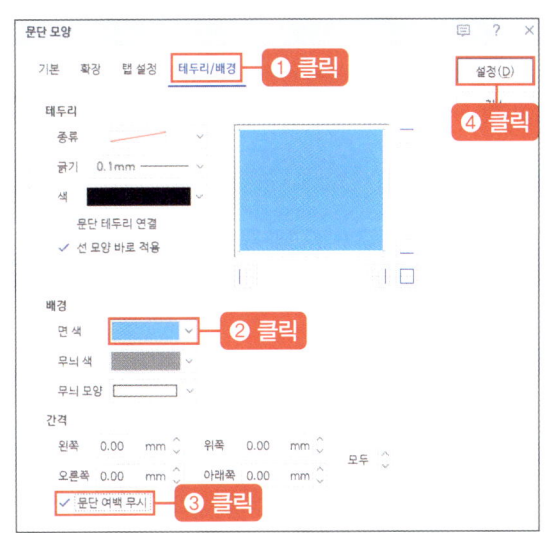

3 같은 방법으로 세 번째 줄의 문단 모양도 첫 번째 줄과 같이 설정합니다.

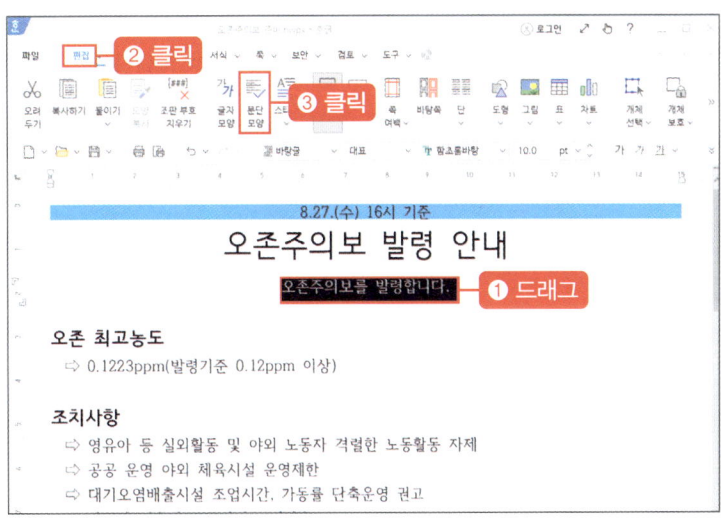

④ 제목의 문단 모양이 다음과 같이 설정되었습니다. 자세히 살펴보면 '오존주의보 발령 안내'를 기준으로 위, 아래 줄 간격이 다릅니다. '오존주의보 발령 안내' 뒤에 마우스 커서를 놓고 [편집] 탭의 [문단 모양]을 클릭합니다.

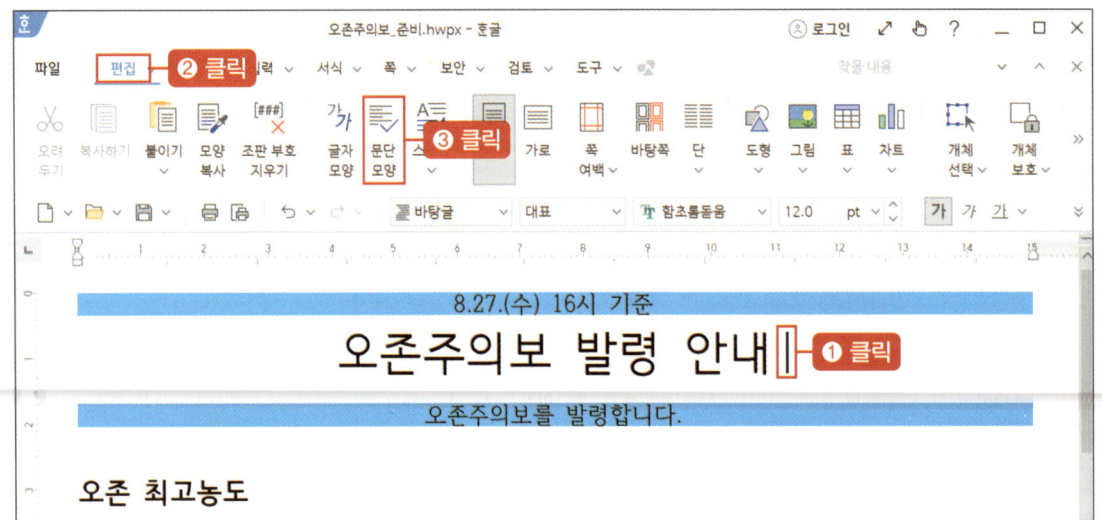

⑤ [문단 모양] 대화 상자가 열리면 [기본] 탭의 '간격'에서 '줄 간격'을 '130%'로 입력하고 [설정]을 클릭합니다.

⑥ 줄 간격이 조정되어 보기 좋게 문서가 완성되었습니다.

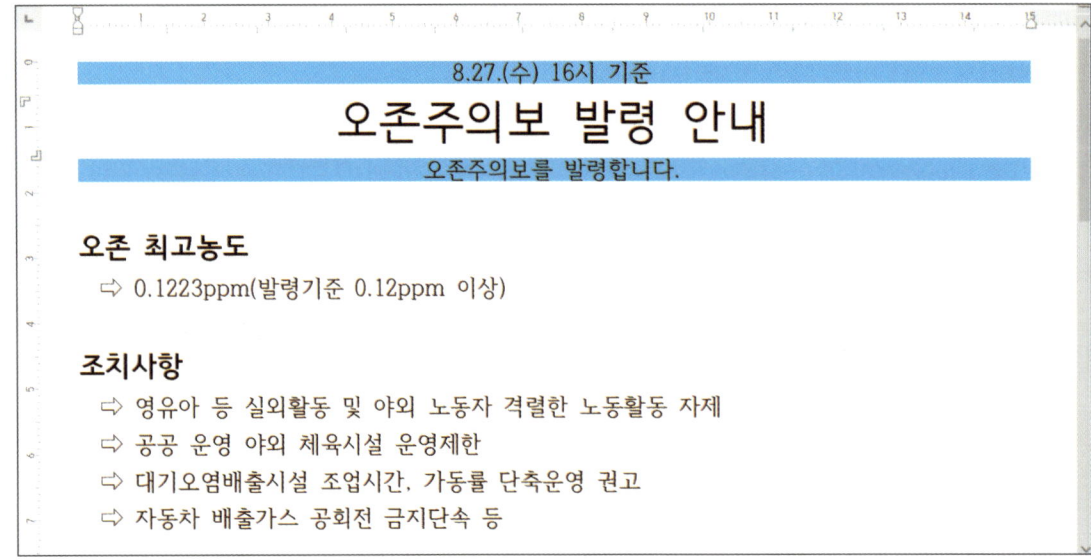

셀프 테스트

1 '국경일_준비.hwpx' 파일을 열어서 문단 모양을 다음과 같이 설정하여 문서를 완성해 보세요.

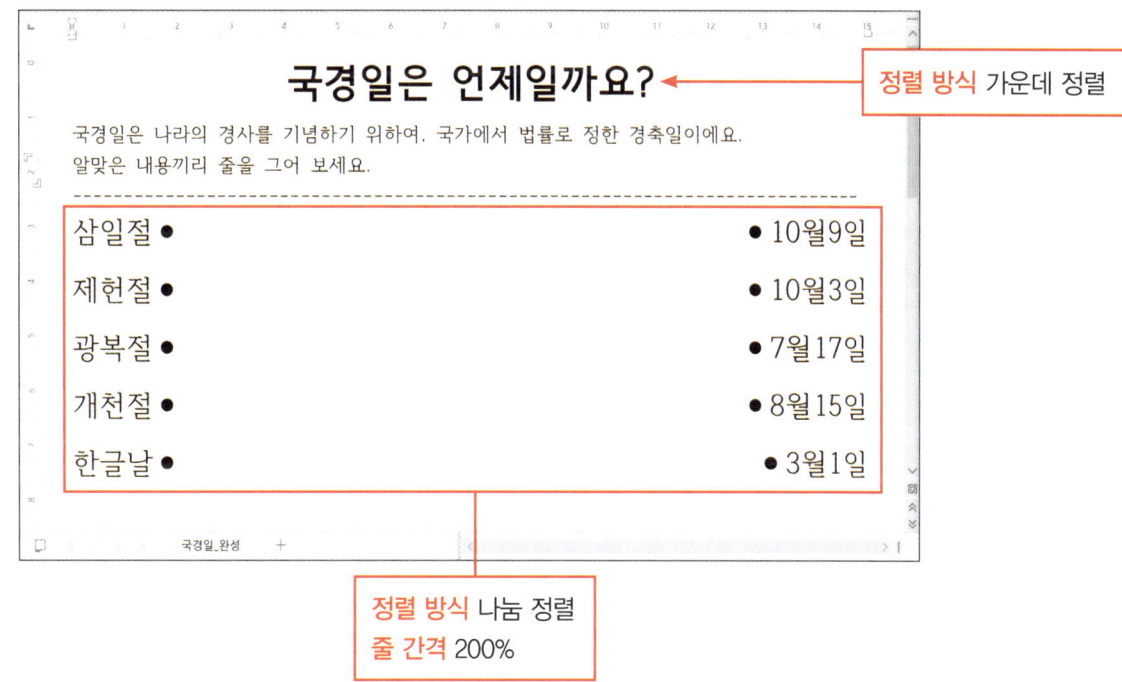

2 '하여가와 단심가_준비.hwpx' 파일을 열어서 문단 모양을 다음과 같이 설정하여 문서를 완성해 보세요.

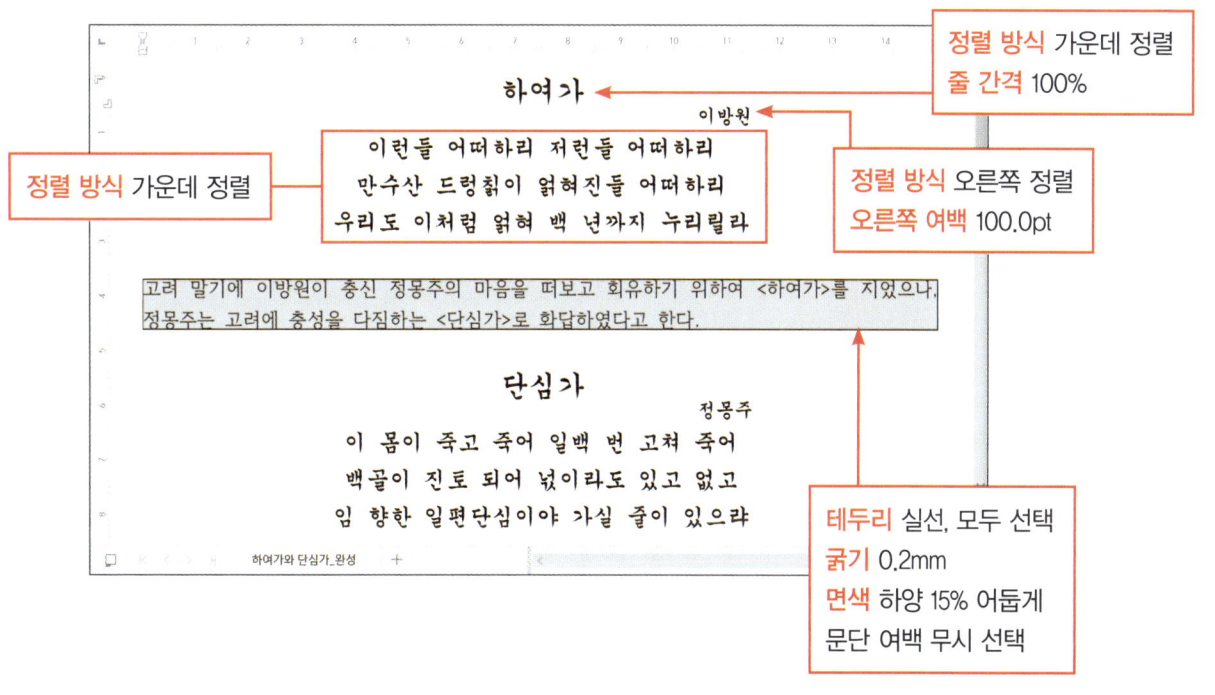

Hangul 2022

06 스타일 설정하기
SECTION

스타일은 자주 사용하는 글자 모양이나 문단 모양을 미리 설정해 두는 기능입니다. 스타일을 만들어 두면 필요할 때 원하는 스타일을 선택하는 것만으로 글자 모양과 문단 모양을 한꺼번에 바꿀 수 있습니다.

1 스타일 만들기

① '장난감수리전문가_준비.hwpx' 파일을 열어서 '장난감수리전문가'를 드래그하여 블록으로 설정합니다. [서식] 탭의 ∨를 눌러 [스타일]을 클릭합니다.

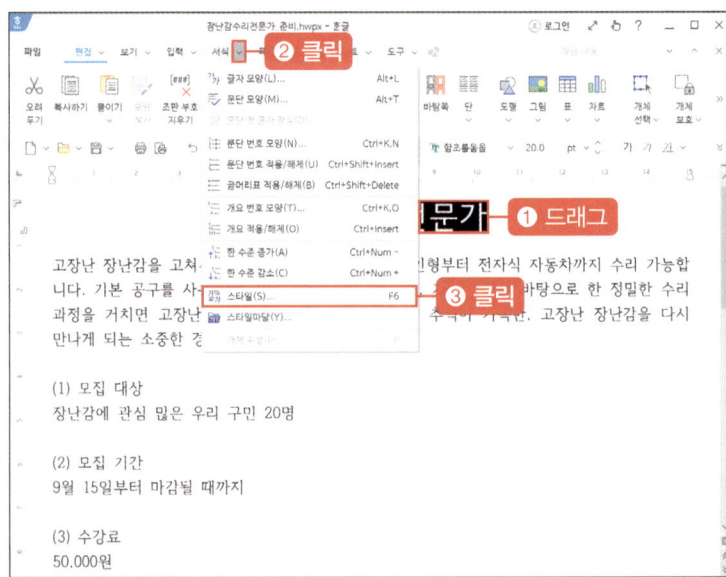

TIP [스타일] 단축키 F6

② [스타일] 대화 상자가 열리면 [스타일 추가하기] 버튼을 클릭합니다.

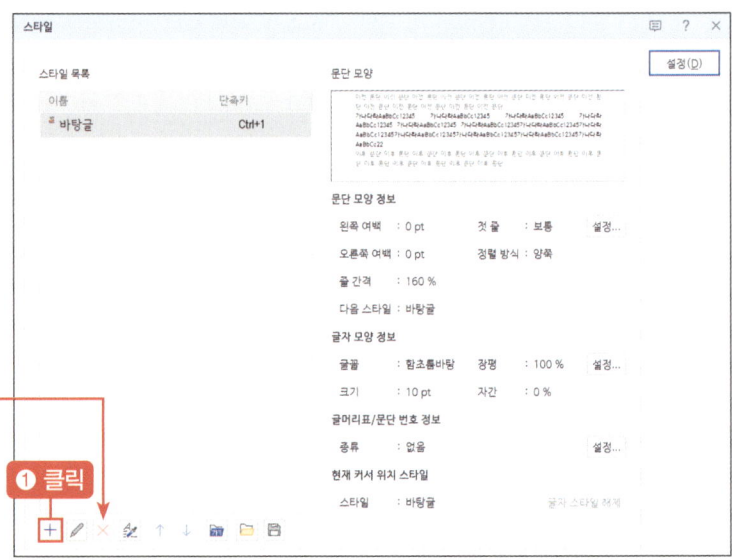

TIP 만약 '스타일 목록'에 불필요한 목록이 있다면 바탕글은 제외하고 [스타일 지우기] 버튼을 눌러 모두 삭제합니다.

32 · 정보화 실무 한글 2022

③ [스타일 추가하기] 대화 상자가 열리면 '스타일 이름'에 '제목'을 입력하고 [추가]를 클릭합니다.

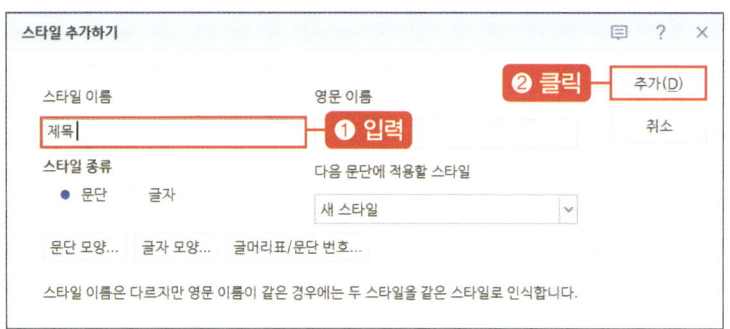

④ [스타일] 대화 상자의 '스타일 목록'에 '제목'이 추가된 것을 확인하고 [설정]을 클릭합니다.

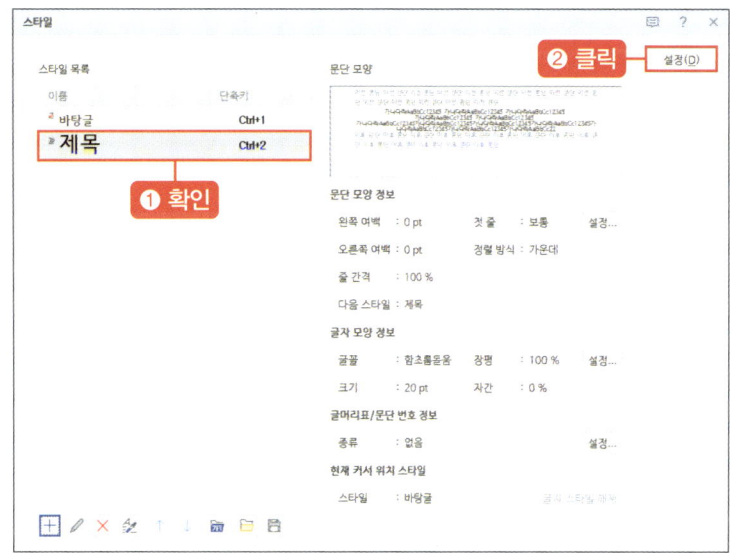

⑤ '장난감수리전문가'의 스타일이 '바탕글'에서 '제목'으로 변경된 것을 확인할 수 있습니다.

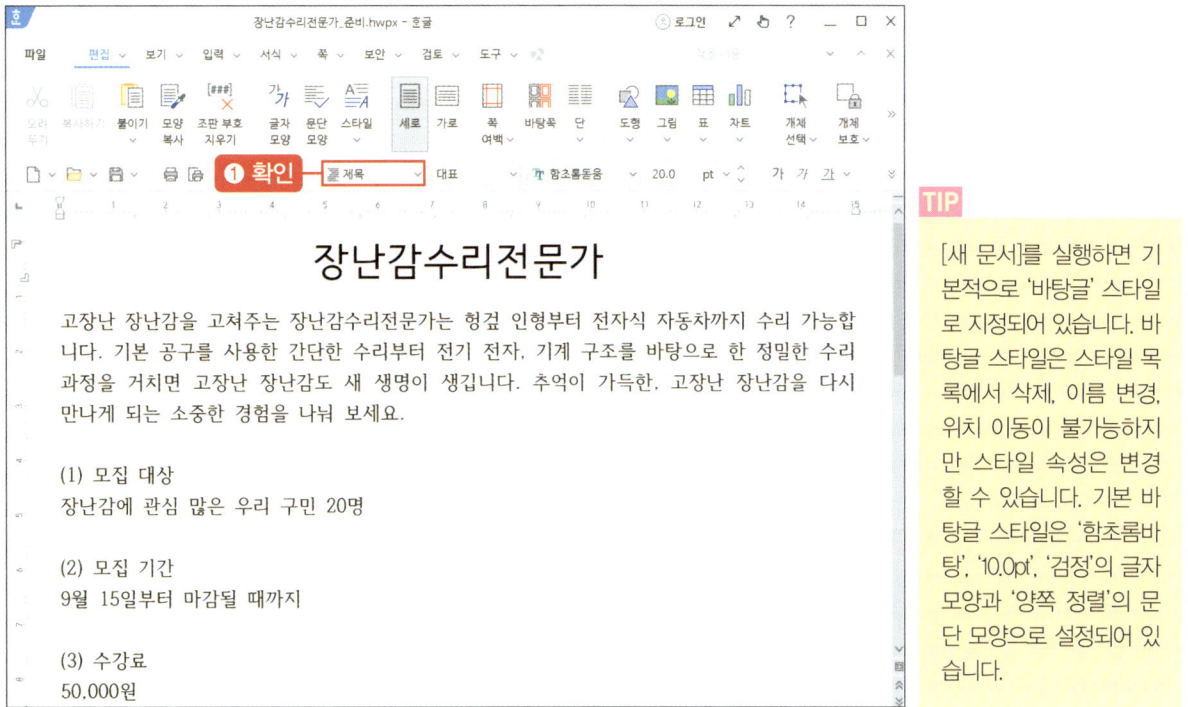

TIP

[새 문서]를 실행하면 기본적으로 '바탕글' 스타일로 지정되어 있습니다. 바탕글 스타일은 스타일 목록에서 삭제, 이름 변경, 위치 이동이 불가능하지만 스타일 속성은 변경할 수 있습니다. 기본 바탕글 스타일은 '함초롬바탕', '10.0pt', '검정'의 글자 모양과 '양쪽 정렬'의 문단 모양으로 설정되어 있습니다.

6 본문에서 글자 모양과 문단 모양을 설정한 후 스타일로 추가하여 활용해도 되지만, 반대로 스타일을 먼저 만든 뒤에 본문에 적용해도 됩니다. 본문에서 '(1) 모집 대상' 뒤에 커서를 놓고 F6 키를 눌러 [스타일] 대화 상자가 열리면 [스타일 추가하기] 버튼을 클릭합니다.

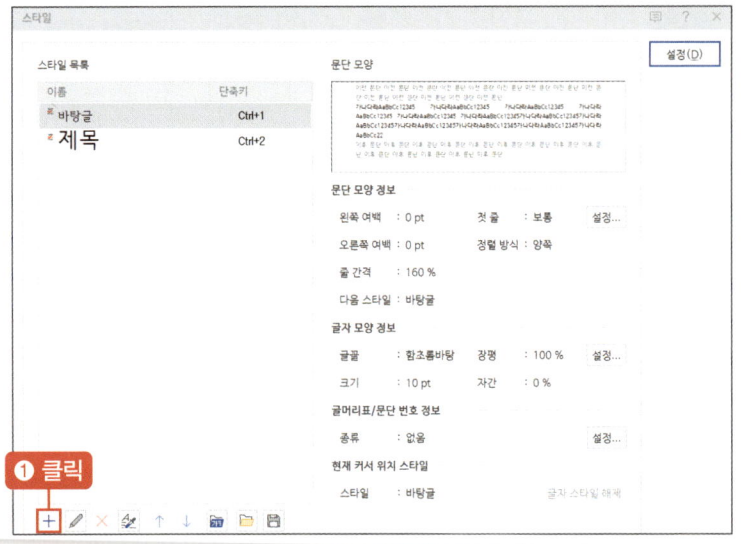

7 [스타일 추가하기] 대화 상자가 열리면 '스타일 이름'에 '(1) 제목'을 입력하고 [글자 모양]을 클릭합니다.

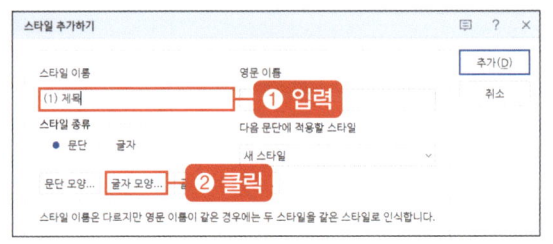

8 [글자 모양] 대화 상자가 열리면 '크기'는 '11.0pt', '글꼴'은 '함초롬돋움', '속성'은 '진하게'로 하고 [설정]을 클릭합니다.

9 [스타일] 대화 상자의 '스타일 목록'에 '(1) 제목'이 추가된 것을 확인할 수 있습니다. '(1) 제목'을 선택하고 [한 줄 아래로 이동하기] 버튼을 누른 뒤 [설정]을 클릭합니다.

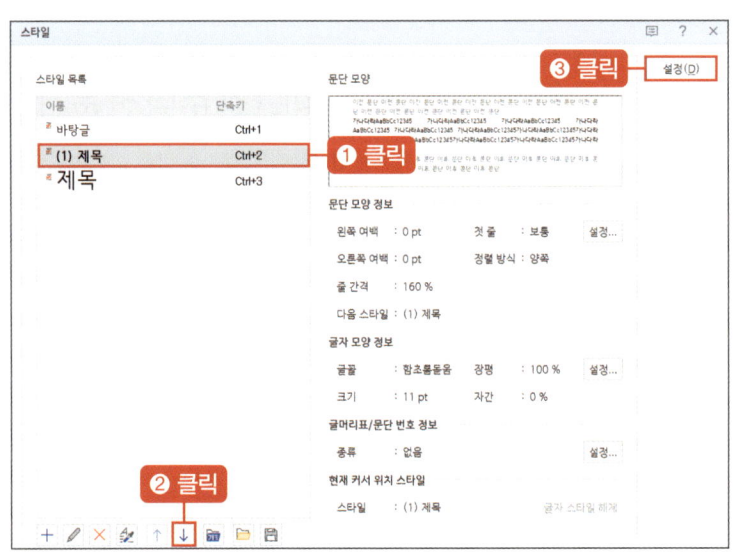

⑩ 본문에서 '장난감에 관심 많은 우리 구민 20명'에 마우스 커서를 놓고 F6 키를 눌러 [스타일] 대화 상자가 열리면 [스타일 추가하기] 버튼을 클릭합니다. [스타일 추가하기] 대화 상자가 열리면 '스타일 이름'에 '(1) 본문'을 입력하고 [문단 모양]을 클릭합니다.

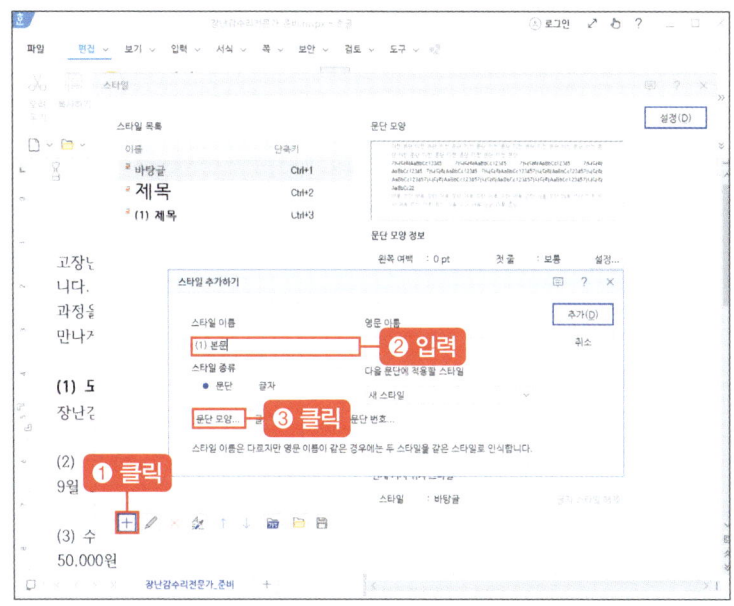

⑪ [문단 모양] 대화 상자가 열리면 '여백'에서 '왼쪽'을 '20.0pt'로 하고 [설정]을 클릭합니다.

⑫ [서식 도구 상자]에서 '장난감에 관심 많은 우리 구민 20명'의 스타일이 '(1) 본문'으로 변경된 것을 확인할 수 있습니다.

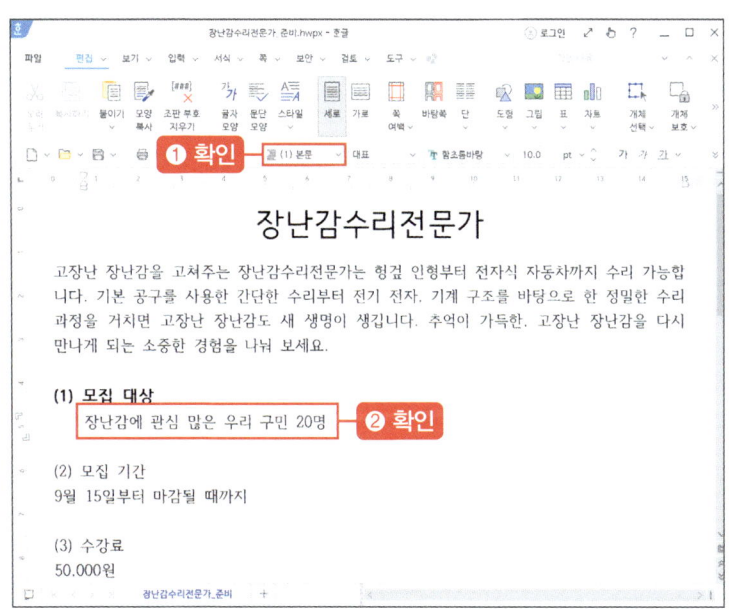

2 스타일 적용하기

1. 본문에서 '(2) 모집 기간' 뒤에 커서를 놓고 [서식 도구 상자]의 [스타일]에서 ∨를 눌러 '(1) 제목'을 선택합니다.

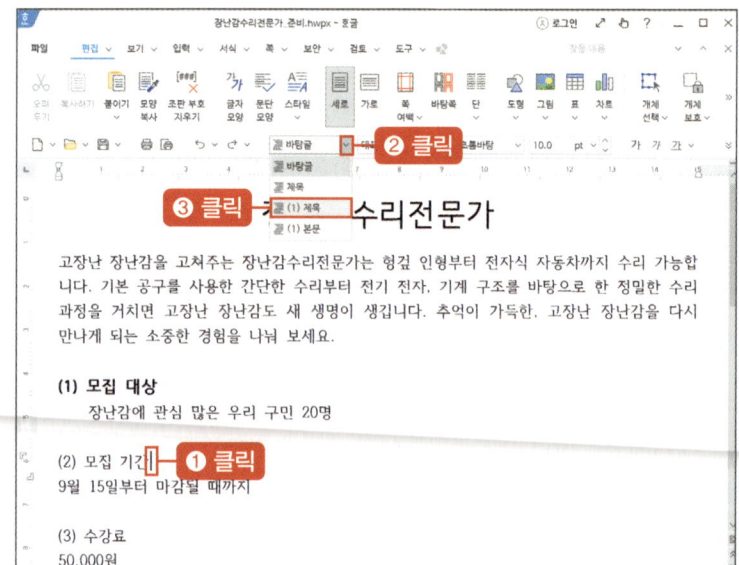

2. '(2) 모집 기간'의 스타일이 변경되었습니다. 이번에는 '9월 15일부터 마감될 때까지' 뒤에 커서를 놓고 [서식 도구 상자]의 [스타일]에서 ∨를 눌러 '(1) 본문'을 선택합니다.

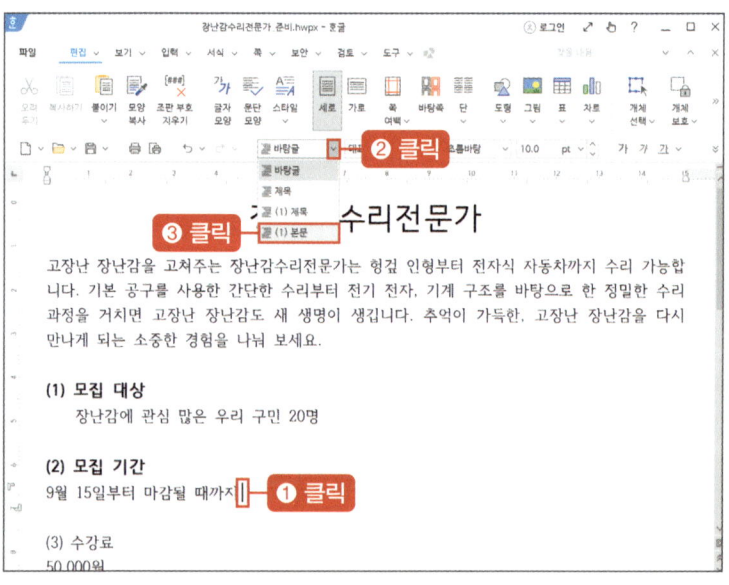

3. 같은 방법으로 (3)번 제목과 내용에도 스타일을 적용해 봅니다.

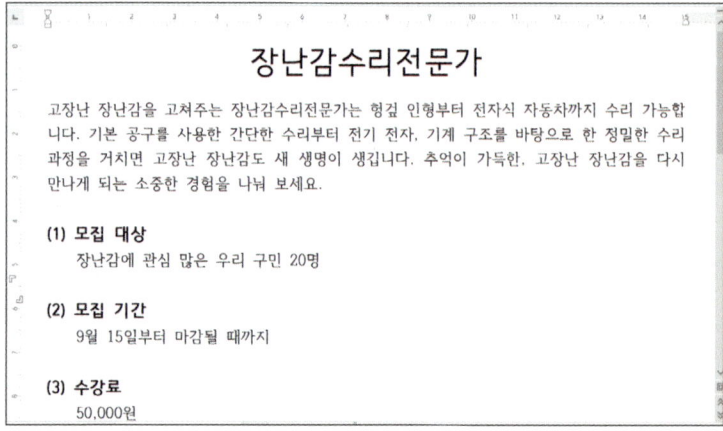

셀프 테스트

1 '한국사_준비.hwpx' 파일을 열어서 스타일 기능을 활용하여 다음과 같이 문서를 완성해 보세요.

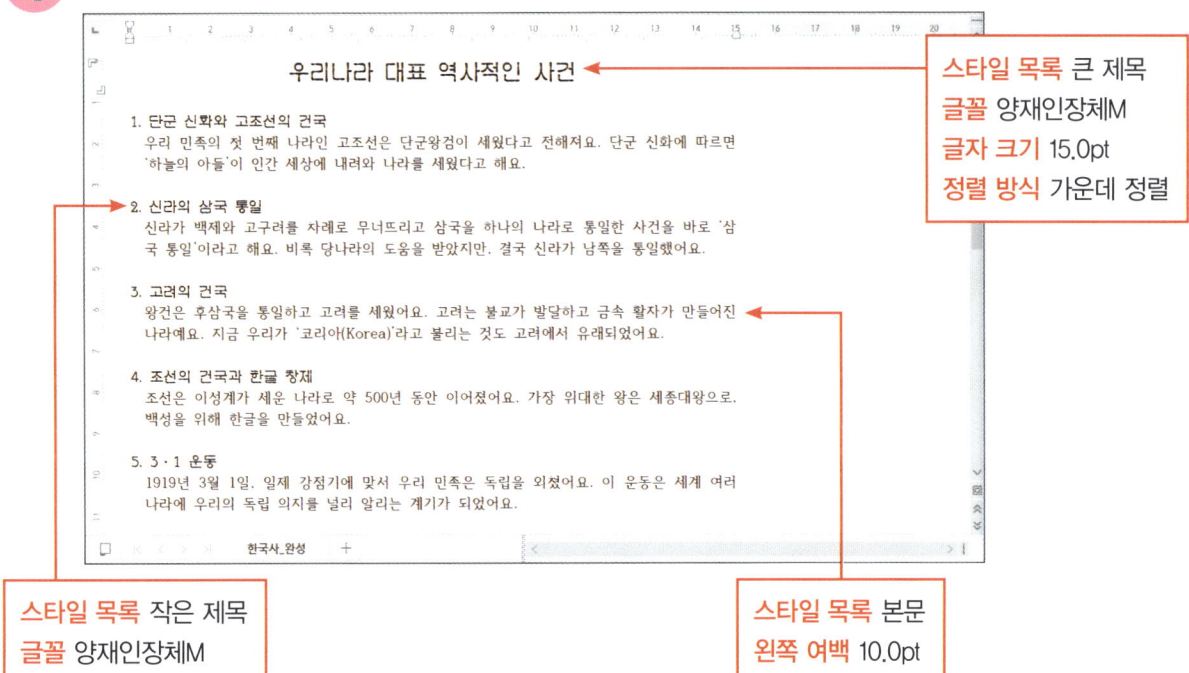

스타일 목록 큰 제목
글꼴 양재인장체M
글자 크기 15.0pt
정렬 방식 가운데 정렬

스타일 목록 작은 제목
글꼴 양재인장체M

스타일 목록 본문
왼쪽 여백 10.0pt

2 '대중교통 운행안내_준비.hwpx' 파일을 열어서 스타일 기능을 활용하여 다음과 같이 문서를 완성해 보세요.

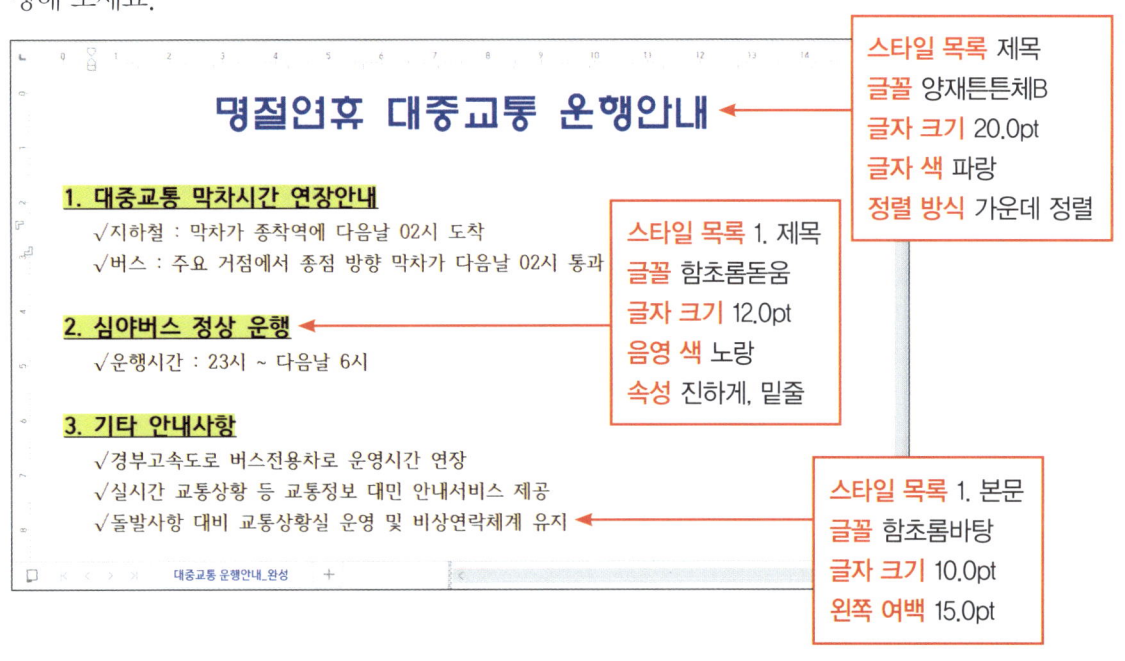

스타일 목록 제목
글꼴 양재튼튼체B
글자 크기 20.0pt
글자 색 파랑
정렬 방식 가운데 정렬

스타일 목록 1. 제목
글꼴 함초롬돋움
글자 크기 12.0pt
음영 색 노랑
속성 진하게, 밑줄

스타일 목록 1. 본문
글꼴 함초롬바탕
글자 크기 10.0pt
왼쪽 여백 15.0pt

Hangul 2022

07 이미지로 문서 꾸미기
SECTION

텍스트로만 구성된 한글 문서에 그림, 사진 등의 이미지를 삽입하면 전달하고자 하는 내용의 가독성을 높일 수 있습니다. 삽입한 그림에 캡션을 추가하고 여백을 조정하여 보기 좋게 설정할 수 있습니다.

1 이미지 삽입하기

① '척추동물_준비.hwpx' 파일을 열고 [입력] 탭의 ∨를 눌러 [그림]을 선택하고 하위 메뉴인 [그림]을 클릭합니다.

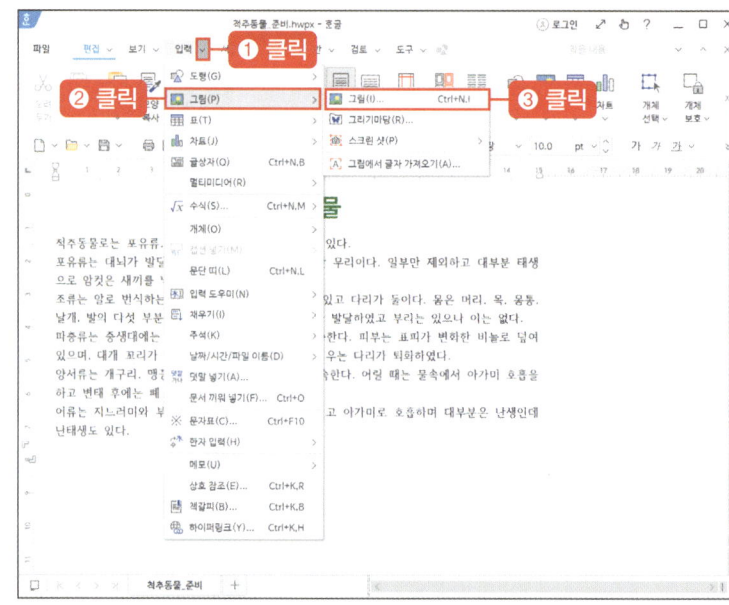

TIP
[그림 넣기] 단축키 Ctrl + N, I
단축키 N, I 는 New Image를 의미합니다.

② [그림 넣기] 대화 상자가 열리면 이미지 파일이 있는 폴더에서 '포유류'를 선택하고 '문서에 포함'과 '마우스로 크기 지정'을 체크한 뒤 [열기]를 클릭합니다.

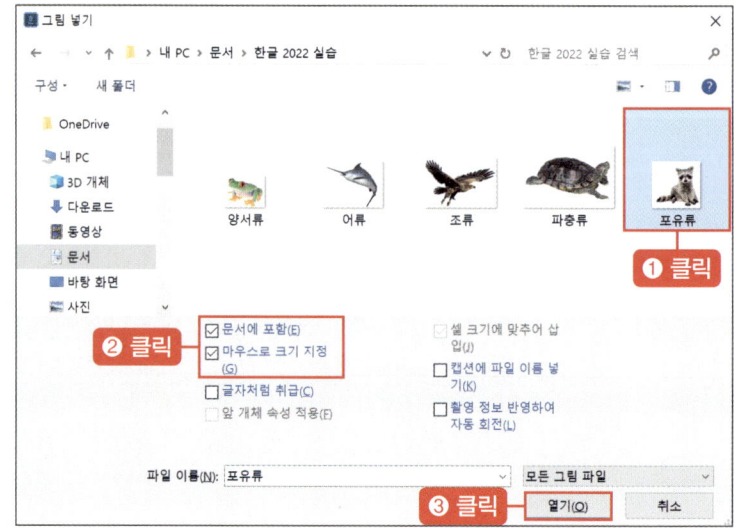

TIP
문서에 포함 다른 컴퓨터에서도 문제없이 이미지를 볼 수 있습니다.
마우스로 크기 지정 마우스로 드래그하여 그림 크기를 지정합니다. 체크하지 않으면 원본 크기 그대로 그림이 삽입됩니다.

❸ 마우스 커서가 ╋로 바뀌면 다음과 같이 드래그하여 이미지를 삽입합니다.

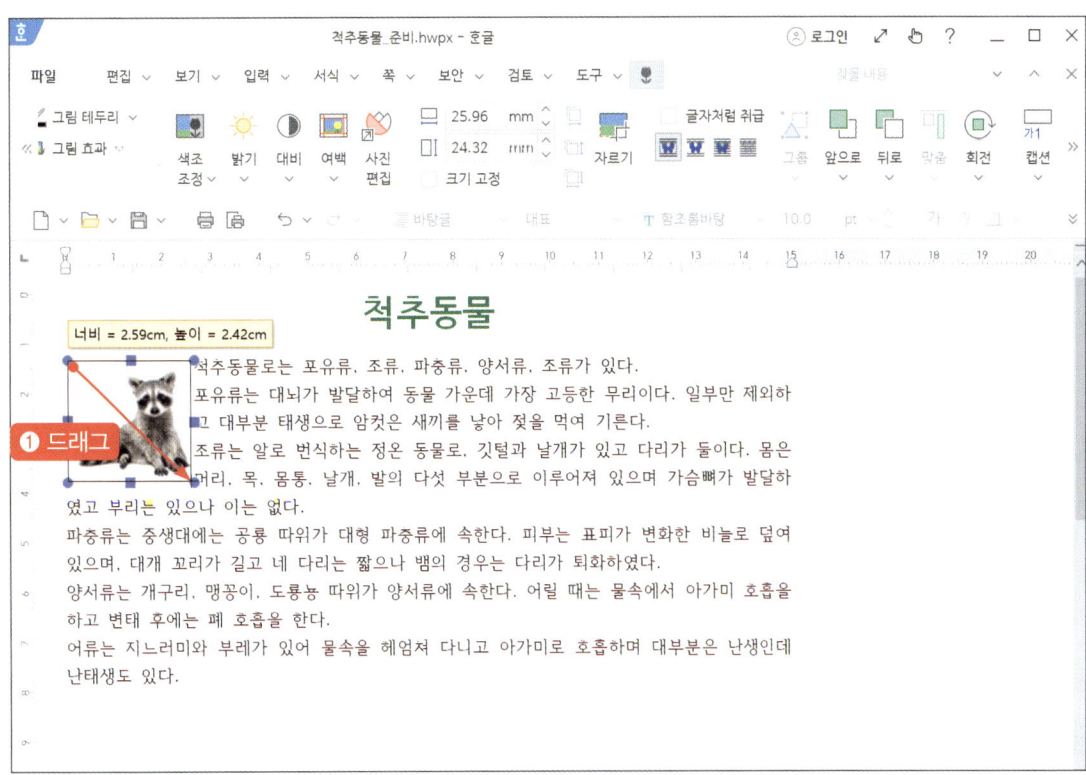

❹ 본문 마지막 다음 줄에 마우스 커서를 놓습니다.

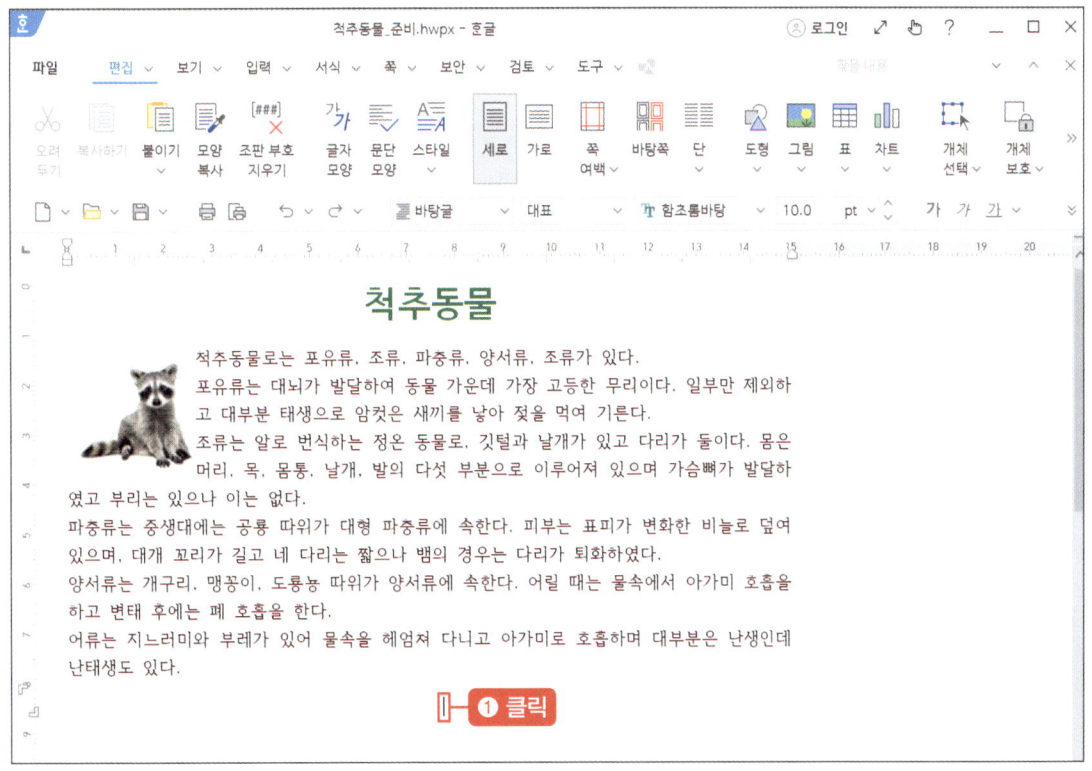

5 Ctrl + N , I 키를 눌러 [그림 넣기] 대화 상자가 열리면 이미지 파일이 있는 폴더에서 '파충류'를 선택하고 '문서에 포함'과 '글자처럼 취급'을 체크한 뒤 [열기]를 클릭합니다.

TIP
삽입할 이미지에 '글자처럼 취급' 속성을 적용한 경우 이미지 개체를 일반 문자처럼 취급합니다.

6 '파충류' 이미지가 삽입되었습니다. '파충류' 이미지를 선택하고 조절점을 드래그하여 크기를 조정합니다.

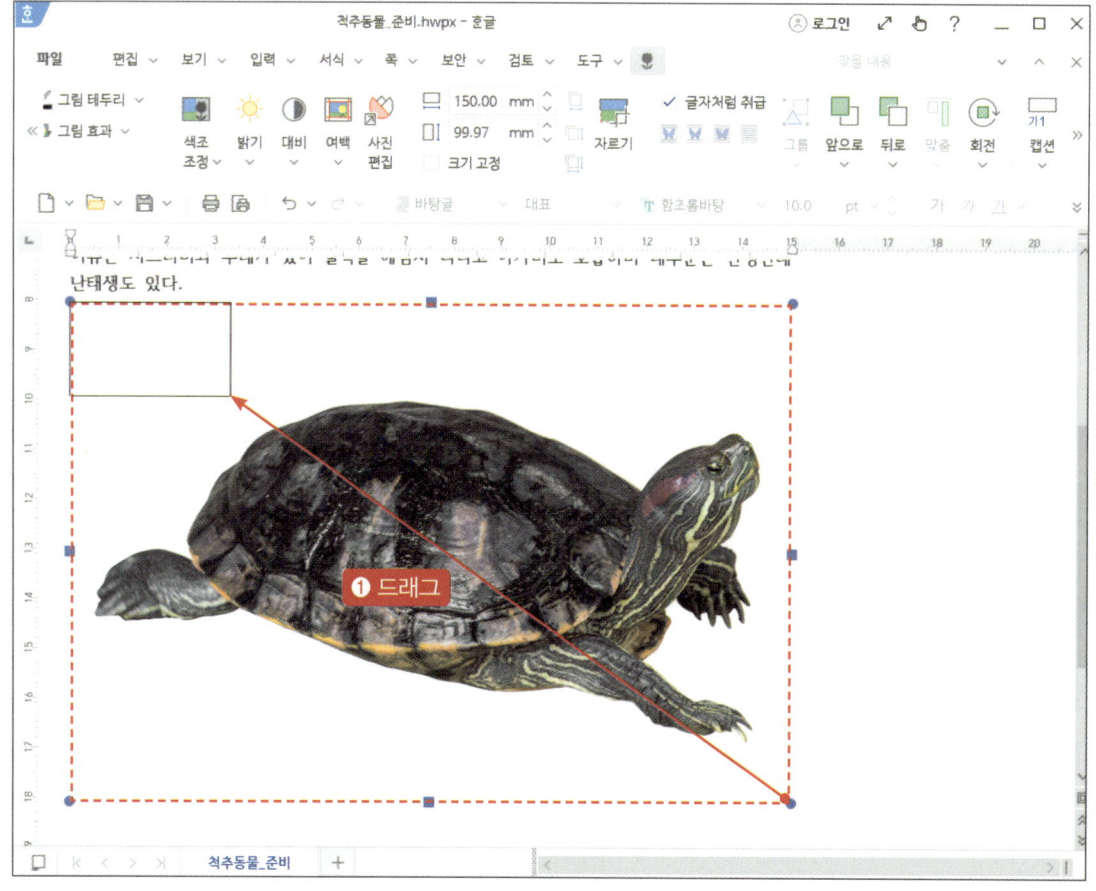

7 '파충류' 이미지의 크기가 변경되었습니다.

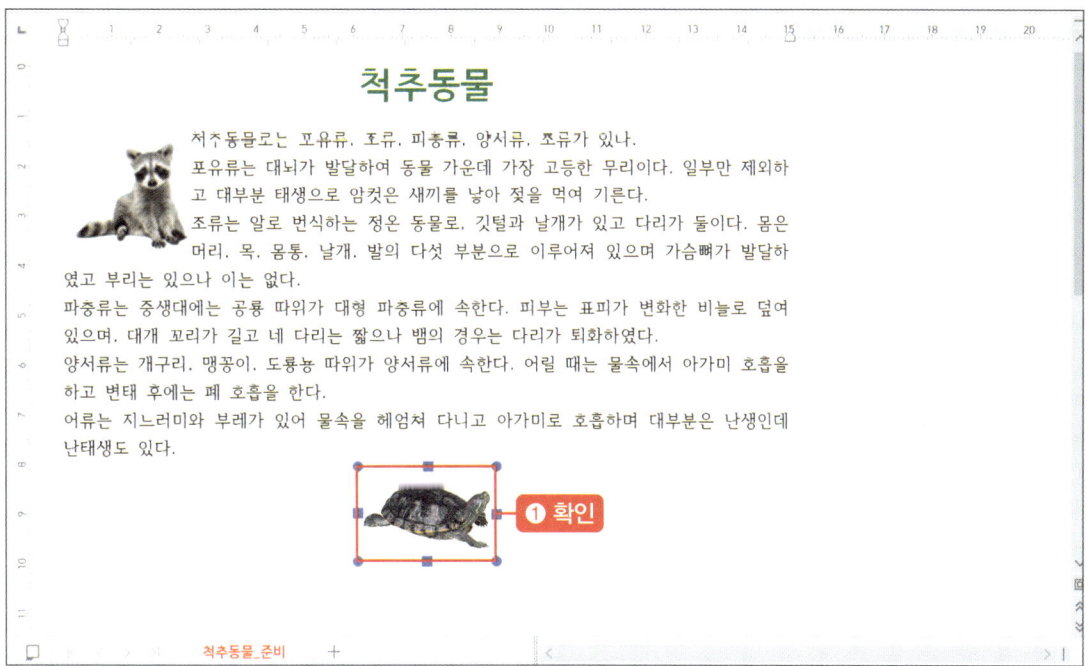

8 같은 방법으로 '조류', '어류', '양서류' 이미지를 삽입해 봅니다.

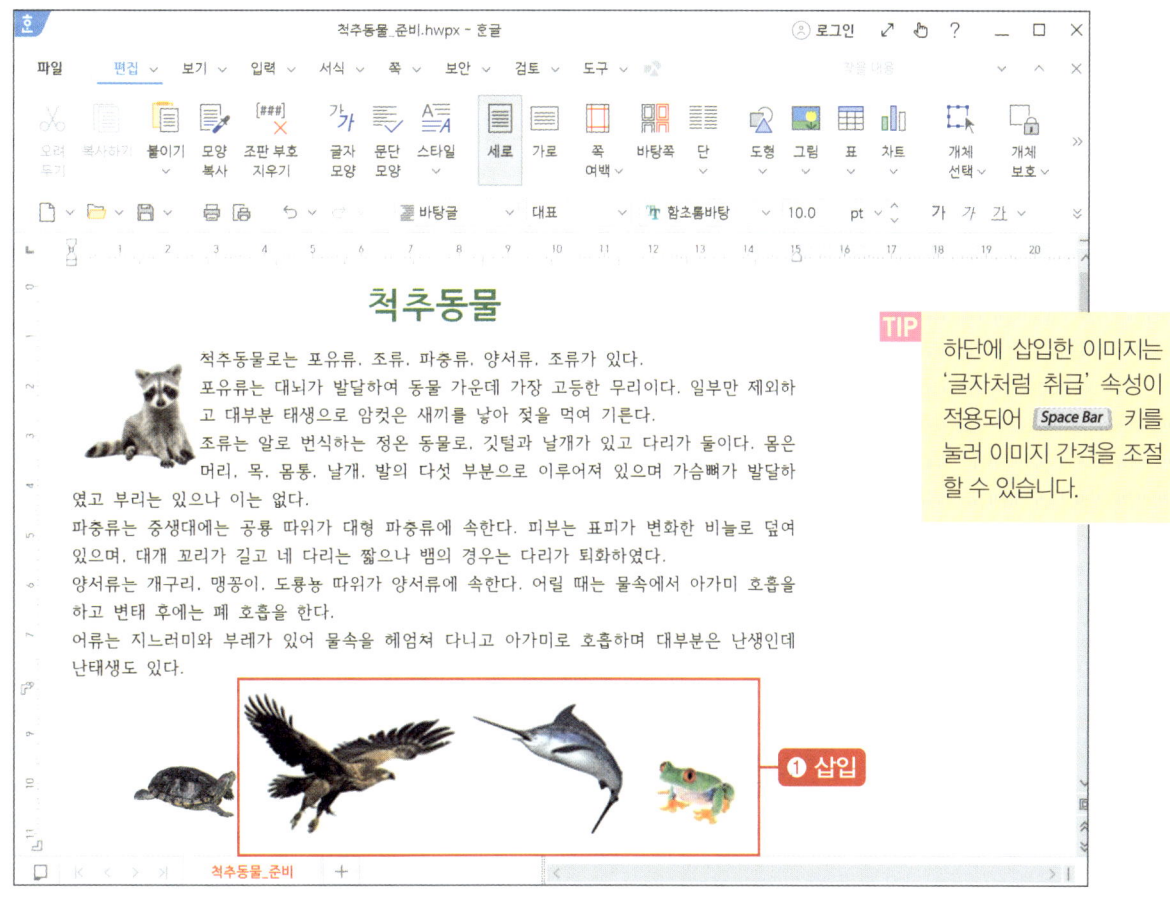

TIP 하단에 삽입한 이미지는 '글자처럼 취급' 속성이 적용되어 Space Bar 키를 눌러 이미지 간격을 조절할 수 있습니다.

2 캡션 넣고 여백 설정하기

1. '포유류' 이미지를 선택하고 [입력] 탭에서 ∨를 눌러 [캡션 넣기]를 선택하고 '아래'를 클릭합니다.

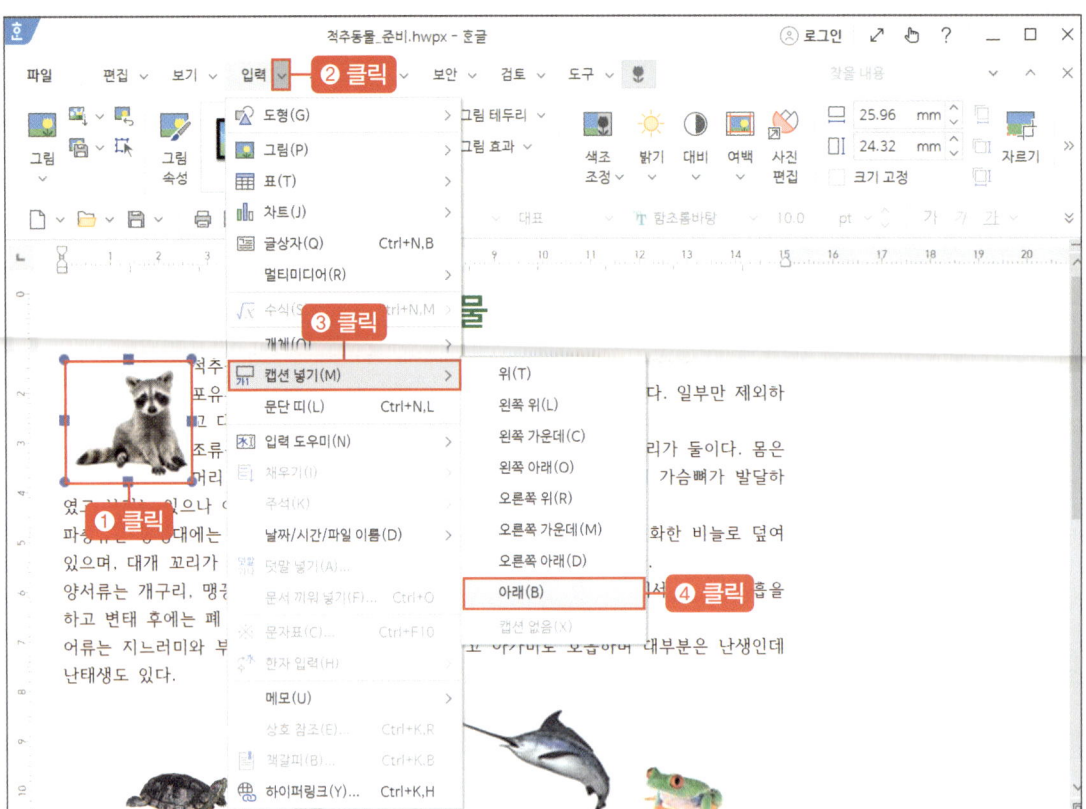

2. '포유류' 이미지 아래 '그림 1'이 삽입되었습니다.

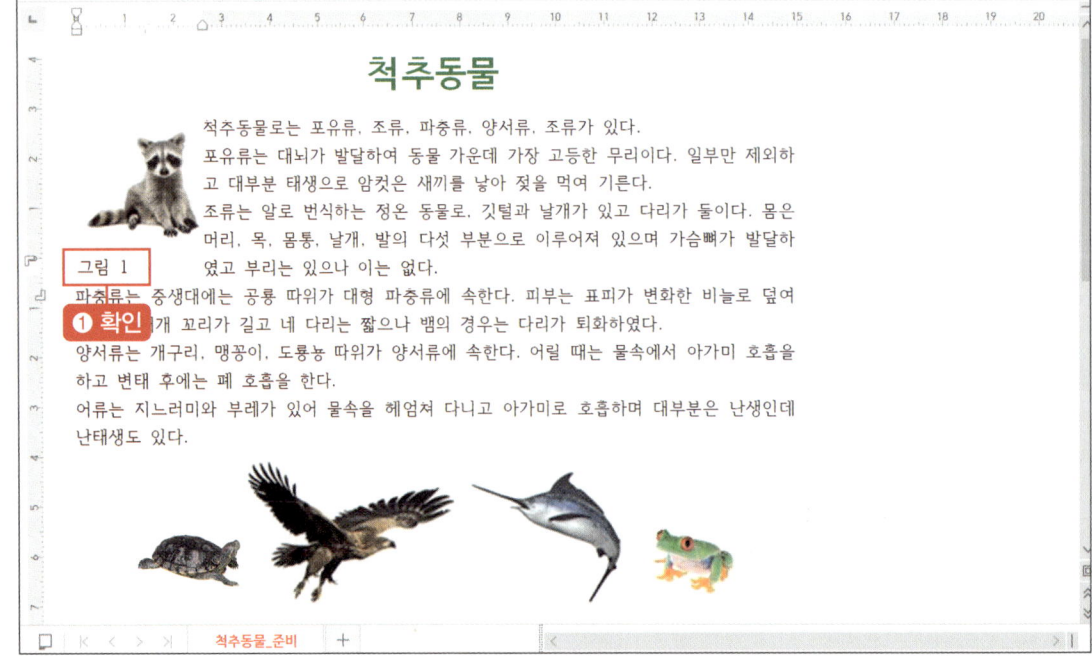

3 캡션에 자동으로 입력된 '그림 1'을 삭제하고 '포유류'를 입력한 뒤, '글꼴'은 '함초롬돋움', '속성'은 '진하게', '정렬 방식'은 '가운데 정렬'로 설정합니다.

4 '포유류' 이미지를 더블 클릭하여 [개체 속성] 대화 상자를 엽니다.

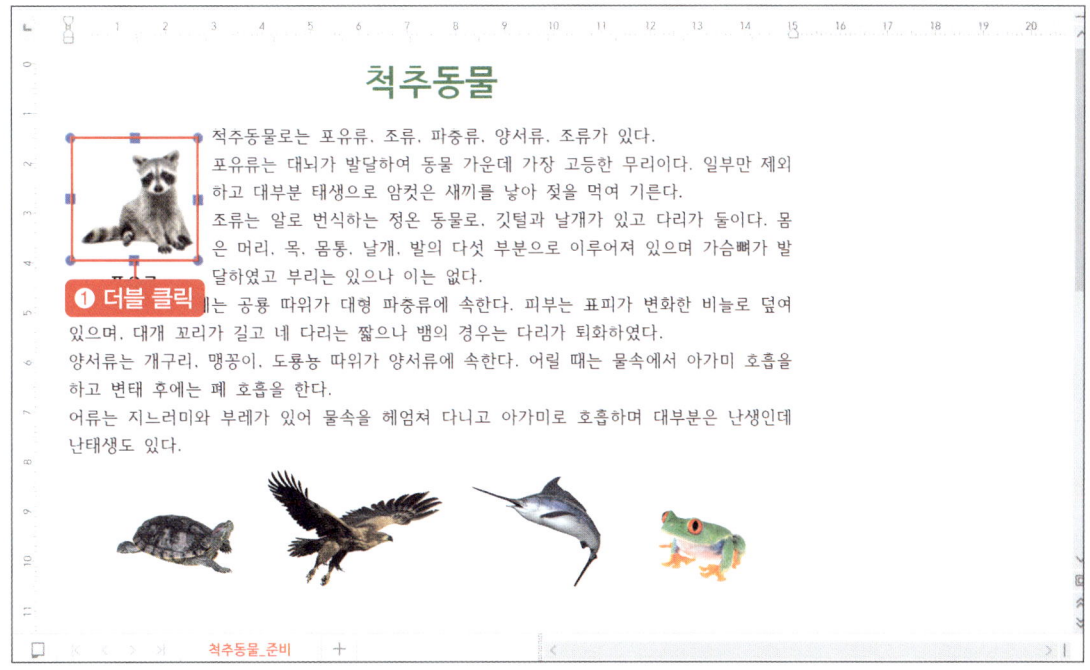

5 [개체 속성] 대화 상자에서 [여백/캡션] 탭의 '바깥 여백' 중 '오른쪽'을 '3.00mm'로 입력하고, '캡션'에서 '개체와의 간격'을 '0mm'로 입력한 후 [설정]을 클릭합니다.

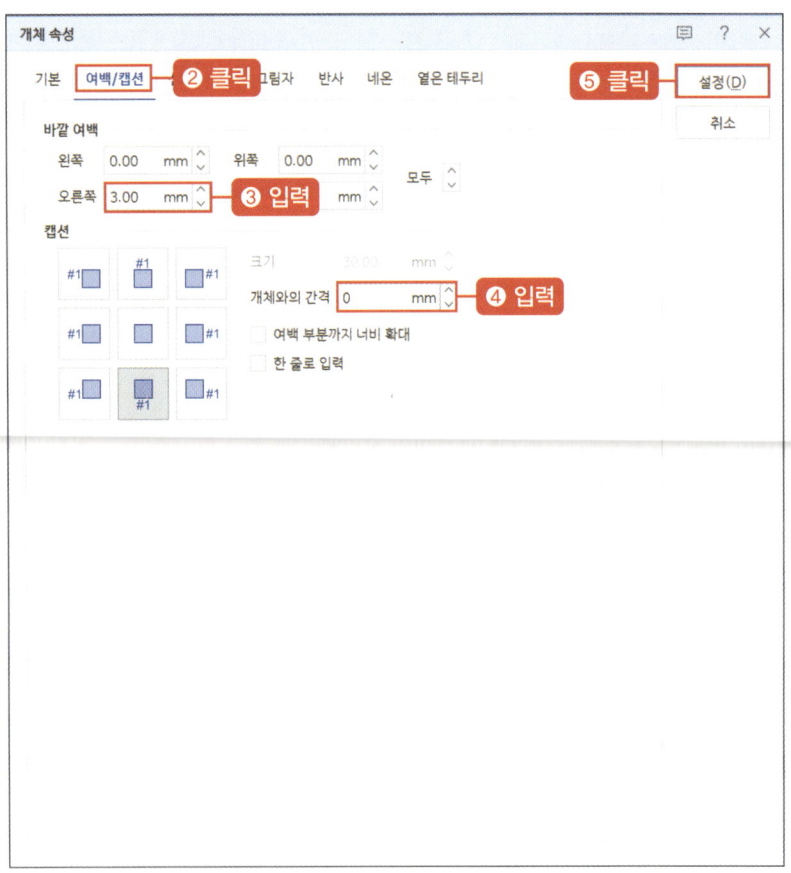

6 여백이 조정되었습니다. 같은 방법으로 나머지 이미지에도 캡션을 입력해 봅니다.

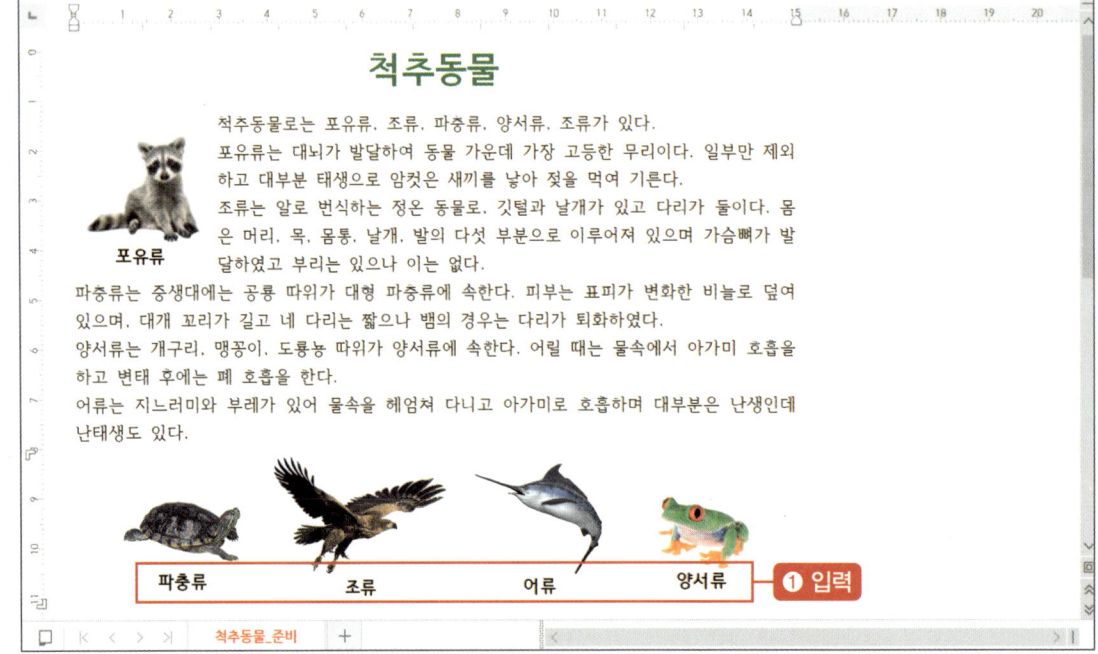

셀프 테스트

1 '프랑스_준비.hwpx' 파일을 열어서 이미지를 삽입하여 다음과 같이 문서를 완성해 보세요.

2 '환경을 위한 작은 실천_준비.hwpx' 파일을 열어서 이미지를 삽입하여 다음과 같이 문서를 완성해 보세요.

Hangul 2022

08 글상자 활용하기
SECTION

글상자는 글을 입력할 수 있으면서 이미지와 같은 개체로 취급하여 본문에서 배치가 자유롭고 크기 조절, 채우기 효과, 테두리 설정 등이 가능하여 쓰임새가 많습니다.

1 글상자 입력하기

① '첫 생일_준비.hwpx' 파일을 열고 [입력] 탭의 ∨를 눌러 [글상자]를 클릭합니다.

TIP
[글상자] 단축키 Ctrl + N , B
단축키 N , B 는 New Box를 의미합니다.

② 마우스 커서가 +로 바뀌면 다음과 같이 드래그합니다.

❸ 글상자가 삽입되면 글상자 안에 커서가 깜박입니다. 글상자 안에 다음과 같이 문자를 입력합니다.

❹ 글상자 안에 입력한 문자를 모두 드래그하여 블록으로 설정하고 '글꼴'은 '가지', '글자 크기'는 '20.0pt', '속성'은 '진하게', '글자 색'은 '초록', '정렬 방식'은 '가운데 정렬'로 변경합니다.

2 글상자 꾸미기

1 '글상자'를 선택한 후 [도형] 탭의 [도형 속성]을 클릭합니다.

TIP 글상자를 더블 클릭해도 [개체 속성] 대화 상자가 열립니다.

2 [개체 속성] 대화 상자가 열리면 [선] 탭의 '선 종류'에서 ∨를 클릭하여 '없음'으로 선택하고, [채우기] 탭에서 '색 채우기 없음'을 선택한 뒤 [설정]을 클릭합니다.

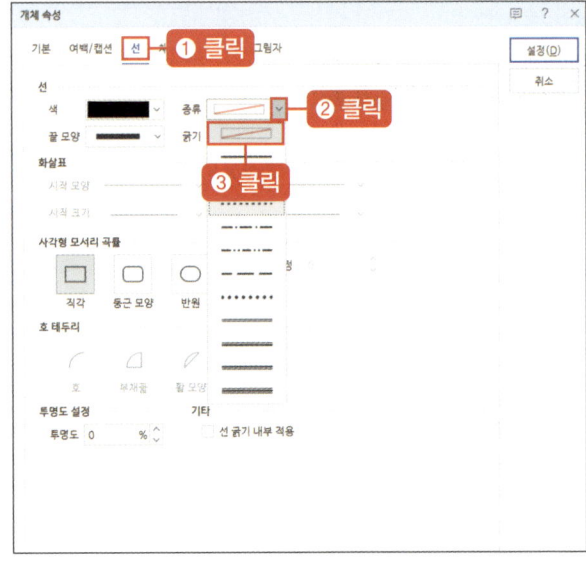
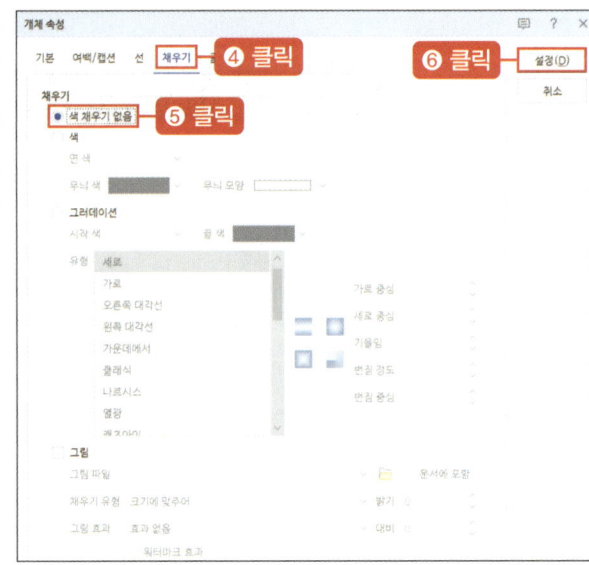

3 글상자를 이용한 사진 꾸미기가 완성되었습니다.

더 알아보기 | 본문과 개체와의 배치 방식 알아보기

그림, 글상자, 글맵시, 표, 수식, 차트 등을 통틀어 개체라고 합니다. 해당 개체를 더블 클릭하면 [개체 속성] 대화 상자가 열리는데 [개체 속성] 대화 상자에서 [기본] 탭의 '위치' 항목에서는 개체와 본문의 배치 방식을 설정할 수 있습니다.

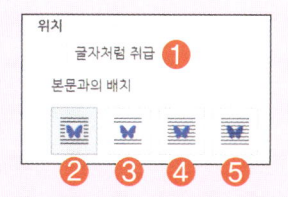

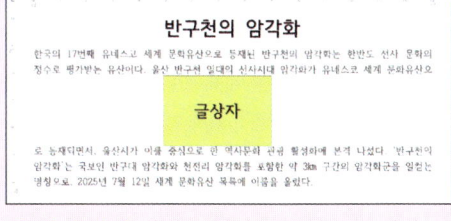

❶ **글자처럼 취급** 개체를 글자처럼 인식

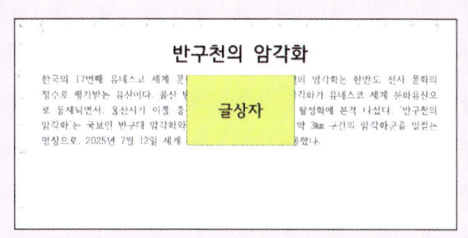

❷ **어울림** 글이 개체 주변으로 자연스럽게 흐르도록 배치

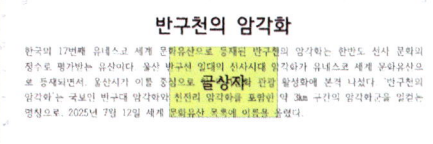

❸ **자리 차지** 개체 높이만큼 빈칸으로 처리

❹ **글 앞으로** 개체가 글 앞에 배치

❺ **글 뒤로** 개체가 글 뒤로 배치

① '발표회_준비.hwpx' 파일을 열어서 글상자를 삽입하여 다음과 같이 문서를 완성해 보세요.

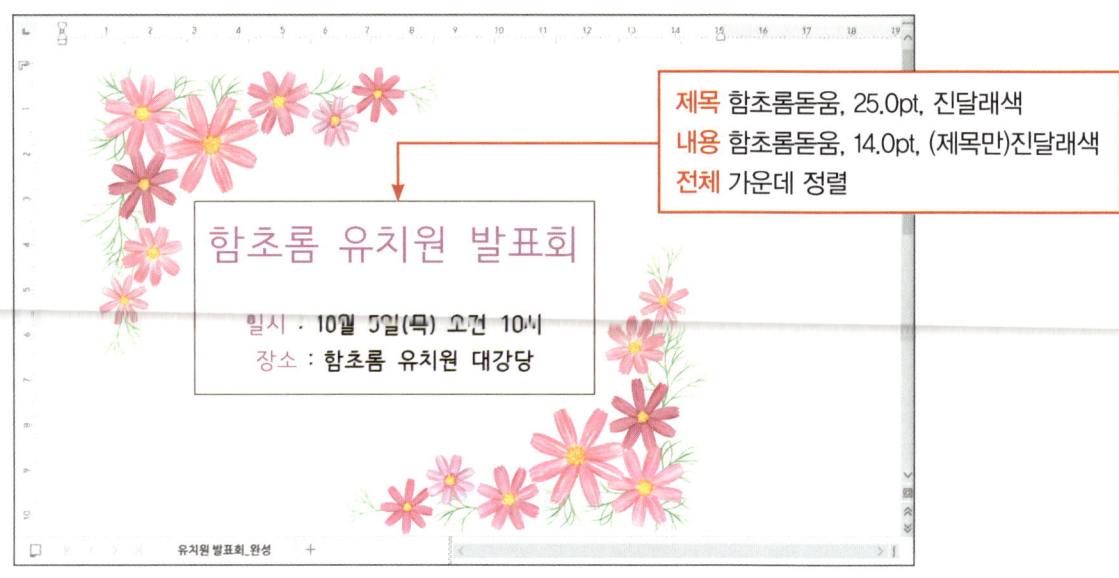

② '음악회_준비.hwpx' 파일을 열어서 글상자를 삽입하여 다음과 같이 문서를 완성해 보세요.

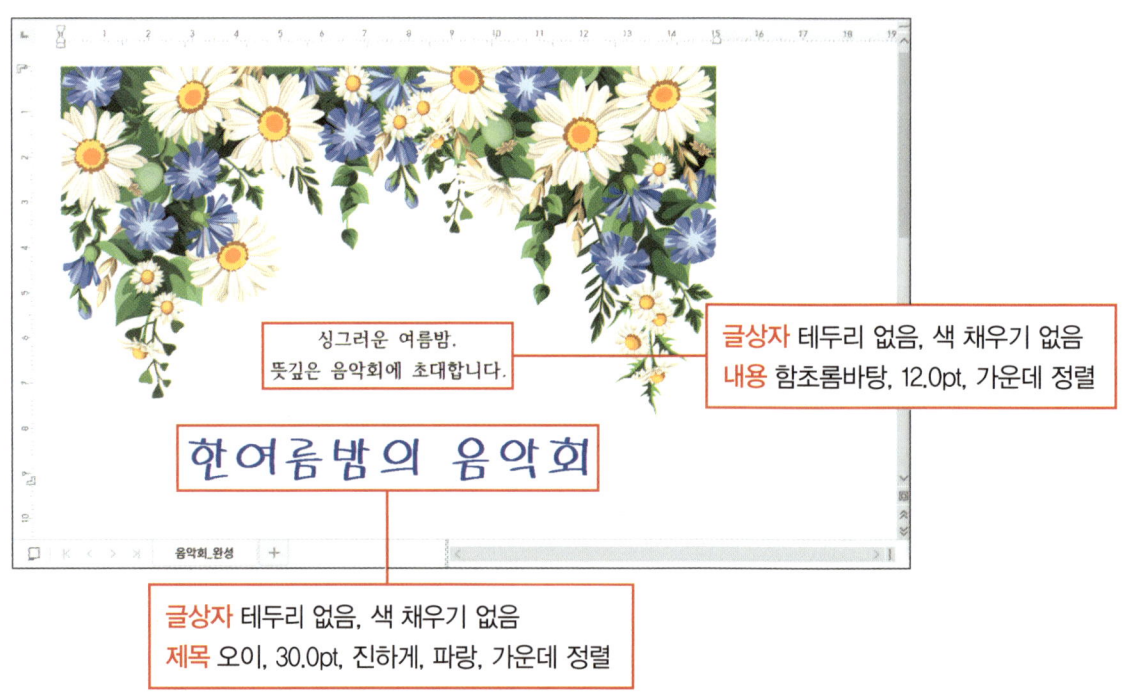

③ '축하해_준비.hwpx' 파일을 열어서 글상자를 삽입하여 다음과 같이 문서를 완성해 보세요.

글상자 테두리 없음, 색 채우기 없음
내용 함초롬바탕, 16.0pt, 노랑, 줄 간격(130%)

④ '졸업_준비.hwpx' 파일을 열어서 글상자를 삽입하여 다음과 같이 문서를 완성해 보세요.

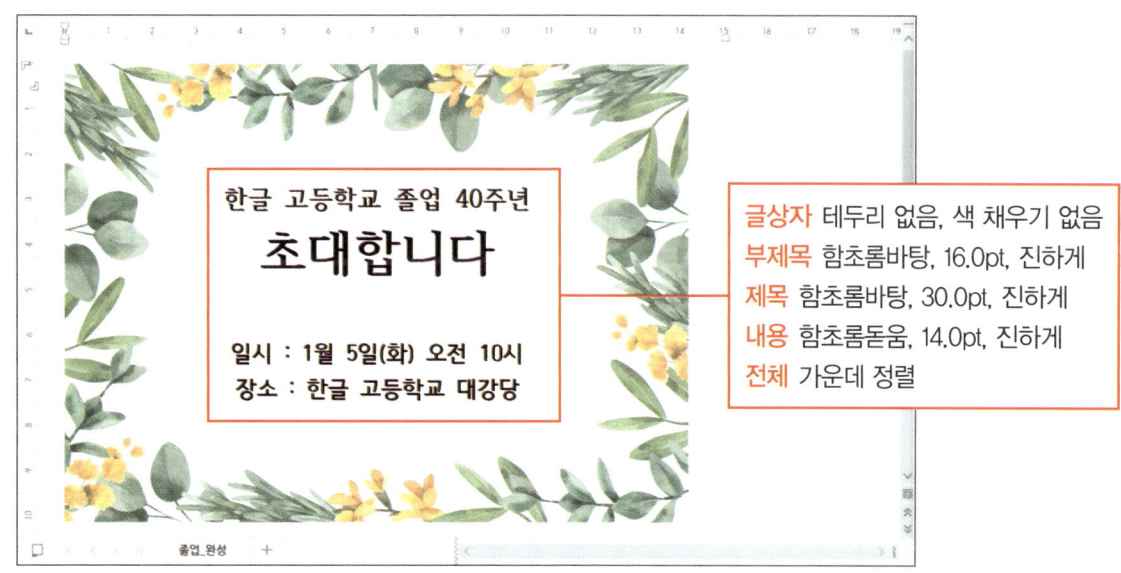

글상자 테두리 없음, 색 채우기 없음
부제목 함초롬바탕, 16.0pt, 진하게
제목 함초롬바탕, 30.0pt, 진하게
내용 함초롬돋움, 14.0pt, 진하게
전체 가운데 정렬

Hangul 2022

09 글맵시·그리기마당 활용하기
SECTION

글맵시 기능을 활용하면 글자를 구부리거나 글자에 외곽선, 채우기, 그림자, 회전 등의 효과를 주어 다채롭게 꾸밀 수 있습니다. 그리기마당은 도형, 아이콘 등의 개체를 모아놓은 라이브러리로, 원하는 형태의 그림을 쉽고 빠르게 그릴 수 있습니다.

1 글맵시 입력하기

① '금연_준비.hwpx' 파일을 열고 [입력] 탭의 ∨를 눌러 [개체]에서 [글맵시]를 선택합니다.

② [글맵시 만들기] 대화 상자가 열리면 '내용'에 '건강한 미래를 위한 금연'을 입력하고 '글맵시 모양'은 '물결 2', '글꼴'은 '함초롬바탕'으로 선택하고 [설정]을 클릭합니다.

③ 다음과 같이 배치된다면 '글맵시'를 더블 클릭합니다.

④ [개체 속성] 대화 상자가 열리면 [기본] 탭의 '본문과의 배치'에서 '글 앞으로'를 선택한 뒤 [설정]을 클릭합니다.

⑤ '글맵시'를 드래그하여 적절하게 배치합니다.

6 입력한 글맵시의 모양을 바꾸기 위해 글맵시가 선택된 상태에서 [글맵시] 탭의 [스타일]에서 '채우기 – 없음, 직사각형 모양'을 선택합니다.

7 조절점을 드래그하여 크기를 조정하고 보기 좋게 배치합니다.

2 그리기마당 입력하기

1 [입력] 탭의 ∨를 눌러 [그림]에서 [그리기마당]을 클릭합니다.

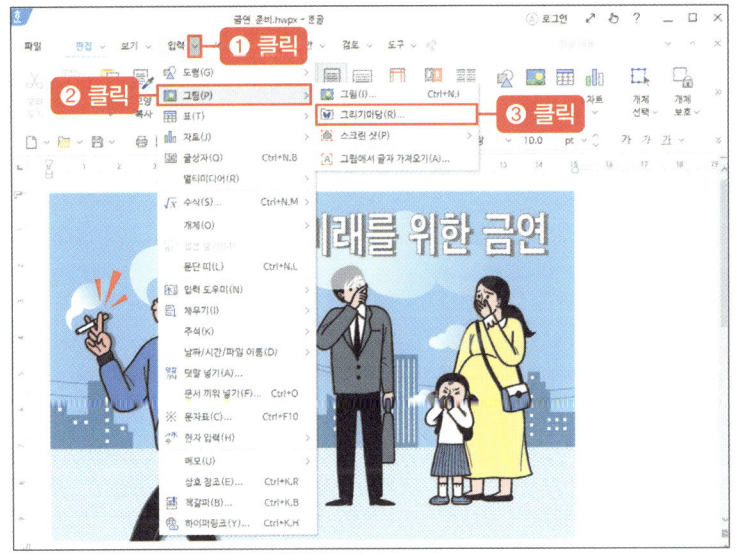

2 [그리기마당] 대화 상자가 열리면 [그리기 조각] 탭의 '별및현수막'에서 '폭발1'을 선택하고 [넣기]를 클릭합니다.

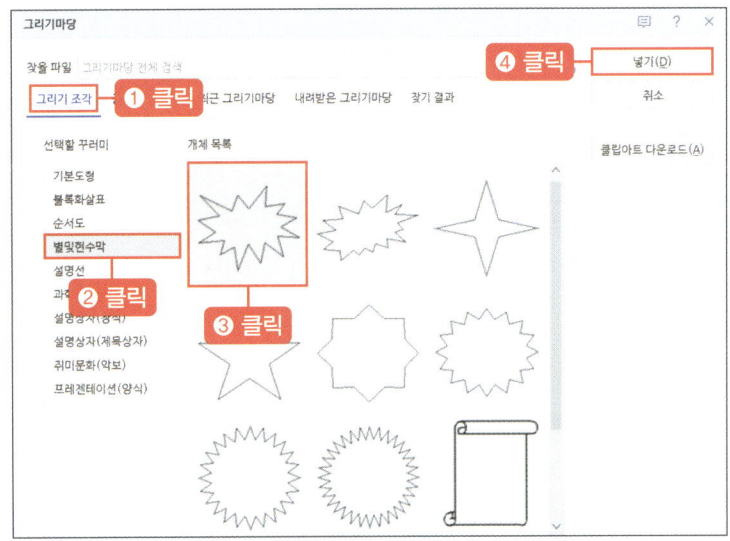

3 마우스 커서가 ┼로 바뀌면 다음과 같이 드래그하여 개체를 삽입합니다.

④ 개체를 더블 클릭하여 [개체 속성] 대화 상자가 열리면 [선] 탭에서 '색'은 '빨강', '종류'는 '실선', '굵기'는 '1.00mm'로 하고 [채우기] 탭에서 '면 색'을 '하양'으로 선택한 후 [설정]을 클릭합니다.

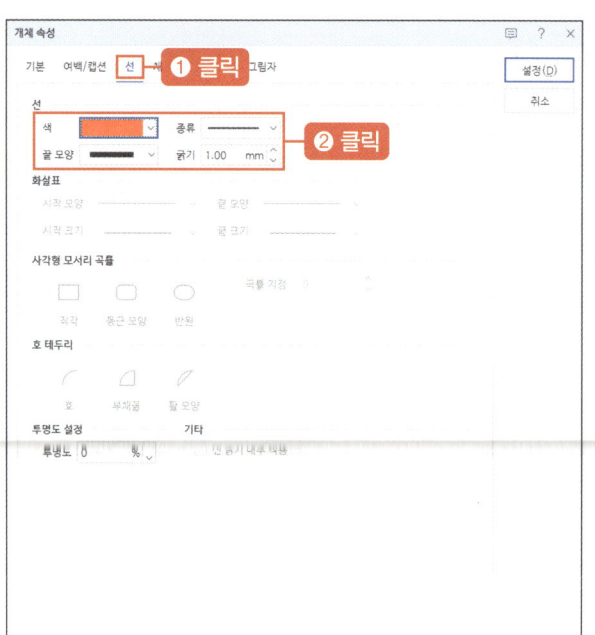
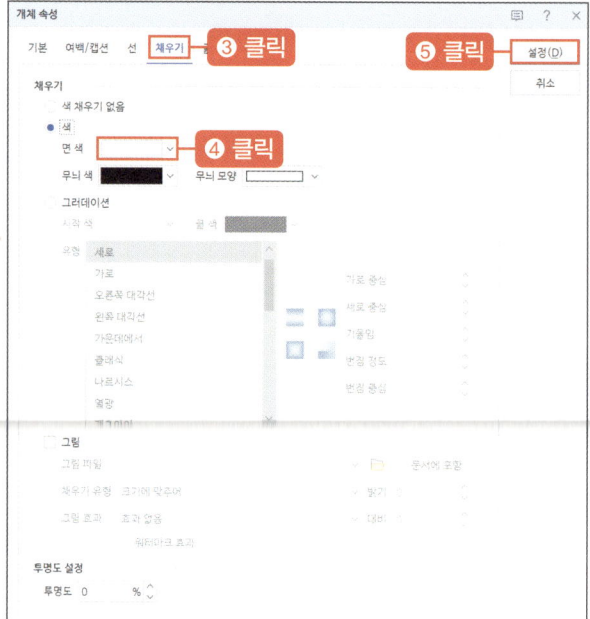

⑤ 개체가 선택된 상태에서 Enter 키를 누르면 문자를 입력할 수 있습니다. '이제, 당신 차례입니다!'를 입력하고 '글꼴'은 '함초롬돋움', '크기'는 '10.0pt', '속성'은 '진하게', '정렬 방식'은 '가운데 정렬', '줄 간격'은 '130%'로 설정합니다.

셀프 테스트

① '환경과 지구_준비.hwpx' 파일을 열어서 글맵시를 활용하여 다음과 같이 문서를 완성해 보세요.

글맵시 모양 물결 2
글꼴 함초롬바탕

② '헌혈_준비.hwpx' 파일을 열어서 글맵시와 그리기마당을 활용하여 다음과 같이 문서를 완성해 보세요.

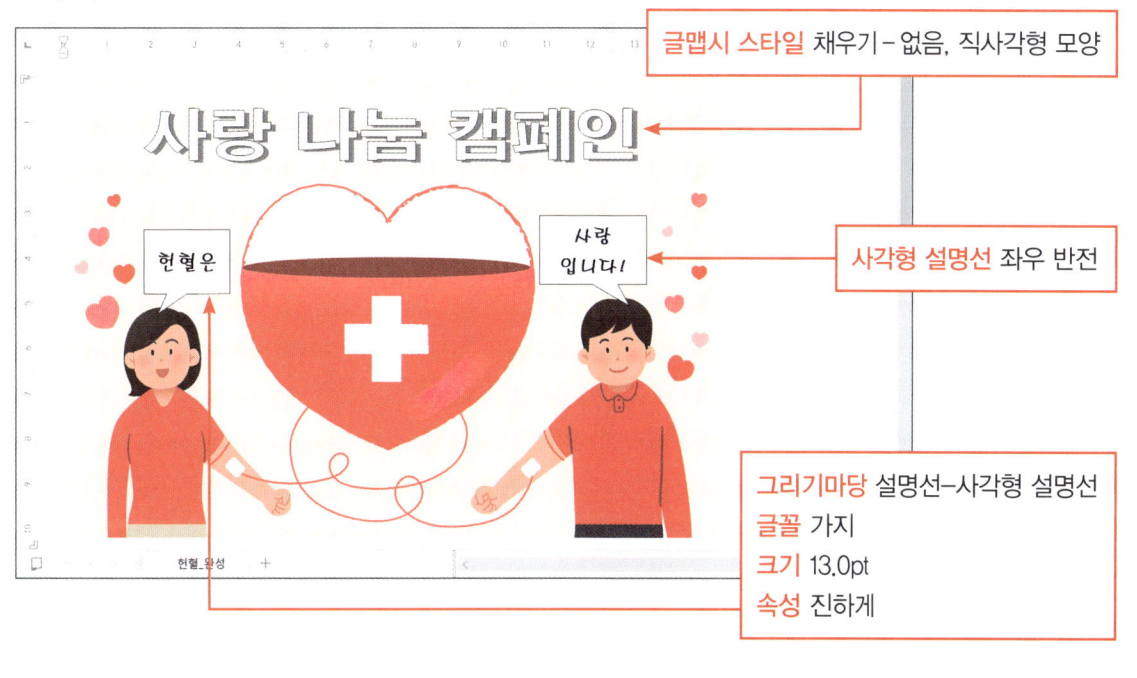

글맵시 스타일 채우기-없음, 직사각형 모양

사각형 설명선 좌우 반전

그리기마당 설명선-사각형 설명선
글꼴 가지
크기 13.0pt
속성 진하게

Hangul 2022

10 표 작성하기
SECTION

문서를 작성할 때 표를 이용하면 복잡한 내용이나 수치 자료를 한눈에 볼 수 있습니다. 표의 각 칸을 셀(cell)이라고 하는데 표는 여러 개의 셀이 모여 이루어진 것으로, 셀은 표 편집의 기본 단위가 됩니다.

1 표 만들고 내용 입력하기

1 '제주도_준비.hwpx' 파일을 열고 [입력] 탭에서 ∨를 눌러 [표]를 선택하여 [표 만들기]를 클릭합니다.

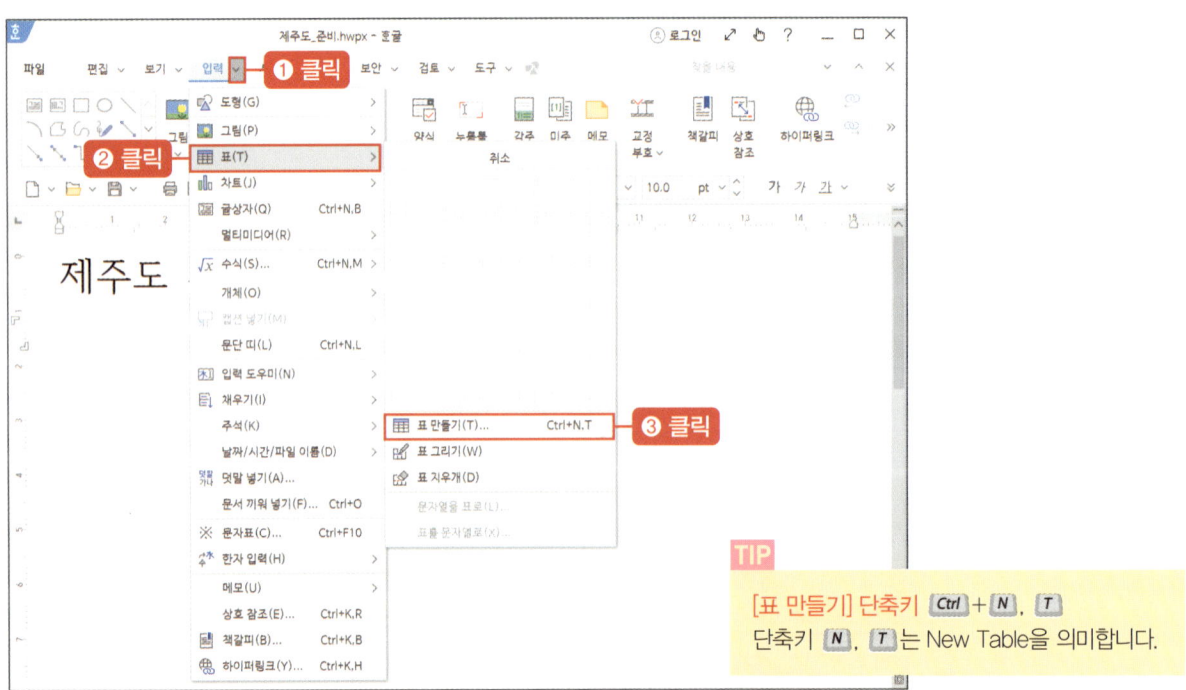

2 [표 만들기] 대화 상자가 열리면 '줄 개수'는 '5', '칸 개수'는 '2'로 입력하고 '글자처럼 취급'을 체크한 후 [만들기]를 클릭합니다.

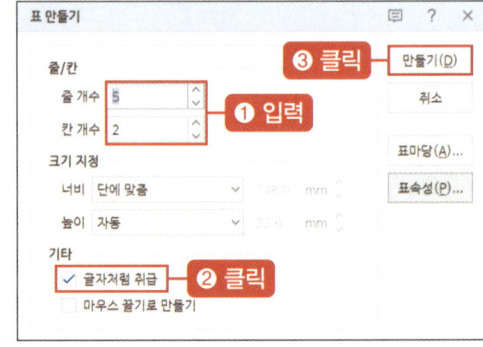

③ 표가 만들어지면 다음과 같이 입력합니다.

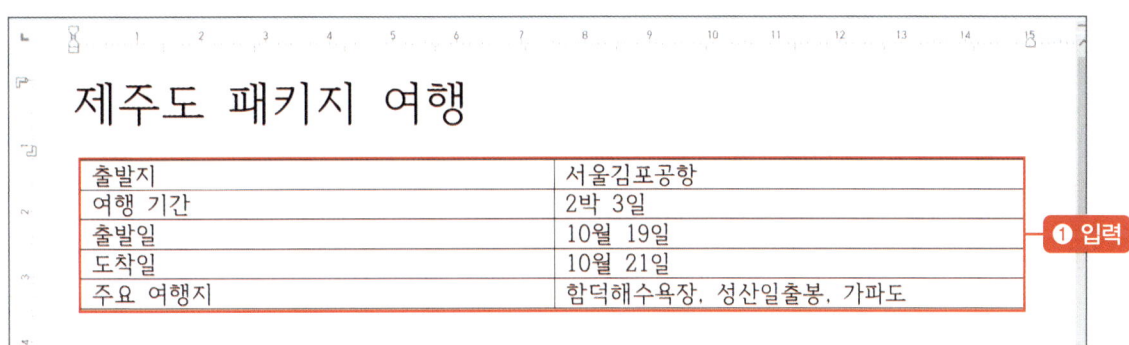

④ 첫 번째 칸의 세 번째 줄과 네 번째 줄을 드래그하여 블록으로 설정하고 [표 레이아웃] 탭에서 [셀 합치기]를 클릭합니다.

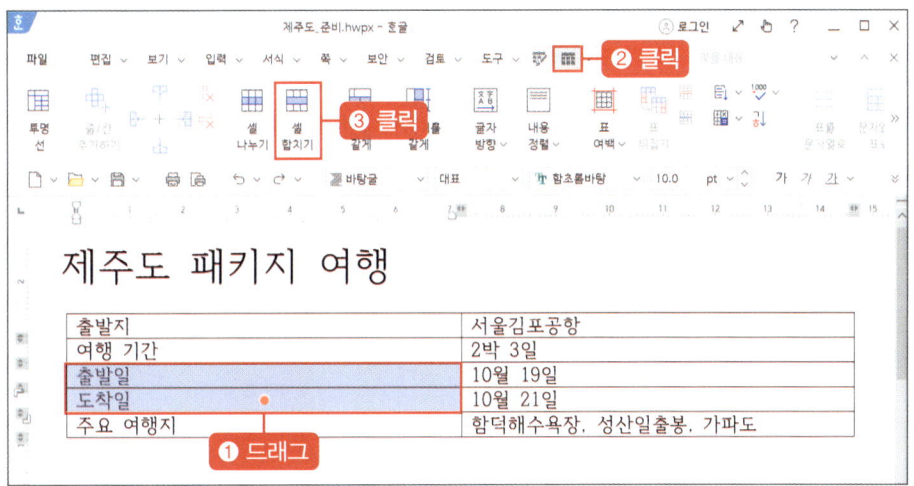

⑤ 선택한 셀이 하나로 합쳐졌습니다. 마찬가지 방법으로 두 번째 칸의 세 번째 줄과 네 번째 줄을 드래그하여 블록으로 설정하고 [표 레이아웃] 탭에서 [셀 합치기]를 클릭합니다.

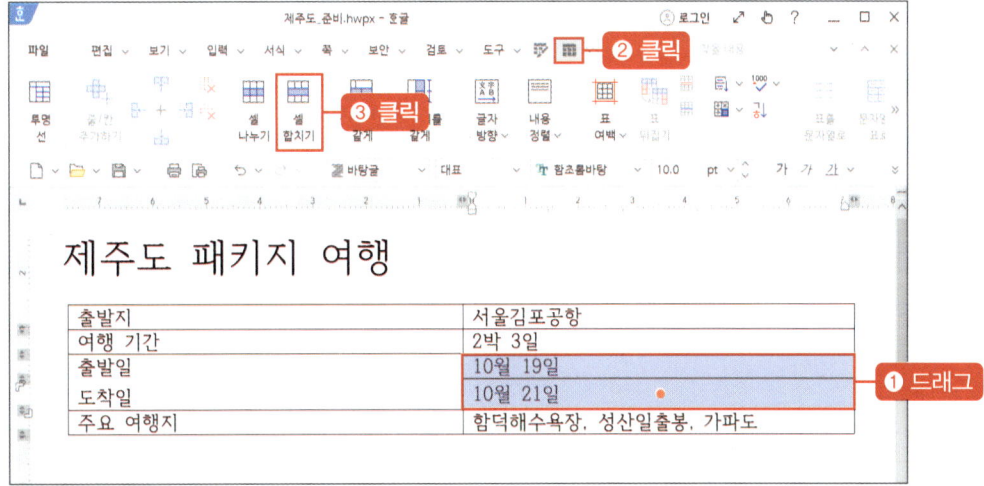

6 합쳐진 셀의 내용을 다음과 같이 수정하고 네 번째 줄을 모두 드래그하여 블록으로 설정하고 [표 레이아웃] 탭에서 [셀 나누기]를 클릭합니다.

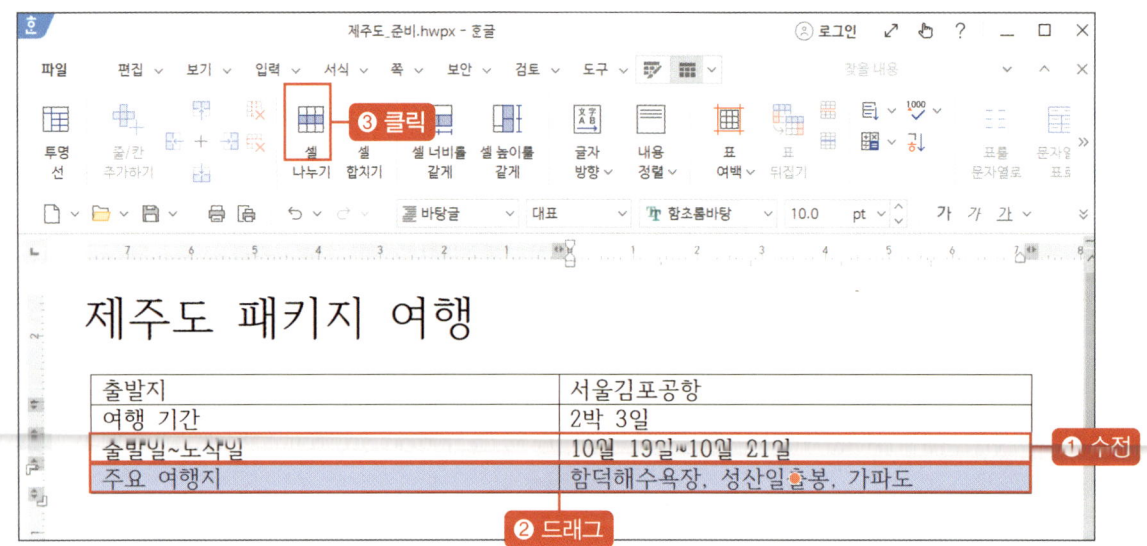

7 [셀 나누기] 대화 상자가 열리면 '줄/칸 나누기'에서 '줄 개수'를 '2'로 설정하고 [나누기]를 클릭합니다.

8 다섯 번째 줄이 추가되면 다음과 같이 입력합니다.

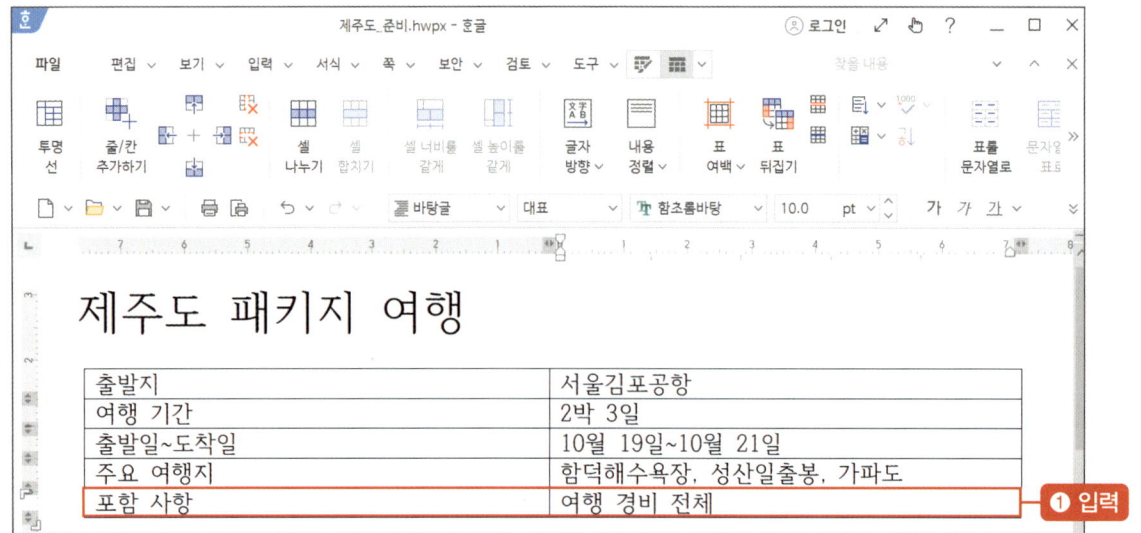

2 줄/칸 간격 조절하기

1 칸 크기를 조절하기 위해 첫 번째 칸의 오른쪽 테두리에 마우스 커서를 가져가면 커서의 모양이 ⇔로 변경됩니다. 이 상태에서 마우스를 왼쪽으로 드래그하여 칸의 크기를 줄여줍니다.

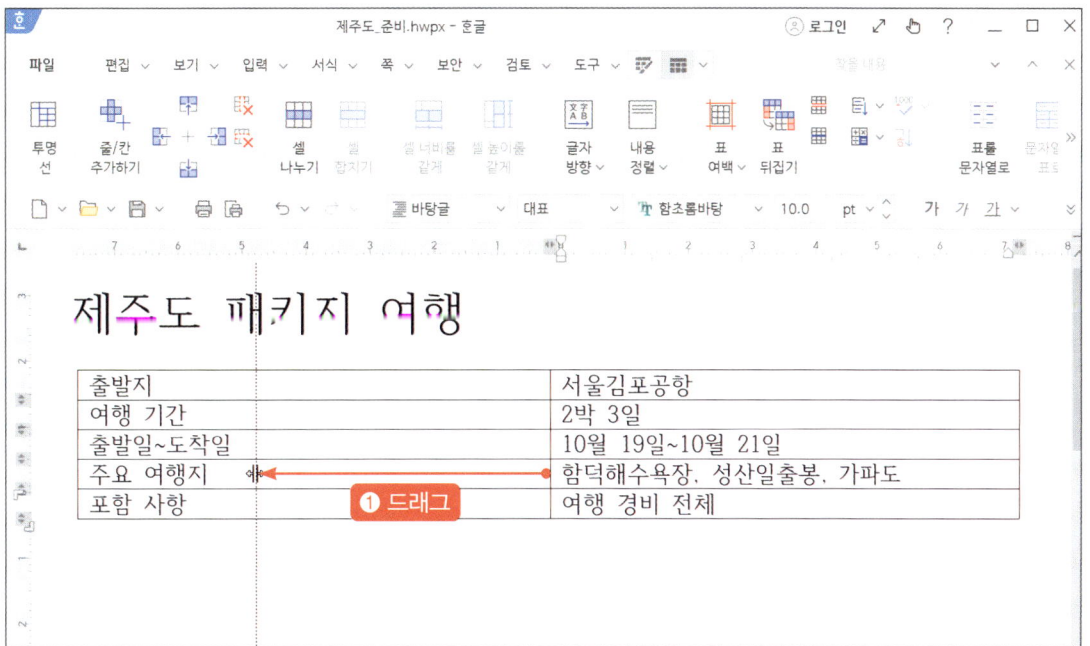

2 두 번째 칸의 테두리도 왼쪽으로 드래그하여 크기를 조절합니다.

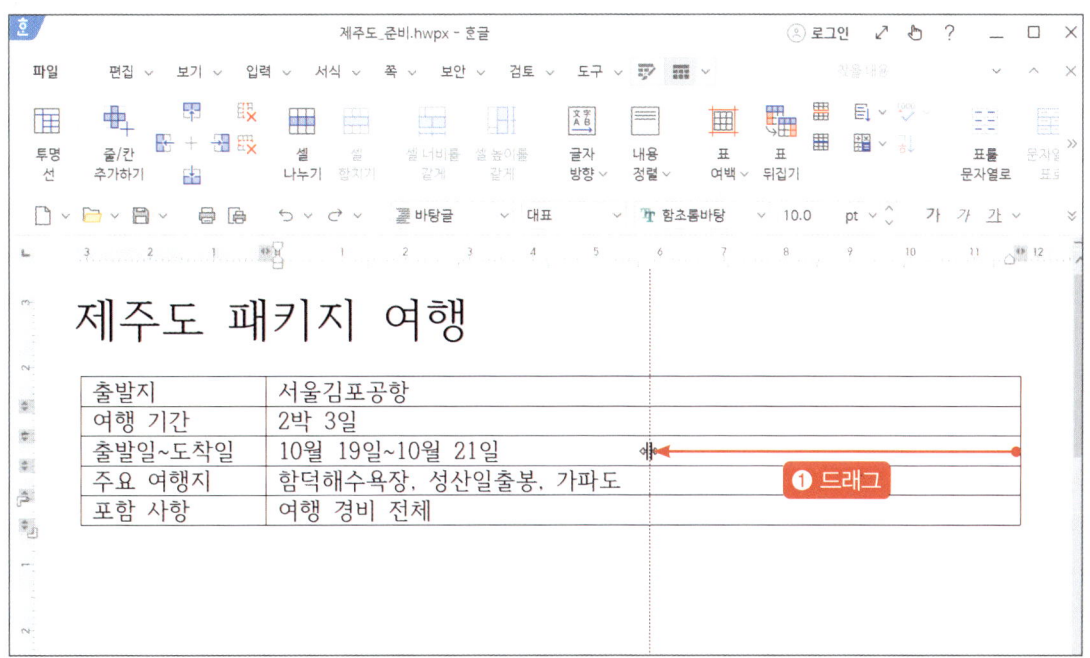

③ 이번에는 줄 간격을 조절하기 위해 첫 번째 칸의 모든 줄을 마우스로 드래그하여 블록으로 설정합니다. 표의 맨 아래 테두리로 마우스 커서를 이동해 커서의 모양이 변경되면 아래 방향으로 드래그하여 표를 늘려줍니다.

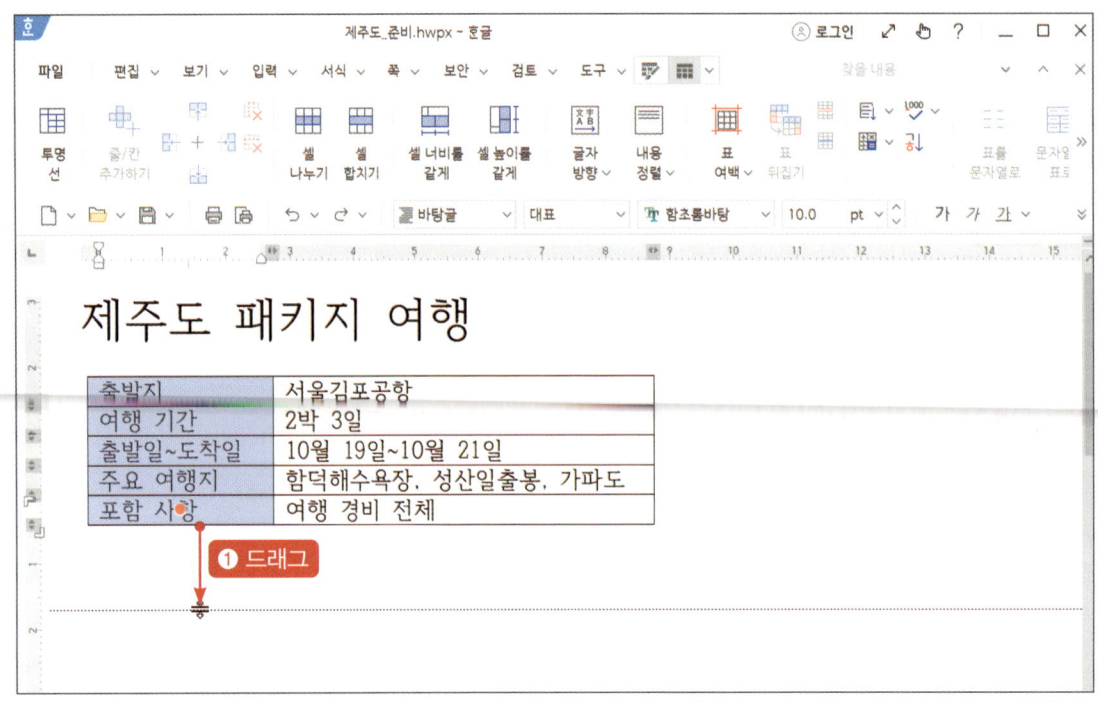

TIP 셀을 드래그하여 블록으로 설정하고 Ctrl 키를 누른 상태에서 방향키(→, ←, ↑, ↓)를 눌러서 줄 또는 칸의 크기를 조절할 수 있습니다.

④ 표의 줄과 칸의 크기가 다음과 같이 변경되었습니다.

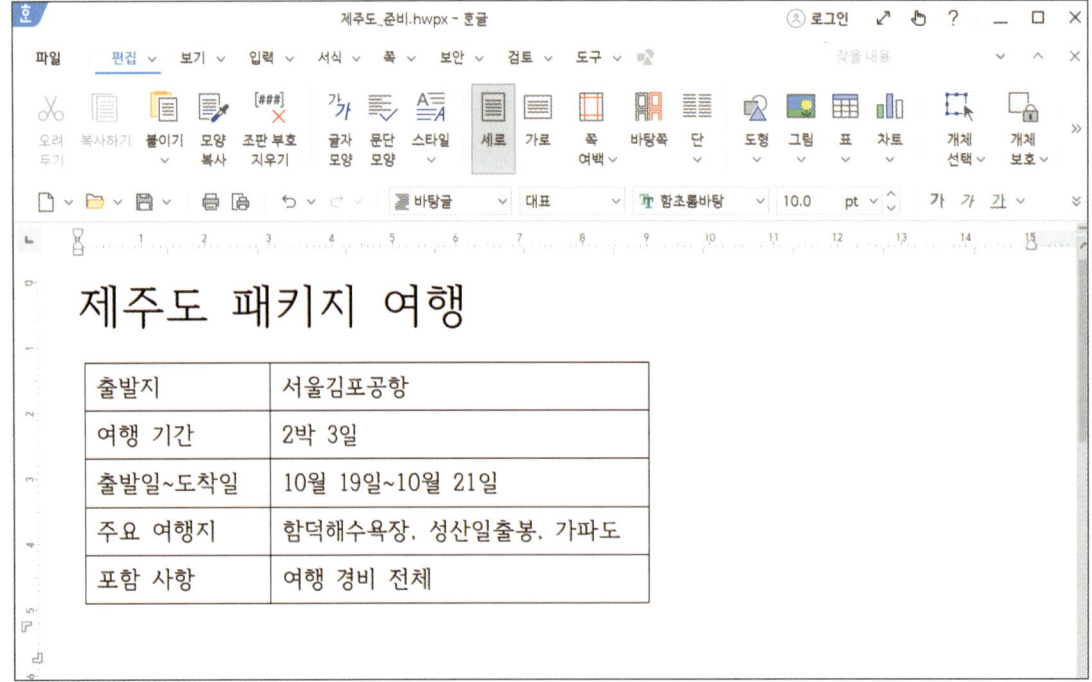

3 셀 테두리와 배경색 설정하기

1 셀 테두리를 설정하기 위해 표 전체를 드래그하여 블록으로 지정하고, 마우스 오른쪽 버튼을 눌러 [빠른 메뉴]가 열리면 [셀 테두리/배경]에서 [각 셀마다 적용]을 클릭합니다.

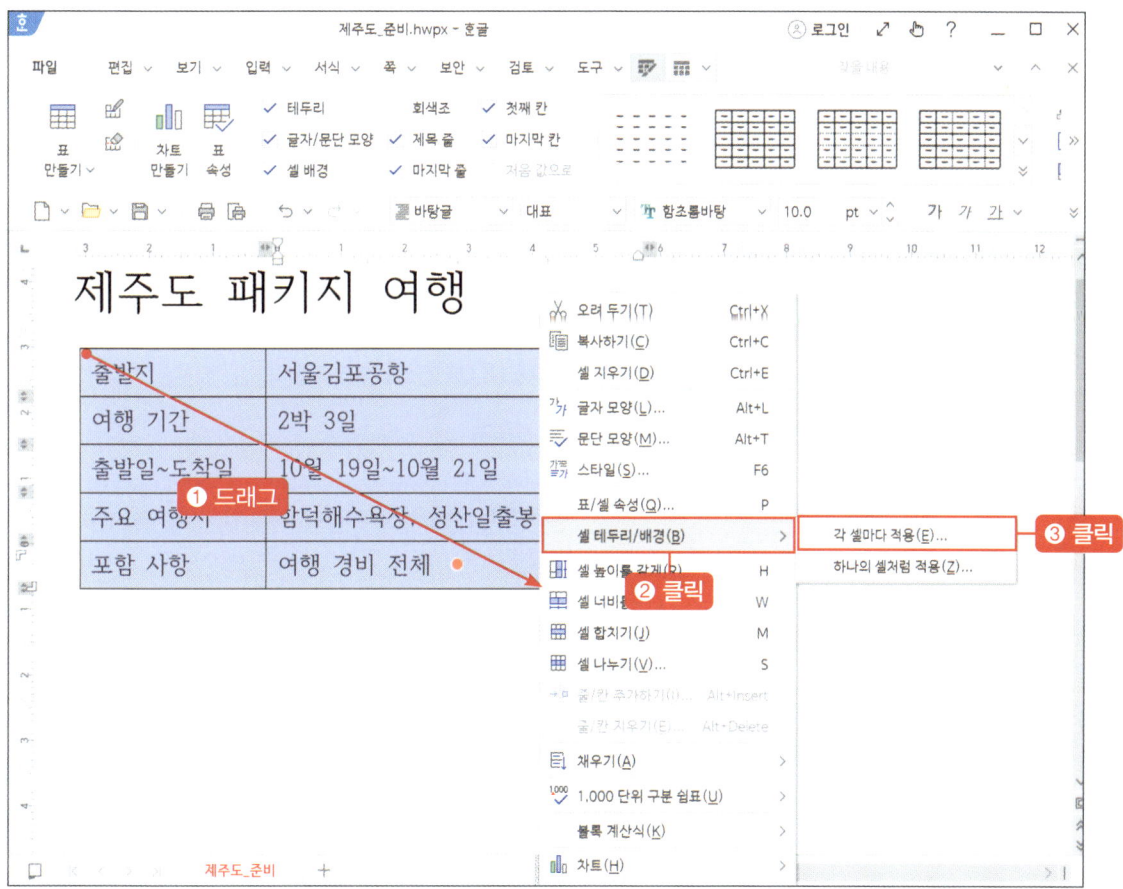

2 [셀 테두리/배경] 대화 상자가 열리면 [테두리] 탭에서 '테두리'의 '종류'를 '이중 실선', '바깥쪽'을 선택하고 [설정]을 클릭합니다.

TIP [선 모양 바로 적용]에 체크가 되어 있어야 미리 보기가 가능합니다.

③ 이번에는 셀에 배경색을 설정하기 위해 첫 번째 칸을 모두 드래그하여 블록으로 지정하고 마우스 오른쪽 버튼을 눌러 [빠른 메뉴]가 열리면 [셀 테두리/배경]에서 [각 셀마다 적용]을 클릭합니다.

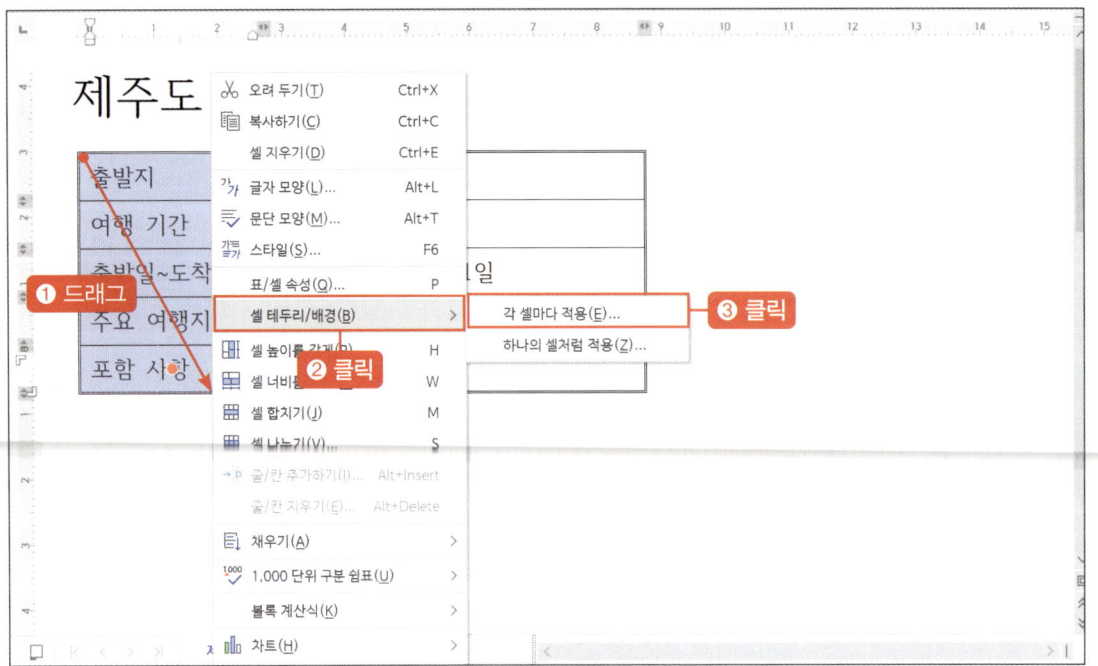

④ [셀 테두리/배경] 대화 상자가 열리면 [배경] 탭에서 '채우기'의 '면 색'은 '하양 15% 어둡게'를 선택하고 [설정]을 클릭합니다.

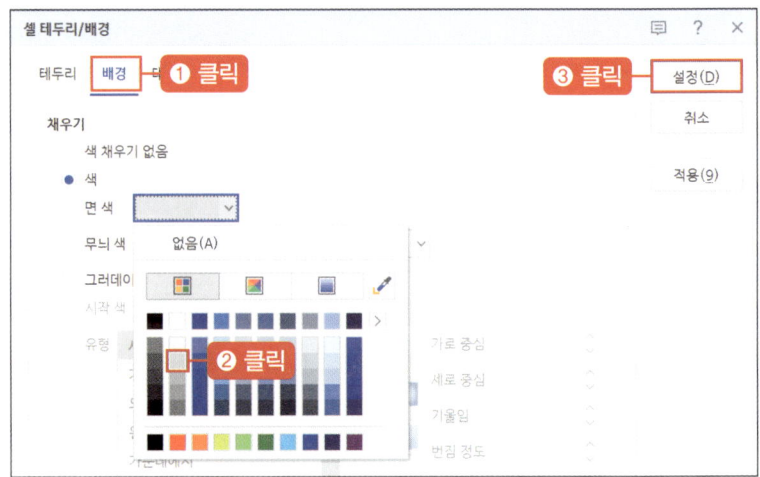

⑤ 표의 테두리와 배경이 설정되었습니다.

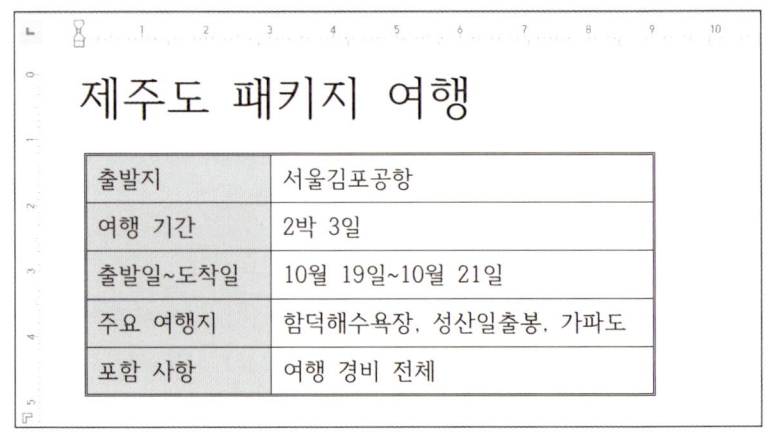

셀프 테스트

1 '등산대회_준비.hwpx' 파일을 열어서 표를 만들어 문서를 완성해 보세요.

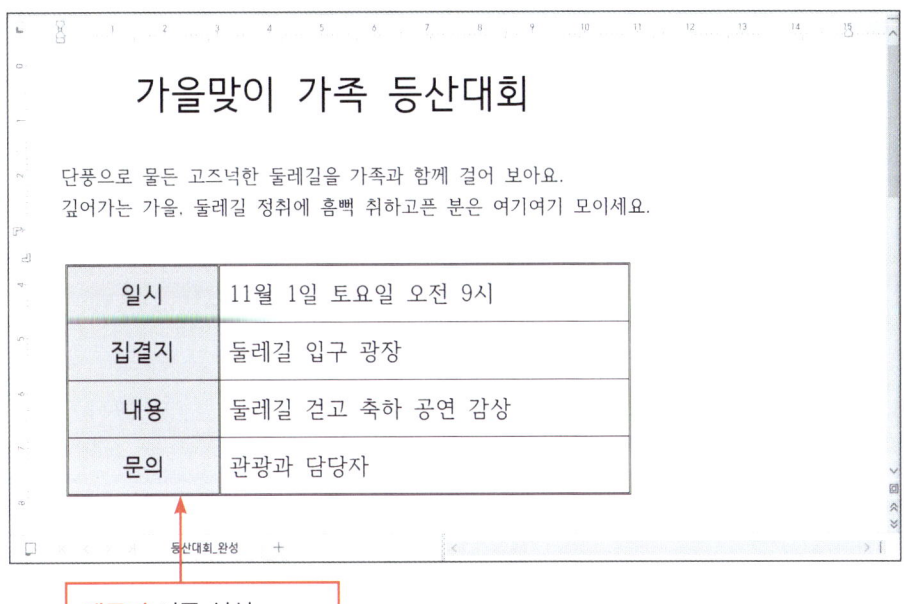

테두리 이중 실선
채우기 하양 15% 어둡게

2 'AI 교육_준비.hwpx' 파일을 열어서 표를 만들어 문서를 완성해 보세요.

테두리 굵기 0.5mm

Hangul 2022

SECTION 11 표 계산하기

표에서는 덧셈, 뺄셈, 곱셈, 나눗셈은 물론, sum과 avg 등의 함수를 이용한 계산도 할 수 있습니다. 성적표나 용돈 기입장, 가계부 등의 문서를 작성할 때 표를 만들어 계산식을 활용하면 매우 유용합니다.

1 블록, 합계 구하기

① '5월 용돈_준비.hwpx' 파일을 열어서 여섯 번째 줄에 마우스 커서를 놓고 [표 레이아웃] 탭에서 ∨를 눌러 [줄/칸 추가하기]를 클릭합니다.

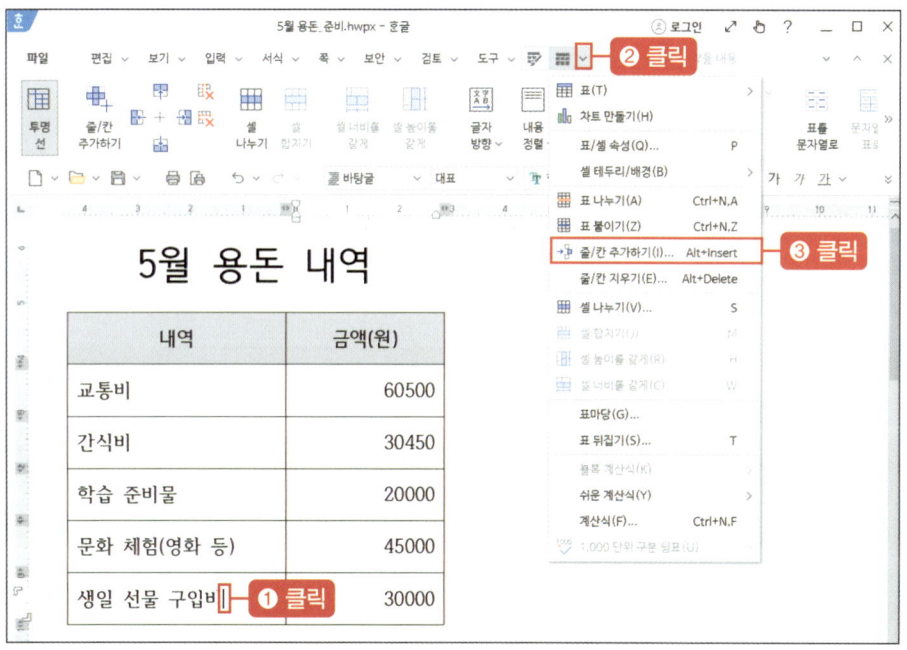

② [줄/칸 추가하기] 대화 상자가 열리면 '아래쪽에 줄 추가하기'를 선택하고 '줄/칸 수'는 '1'을 입력한 후 [추가]를 클릭합니다.

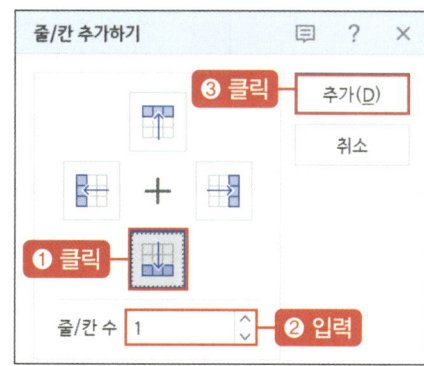

③ 추가된 줄의 첫 번째 칸에 '총합'을 입력합니다.

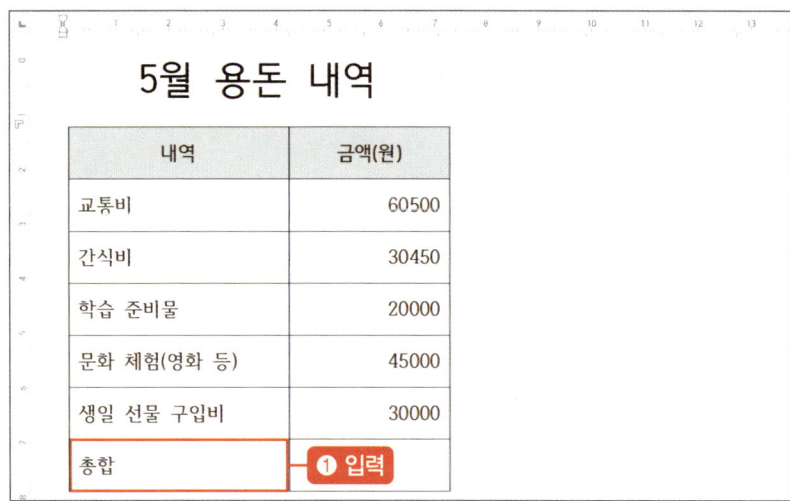

④ 두 번째 칸의 두 번째 줄부터 마지막 줄까지 드래그하여 블록으로 설정하고 [표 레이아웃] 탭에서 ∨를 눌러 '블록 계산식'에서 '블록 합계'를 클릭합니다.

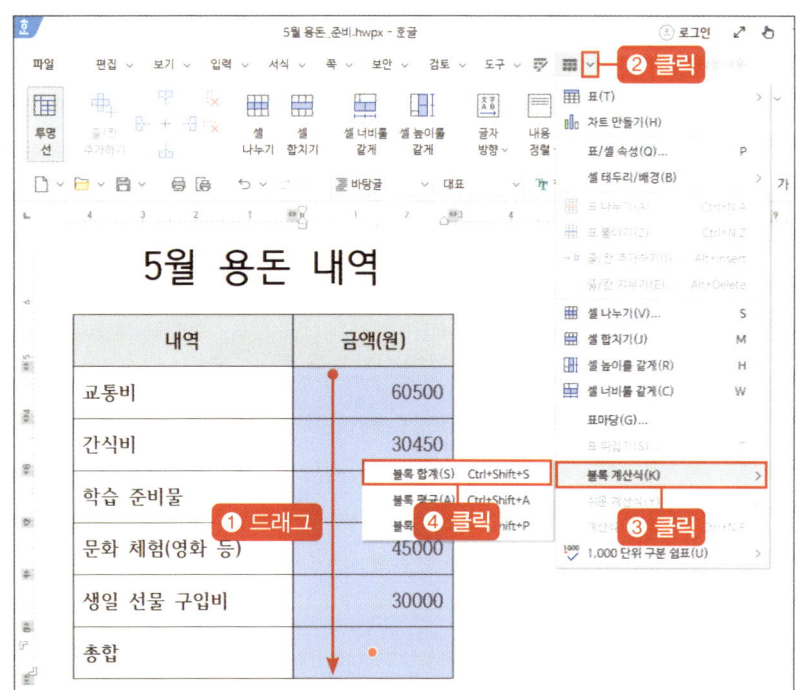

⑤ '블록 합계'가 입력되었습니다.

6 두 번째 칸의 두 번째 줄부터 마지막 줄까지 드래그하여 블록으로 설정하고 [표 레이아웃] 탭에서 ∨를 눌러 '1,000 단위 구분 쉼표'에서 '자릿점 넣기'를 클릭합니다.

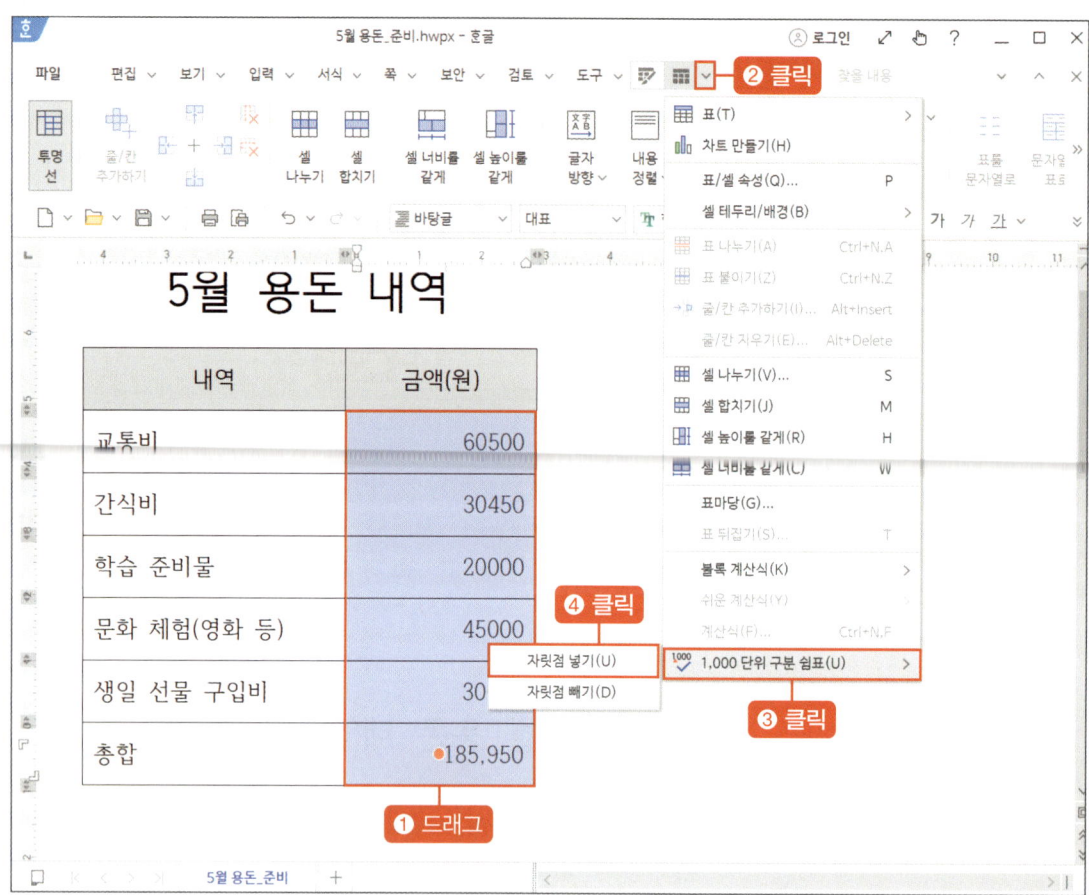

7 '1,000 단위 구분 쉼표'가 삽입된 것을 확인할 수 있습니다.

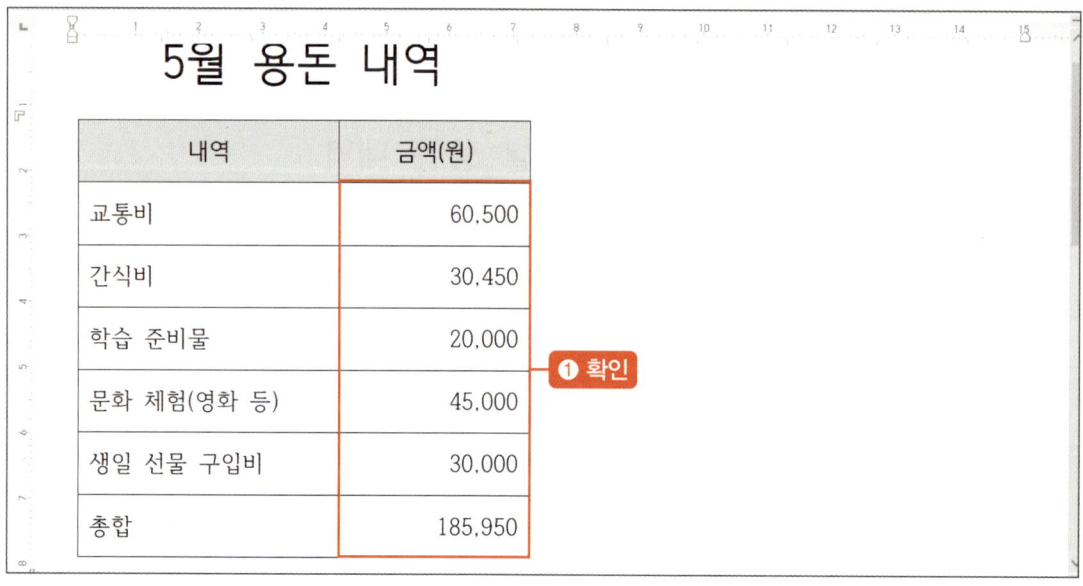

2 블록 평균 구하기

1 '상반기 용돈_준비.hwpx' 파일을 열고 두 번째 칸의 두 번째 줄부터 마지막 줄까지 드래그하여 블록으로 설정하고 [표 레이아웃] 탭에서 ∨를 눌러 '블록 계산식'에서 '블록 평균'을 클릭합니다.

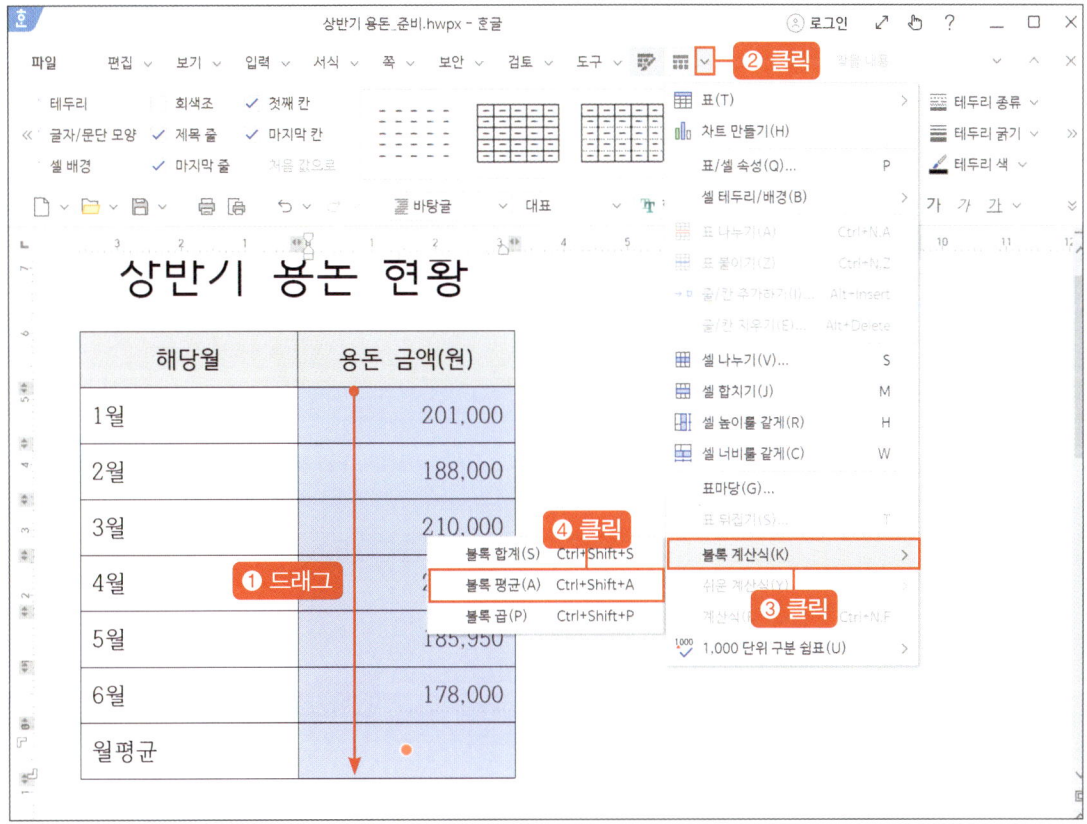

2 '블록 평균' 값이 소수점 둘째 자리까지 자동 계산되었습니다.

해당월	용돈 금액(원)
1월	201,000
2월	188,000
3월	210,000
4월	230,000
5월	185,950
6월	178,000
월평균	198,825.00

❸ '블록 평균' 값의 자릿수를 변경하기 위해 '블록 평균' 값을 선택하고 오른쪽 마우스 버튼을 클릭합니다. [빠른 메뉴]가 열리면 [계산식 고치기]를 클릭합니다.

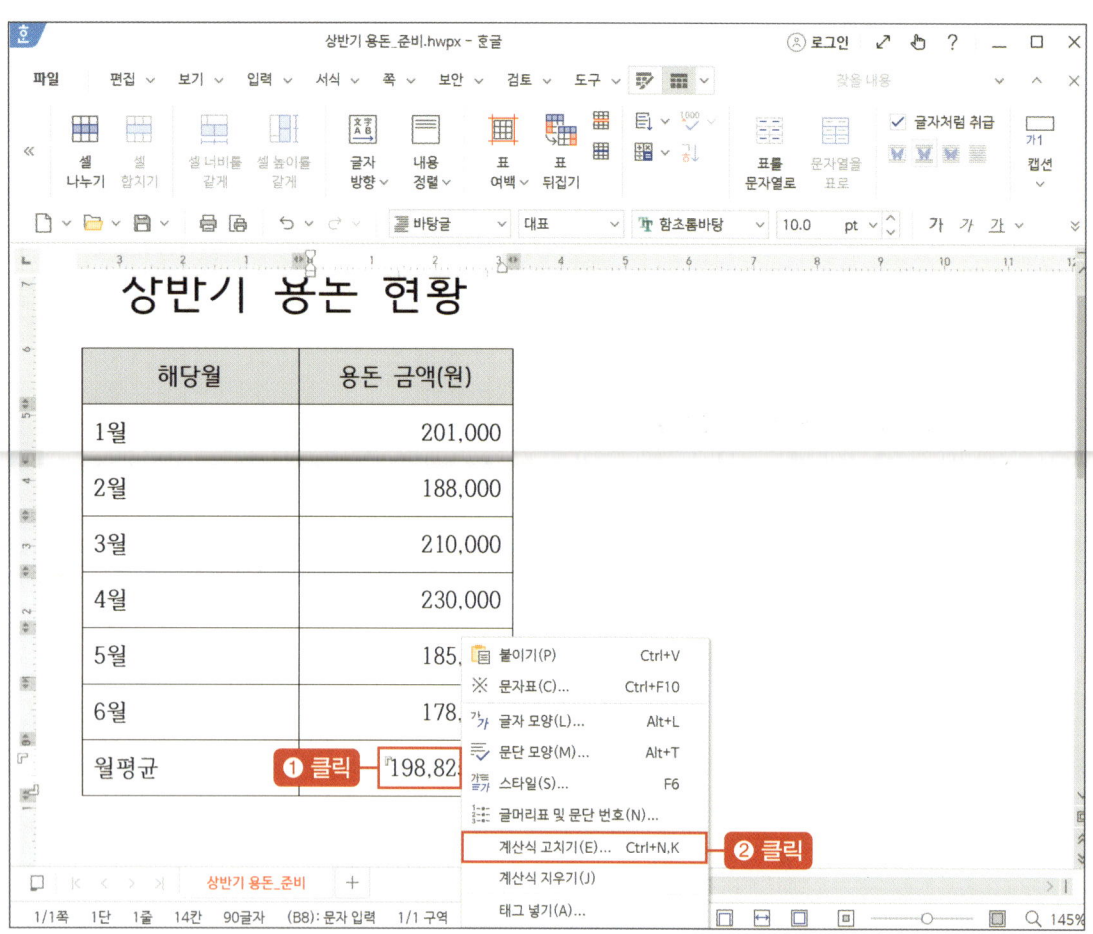

❹ [계산식] 대화 상자가 열리면 '형식'을 '정수형'으로 선택하고 [설정]을 클릭합니다.

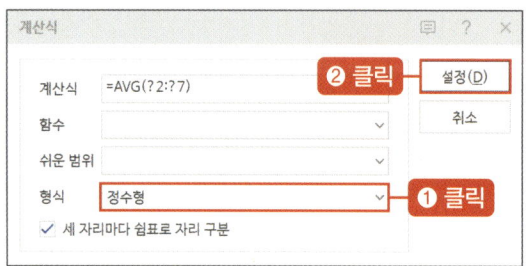

❺ '블록 평균' 값이 정수로 변경되었습니다.

셀프 테스트

1 '여행 경비_준비.hwpx' 파일을 열어서 계산식을 활용하여 다음과 같이 문서를 완성해 보세요.

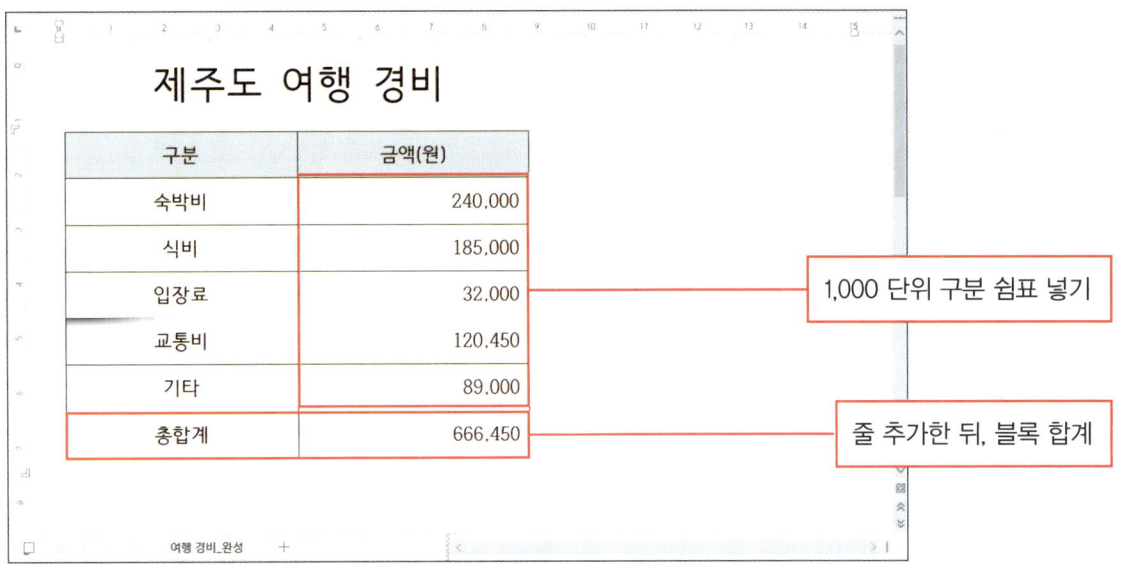

2 '분석표_준비.hwpx' 파일을 열어서 계산식을 활용하여 다음과 같이 문서를 완성해 보세요.

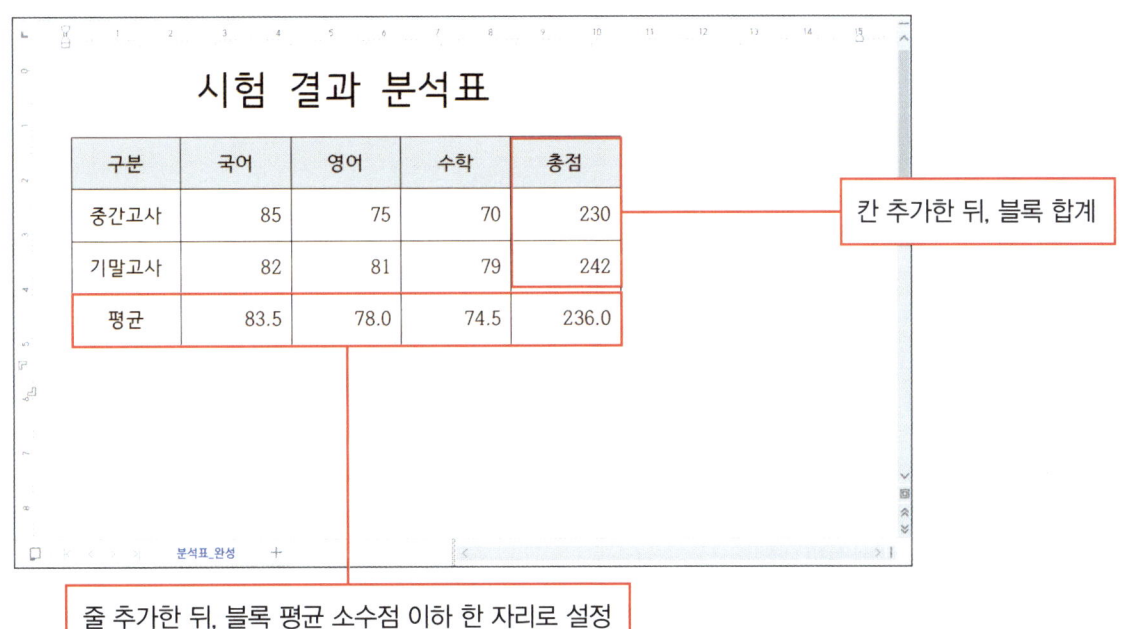

Hangul 2022

12 도형으로 문서 만들기
SECTION

한글 2022에는 다른 응용 프로그램 없이 직접 그림을 그릴 수 있는 그림 그리기 기능이 포함되어 있습니다. 도형 이미지 꾸러미를 실행하여 직사각형, 타원, 직선 등 필요한 개체를 선택하여 문서를 더욱 보기 좋게 만들 수 있습니다.

1 도형 삽입하기

1 [새 문서]를 실행하여 [입력] 탭의 [도형 꾸러미]에서 '직사각형'을 클릭합니다. 마우스 커서가 +로 바뀌면 다음과 같이 드래그합니다. 삽입된 도형을 더블 클릭하여 [개체 속성] 대화 상자를 엽니다.

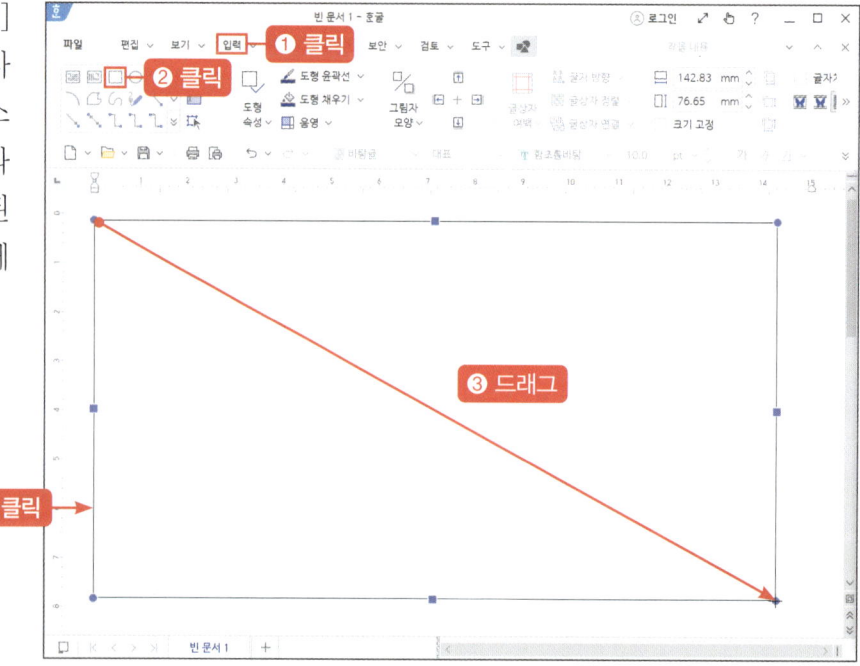

2 [개체 속성] 대화 상자가 열리면 [기본] 탭의 '크기'에서 '너비'는 '145.00mm', '높이'는 '75.00mm'로 입력합니다. '위치'에서 '본문과의 배치'는 '글 앞으로', '가로'는 '문단'의 '가운데', '세로'는 '문단'의 '위'로 하고 '기준'을 '5.00mm'로 설정합니다.

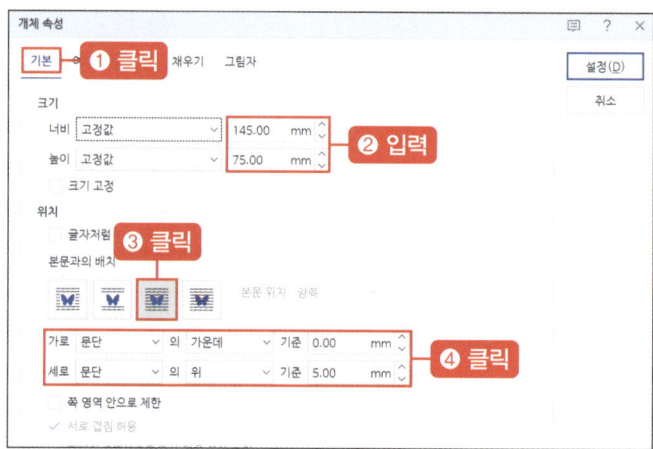

③ [선] 탭에서 '선'의 '종류'는 '없음', '사각형 모서리 곡률'은 '둥근 모양'으로 설정합니다.

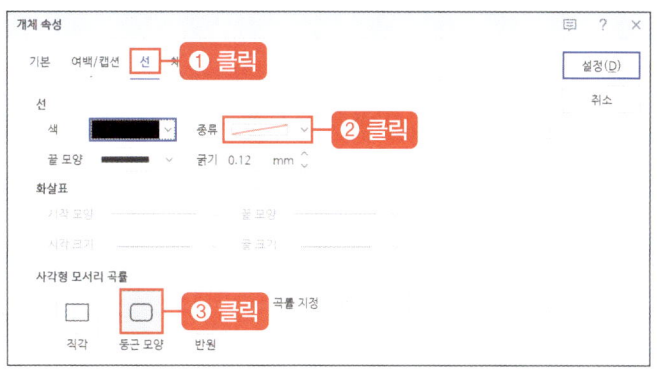

④ [채우기] 탭의 '면색'은 하늘색인 '시안'으로 선택하고 [설정]을 클릭합니다.

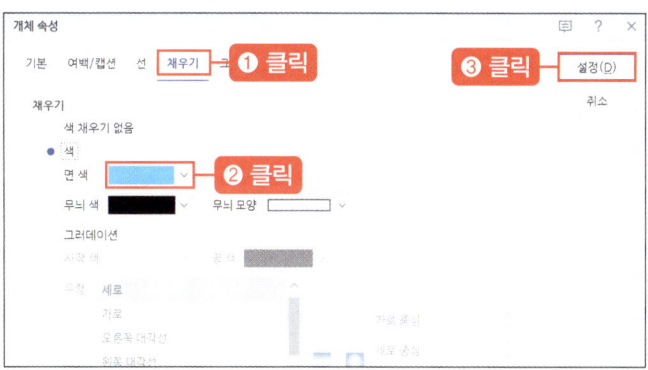

⑤ [입력] 탭의 [도형 꾸러미]에서 '직사각형'을 클릭합니다. 마우스 커서가 ┼로 바뀌면 다음과 같이 드래그합니다. 삽입된 도형을 더블 클릭하여 [개체 속성] 대화 상자를 엽니다.

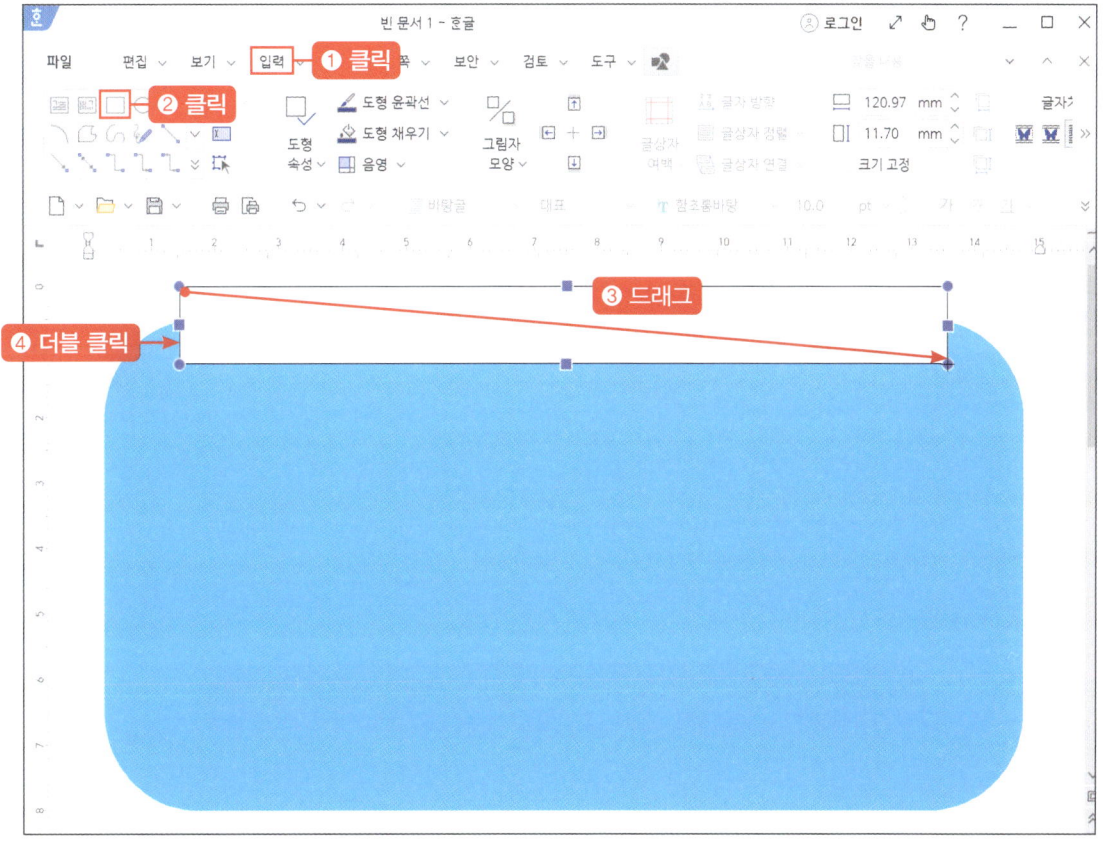

12 도형으로 문서 만들기 · 73

6 [개체 속성] 대화 상자가 열리면 [기본] 탭의 '크기'에서 '너비'는 '115.00mm', '높이'는 '10.00mm'로 입력합니다. '위치'에서 '본문과의 배치'는 '글 앞으로', '가로'는 '문단'의 '가운데', '세로'는 '문단'의 '위'로 설정합니다.

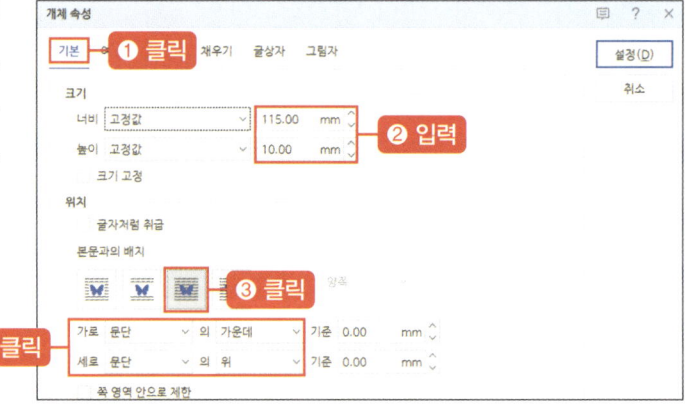

7 [선] 탭에서 '선'의 '종류'는 '없음', '사각형 모서리 곡률'은 '반원'으로 설정합니다.

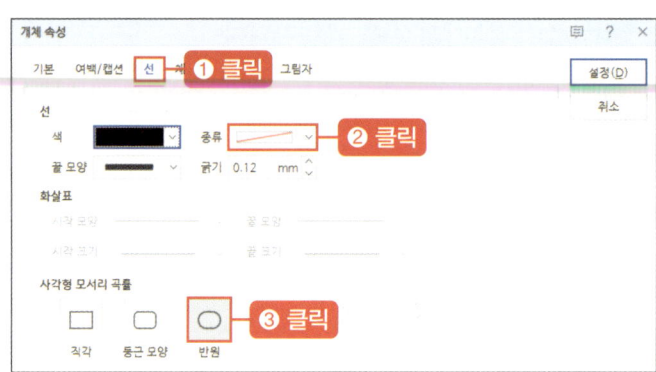

8 [채우기] 탭의 '면색'은 '파랑'으로 선택하고 [설정]을 클릭합니다.

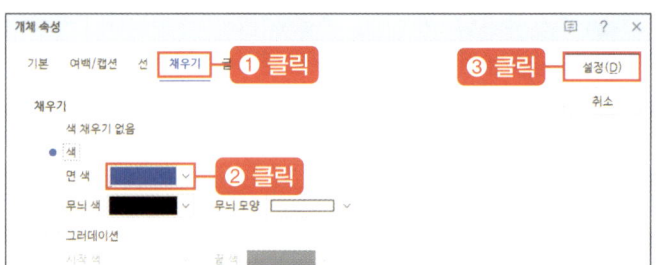

9 '공용 PC 종료 시 주의 사항'을 입력하고 '글꼴'은 '함초롬돋움', '크기'는 '15.0pt', '글자 색'은 '하양', '정렬 방식'은 '가운데 정렬'로 설정합니다.

2 도형으로 항목 만들기

1 [입력] 탭의 [도형 꾸러미]에서 '직사각형'을 클릭합니다. 마우스 커서가 +로 바뀌면 드래그하여 도형을 다음과 같이 삽입합니다. 삽입된 도형을 더블 클릭하여 [개체 속성] 대화 상자가 열리면 [기본] 탭의 '크기'에서 '너비'와 '높이'는 '10.00mm'로 입력하고 '본문과의 배치'는 '글 앞으로'를 선택합니다. [선] 탭에서 '사각형 모서리 곡률'을 '둥근 모양'으로 선택하고 [설정]을 클릭합니다.

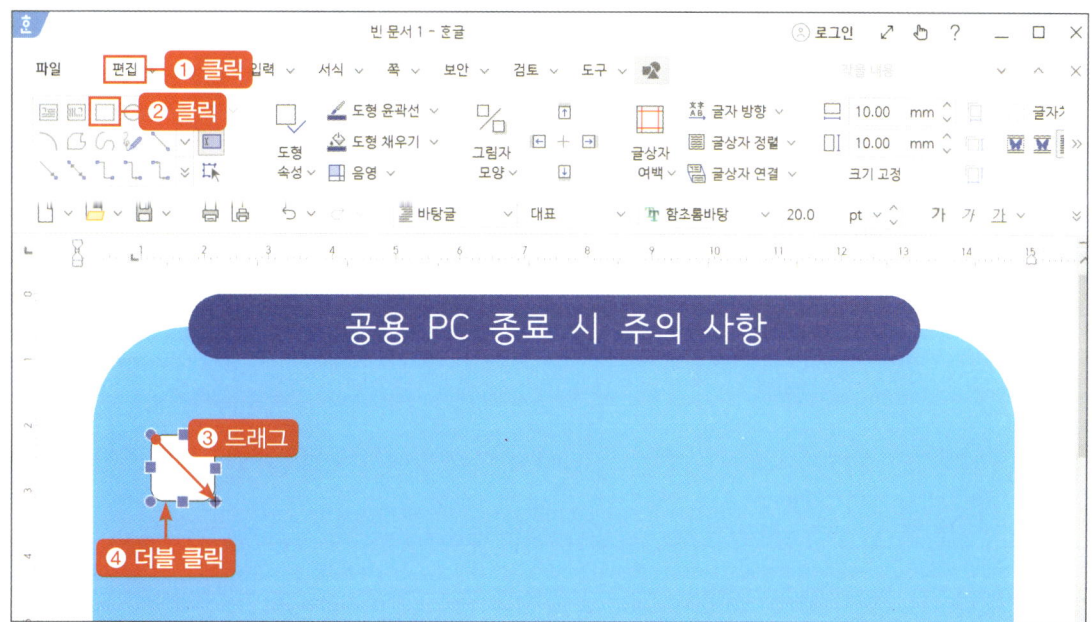

2 도형을 복사하기 위해 새로 만든 '사각형'을 선택한 상태에서 Ctrl + C 키를 누른 다음, Ctrl + V 키를 누릅니다.

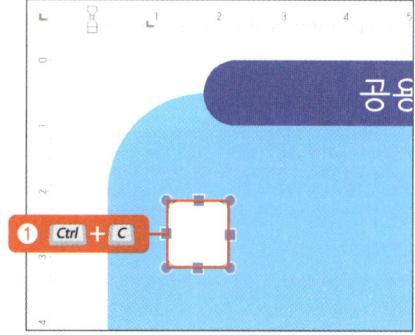 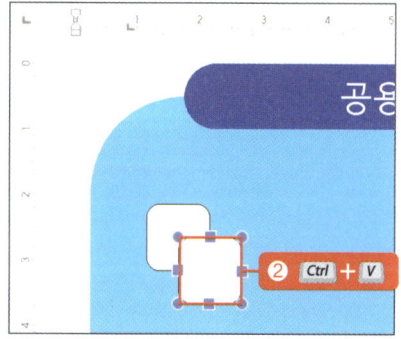

3 복사한 '사각형'을 선택하고 ←, ↑ 키를 눌러 다음과 같이 이동시키고 더블 클릭하여 [개체 속성] 대화 상자가 열리면 [채우기] 탭에서 '면 색'을 '파랑'으로 선택하고 [설정]을 클릭합니다.

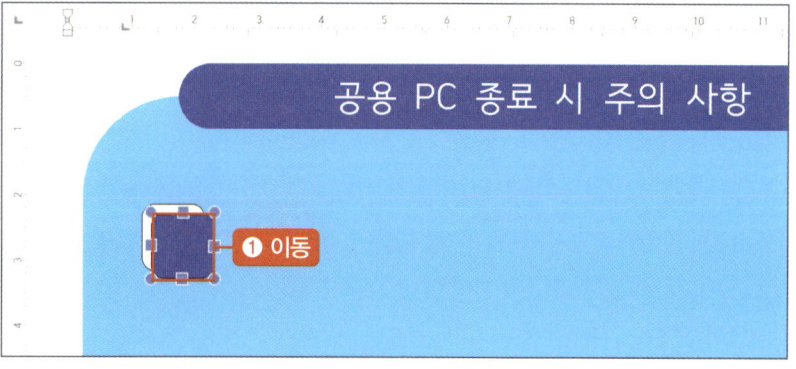

④ 파란색 사각형을 선택하고 마우스 오른쪽 버튼을 눌러 [빠른 메뉴]가 열리면 [순서]에서 '뒤로'를 클릭합니다.

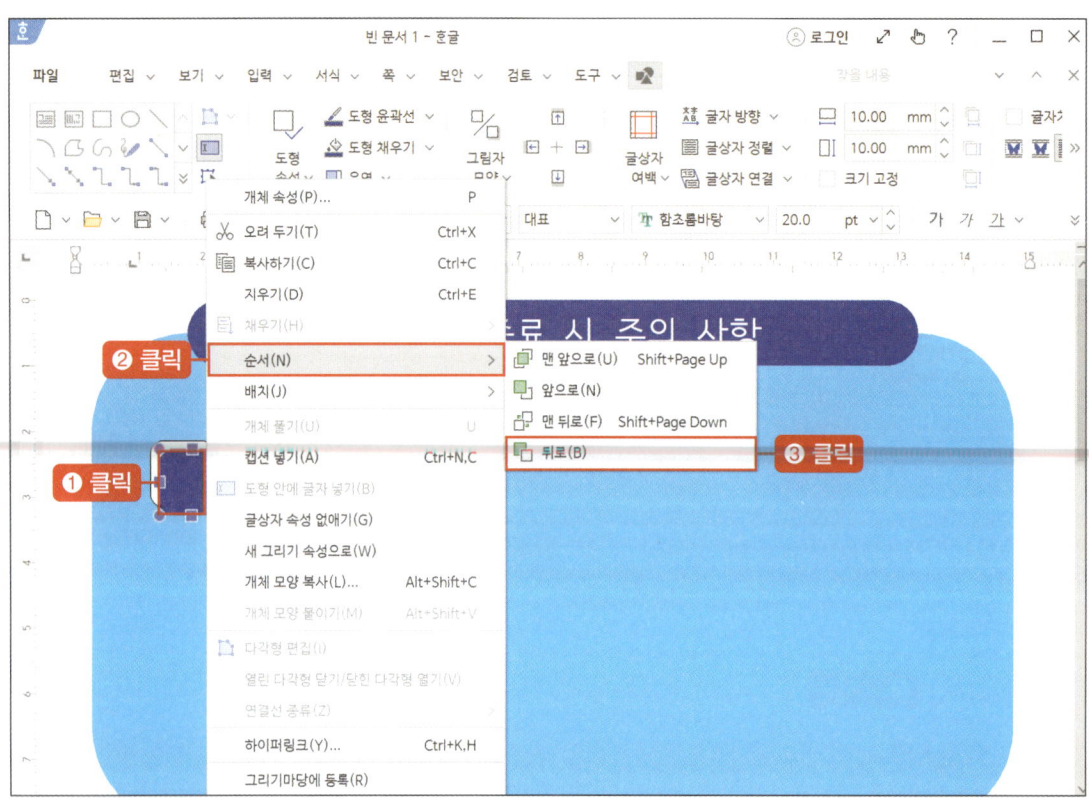

⑤ 하얀색 사각형에 숫자 1을 입력하고 '글꼴'은 '함초롬바탕', '크기'는 '20.0pt', '정렬 방식'은 '가운데 정렬'로 선택합니다. 앞에서와 같은 방법으로 사각형을 삽입하고 '크기'에서 '너비'는 '110.00mm', '높이'는 '10.00mm'로, '본문과의 배치'는 '글 앞으로'로 설정합니다.

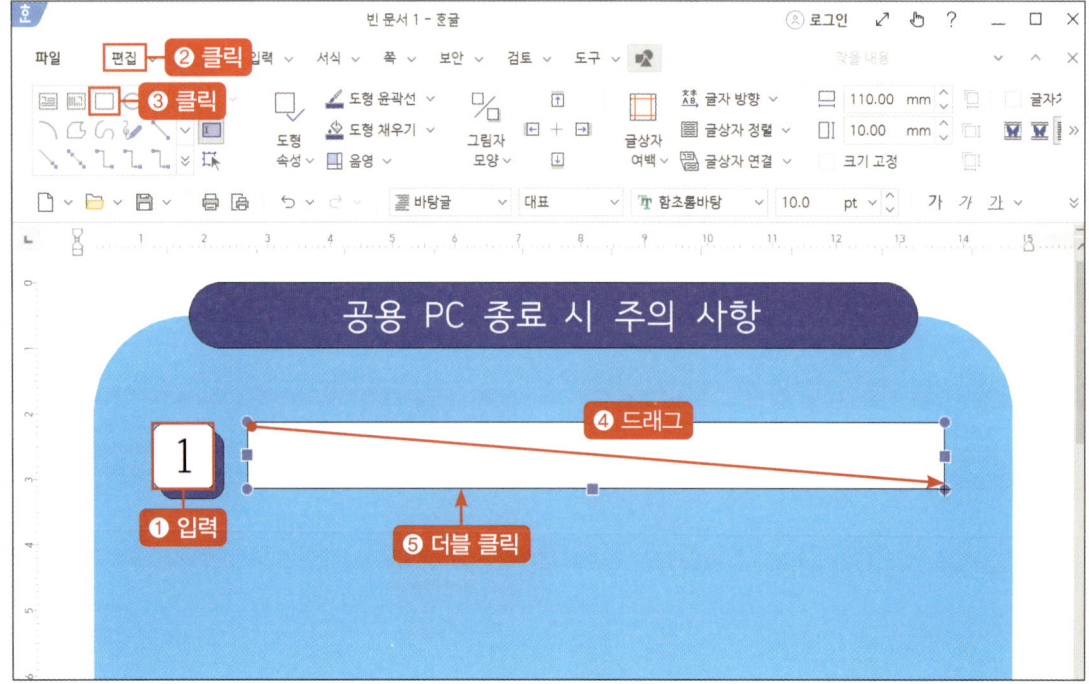

6 추가로 삽입된 사각형에 내용을 입력합니다. [편집] 탭에서 [개체 선택]을 클릭한 후 다음과 같이 넓게 드래그하여 도형을 모두 선택합니다.

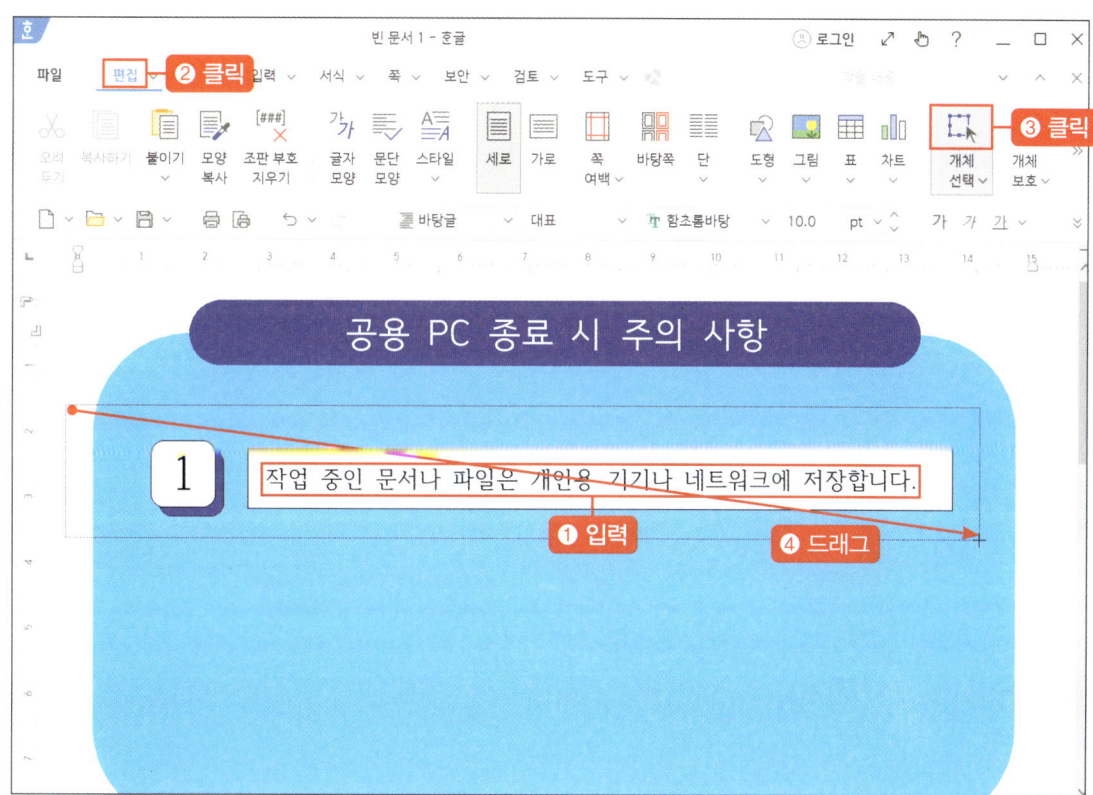

7 `Ctrl` + `Shift` 키를 동시에 누른 상태에서 아래로 드래그하면 나란히 복사가 됩니다.

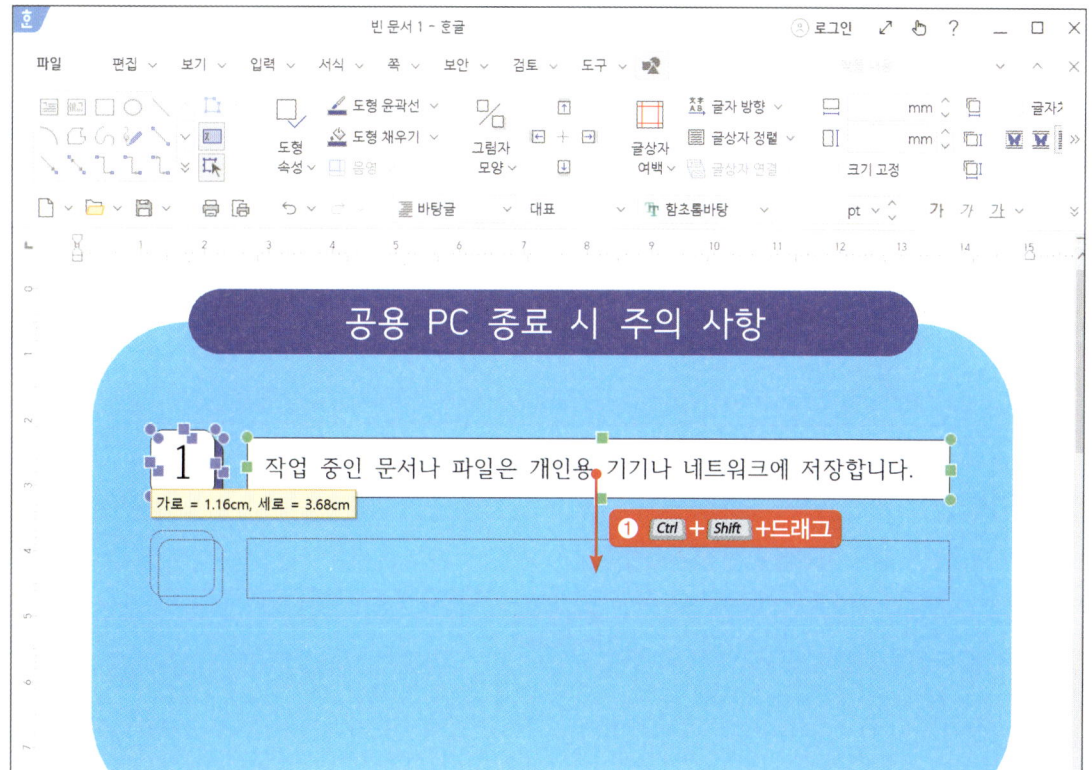

12 도형으로 문서 만들기 • 77

8 Ctrl + Shift 키를 동시에 누른 상태에서 한 번 더 아래로 드래그합니다.

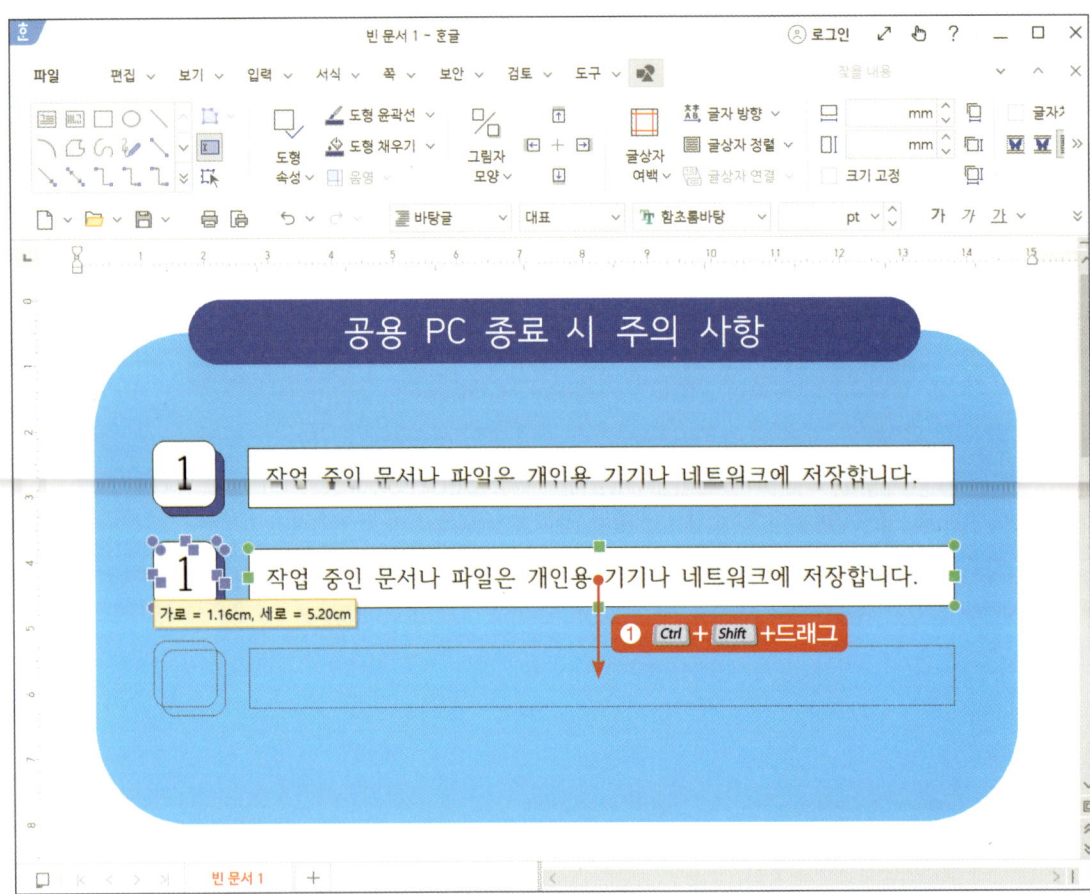

9 3개의 항목이 만들어졌습니다. 2번과 3번 칸에 다음의 내용을 입력하여 문서를 완성합니다.

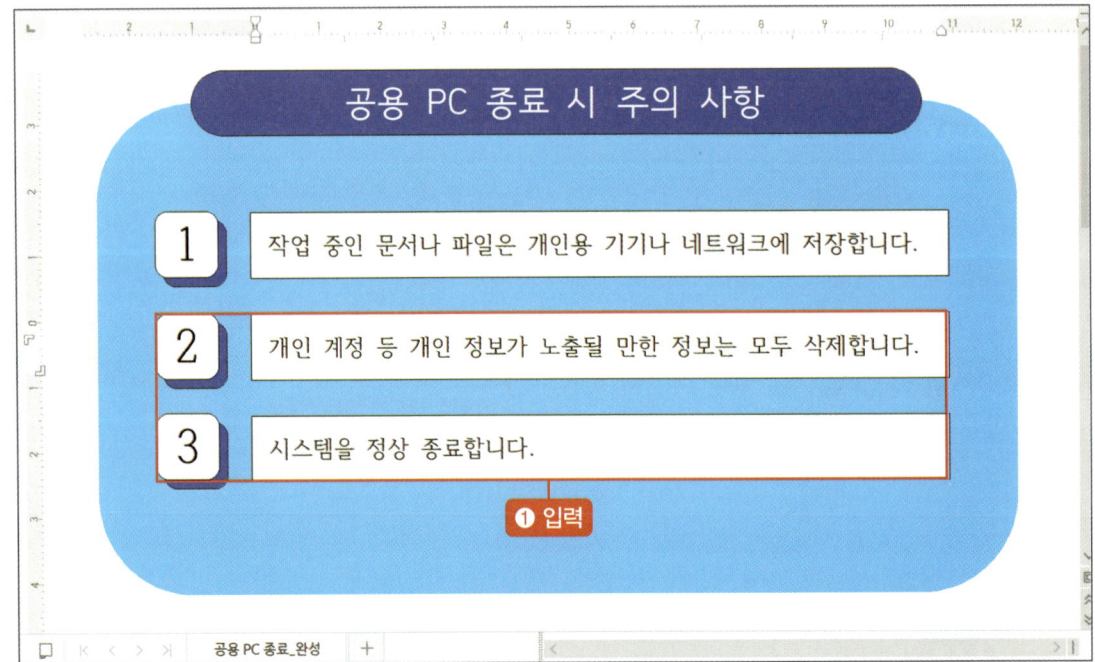

셀프 테스트

1 [새 문서]를 실행해서 도형을 삽입하여 다음과 같이 문서를 완성해 보세요.

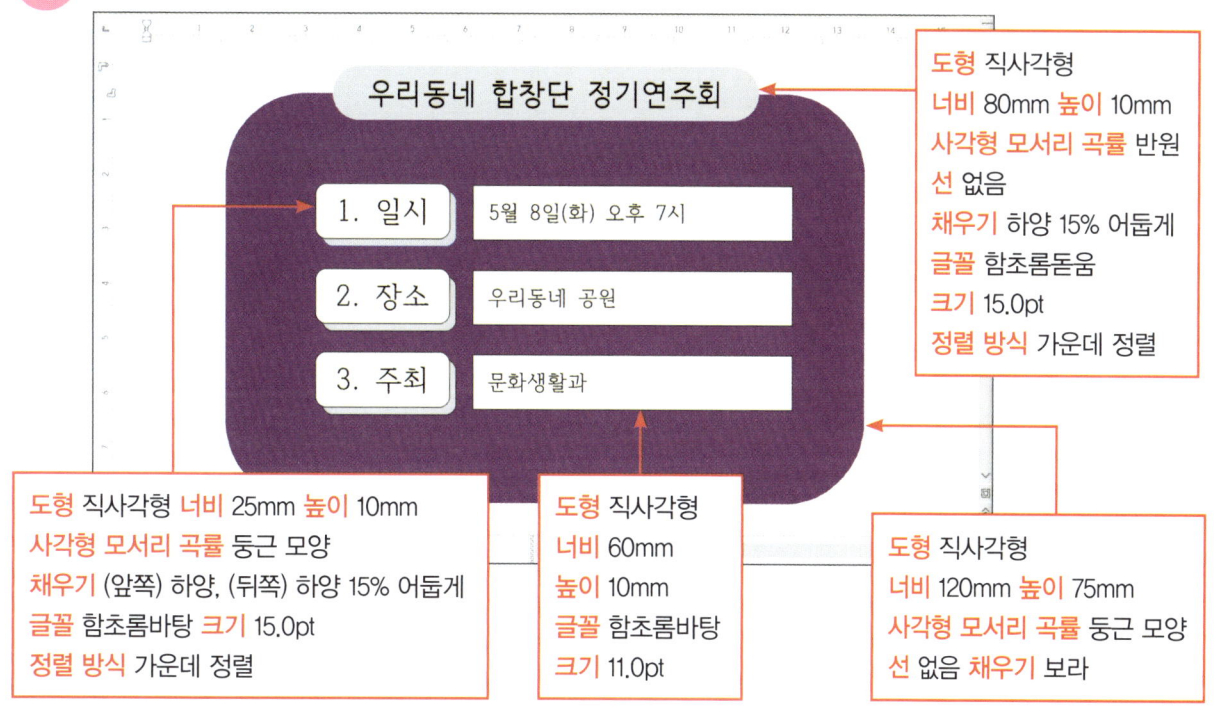

2 [새 문서]를 실행해서 도형을 삽입하여 다음과 같이 문서를 완성해 보세요.

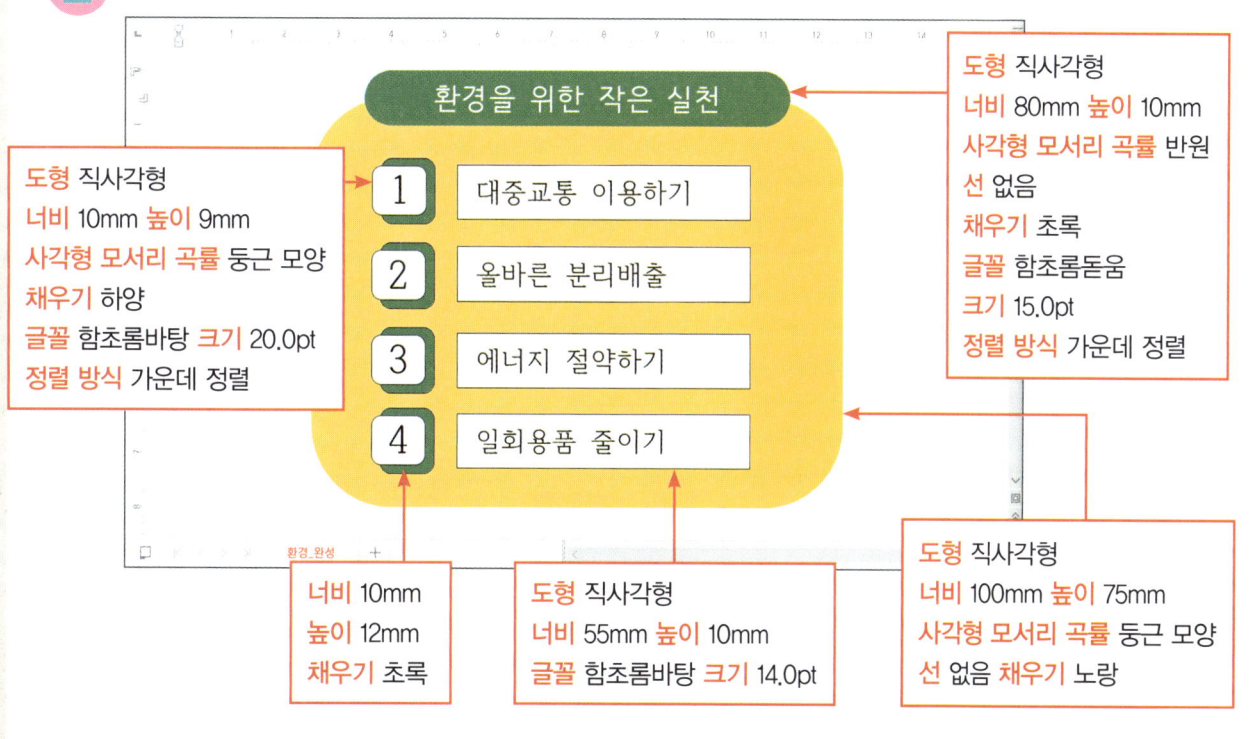

Hangul 2022

13 차트 만들기
SECTION

데이터를 그래프 형식으로 보여주는 차트는 데이터의 변화를 한눈에 파악하기 쉽게 해줍니다. [차트 디자인] 탭에서는 차트 종류, 차트 스타일 등을 다양하게 선택할 수 있고 [차트 서식] 탭에서는 차트 제목, 범례 등 차트 요소를 세부적으로 설정할 수 있습니다.

1 차트 삽입하기

1. '세대별 아침 식사 선호도_준비.hwpx' 파일을 열고 다음과 같이 드래그하여 블록으로 설정합니다.

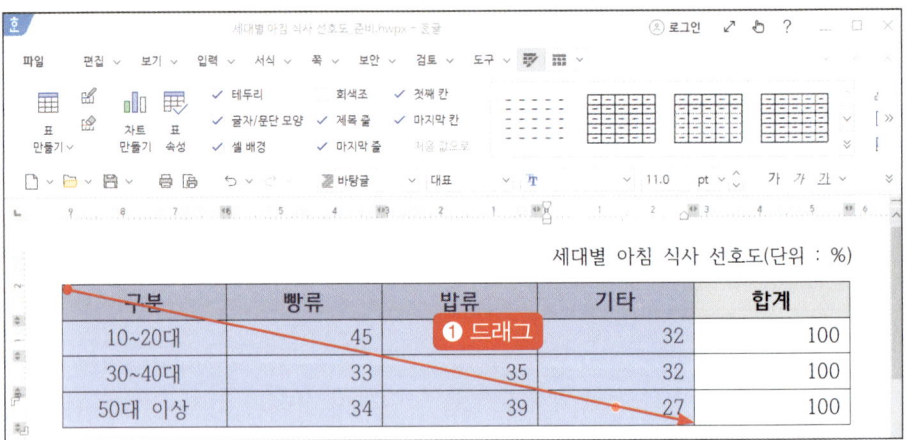

2. [입력] 탭의 ∨를 눌러 [차트]를 선택하고 '세로 막대형'에서 '묶은 세로 막대형'을 클릭합니다.

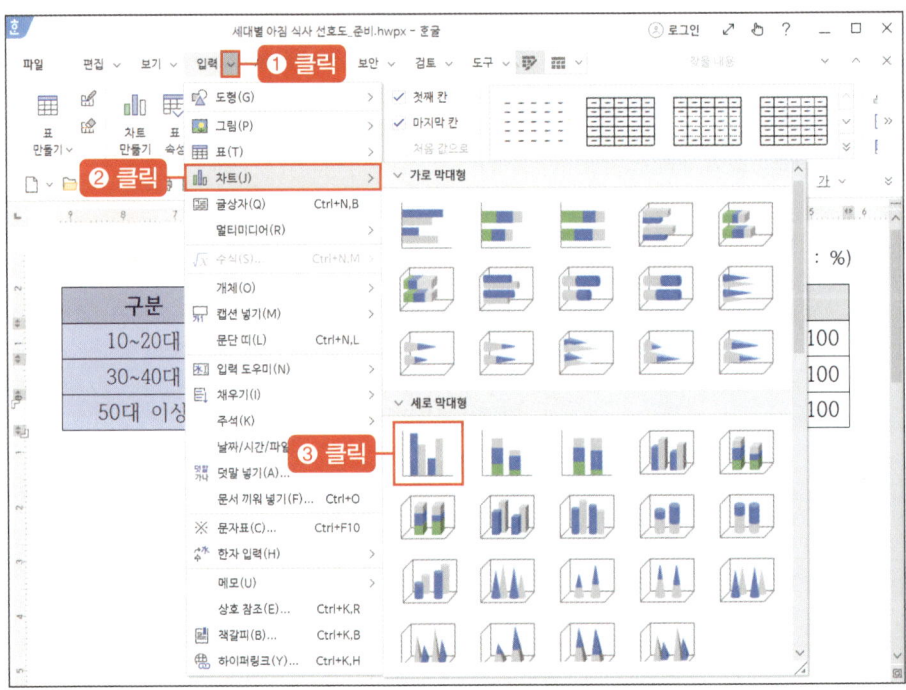

❸ [차트 데이터 편집] 대화 상자가 열리면서 차트가 생성됩니다. 표에서 블록으로 설정한 데이터대로 차트가 생성되었는지 확인하고 [차트 데이터 편집] 대화 상자를 닫습니다.

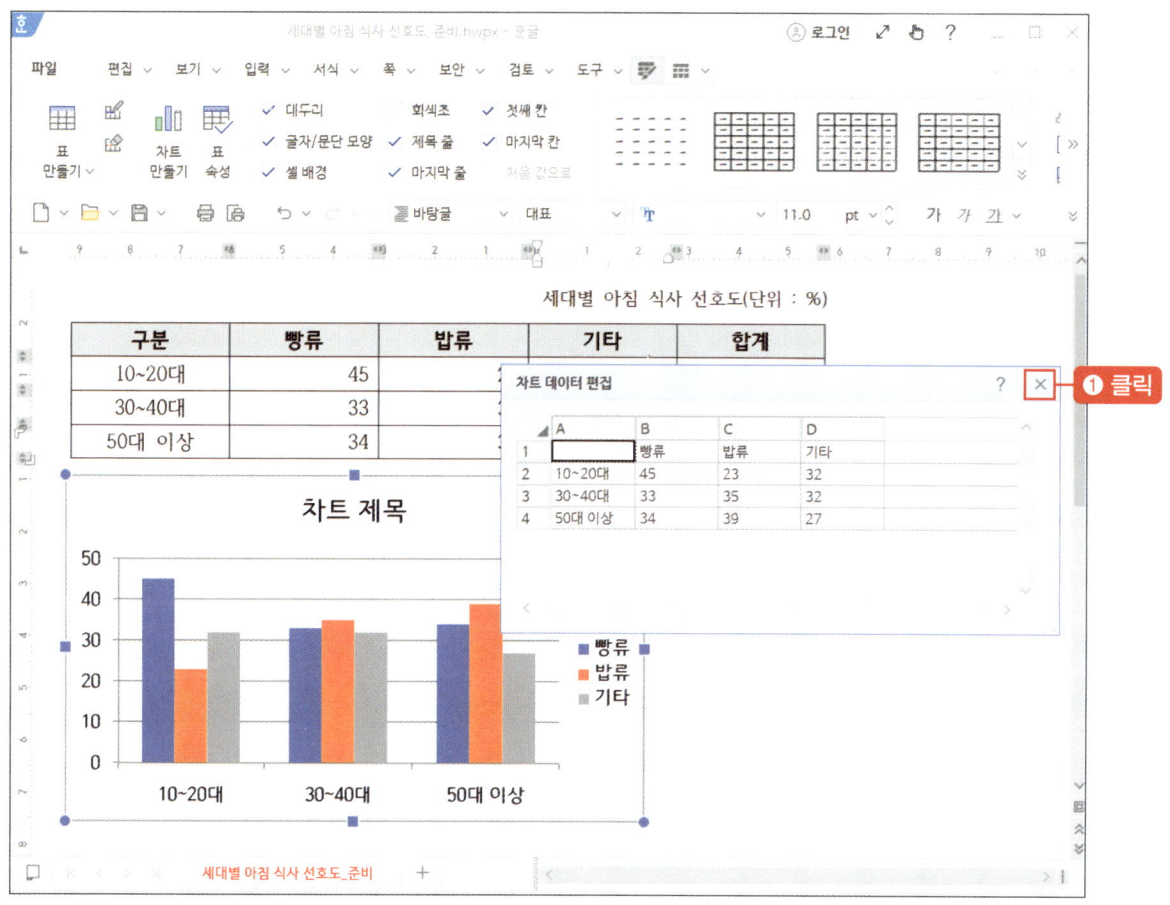

❹ 차트의 조절점을 다음과 같이 드래그하여 크기를 조정합니다.

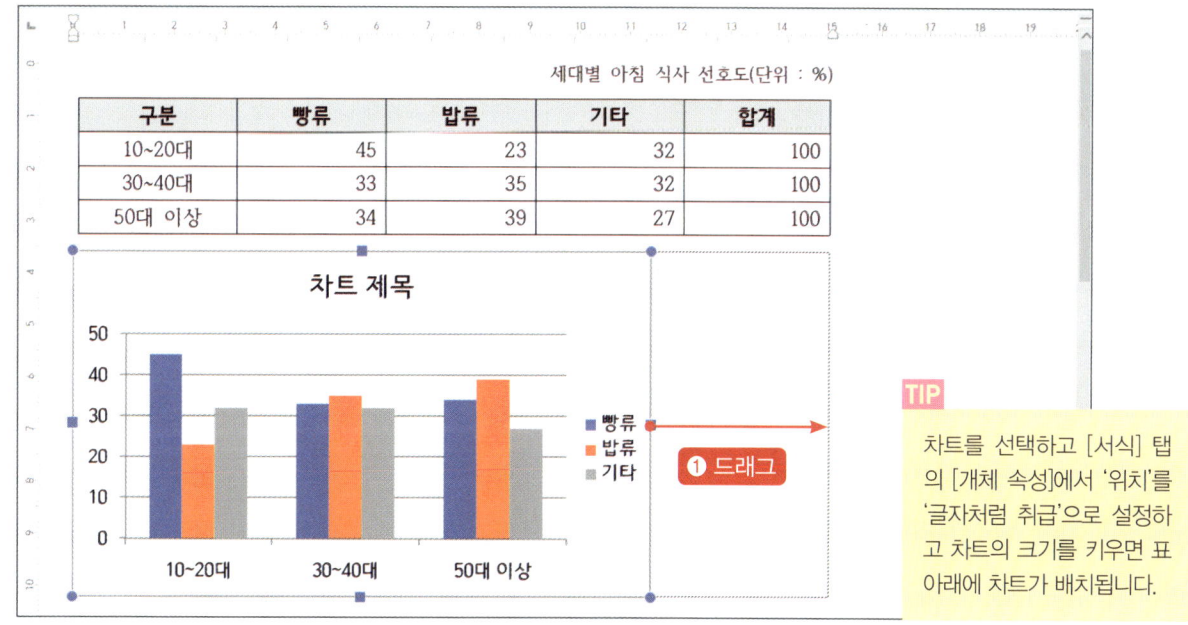

TIP
차트를 선택하고 [서식] 탭의 [개체 속성]에서 '위치'를 '글자처럼 취급'으로 설정하고 차트의 크기를 키우면 표 아래에 차트가 배치됩니다.

2 차트 속성 설정하기

1. '차트'와 '차트 제목'을 차례대로 클릭한 뒤 마우스 오른쪽 버튼을 눌러 [빠른 메뉴]가 열리면 [제목 편집]을 선택합니다.

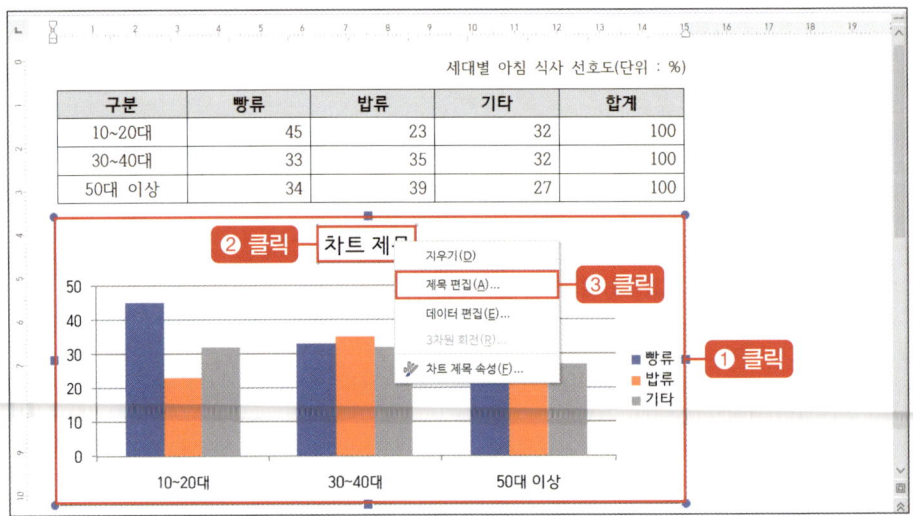

2. [차트 글자 모양] 대화 상자가 열리면 '글자 내용'에 '세대별 아침 식사 선호도'를 입력하고 [설정]을 클릭합니다.

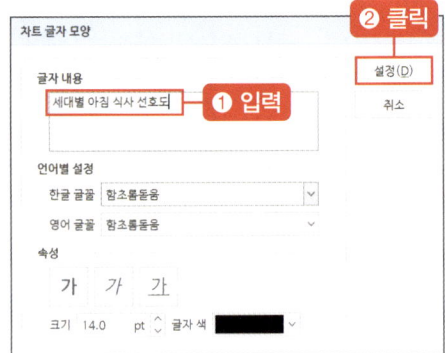

3. '차트'를 선택하고 [차트 서식] 탭에서 [도형 속성]을 클릭합니다.

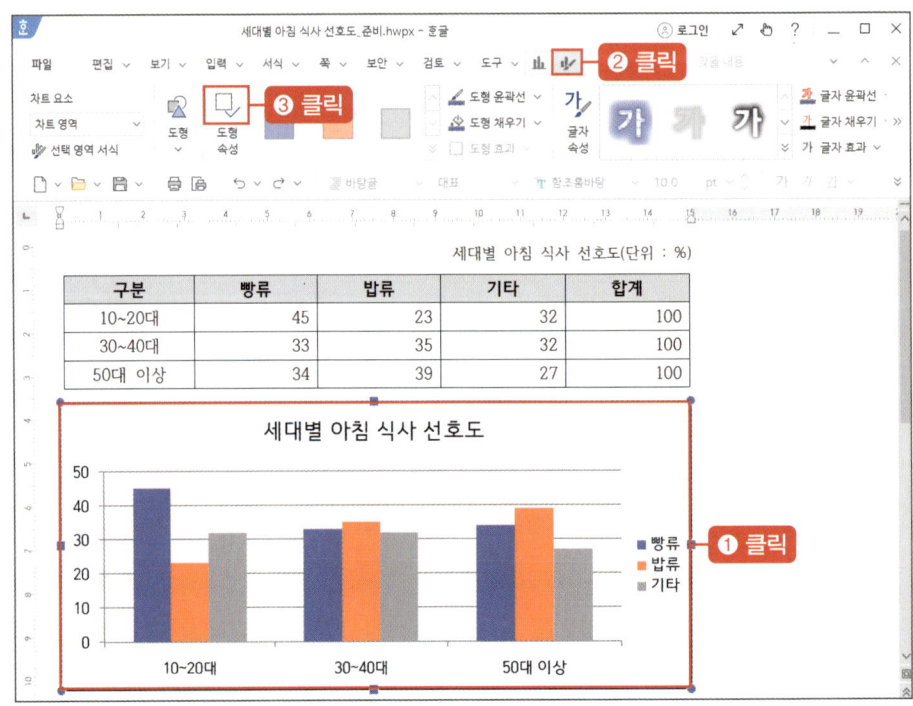

④ [개체 속성] 작업창이 열리면 ∨를 눌러 '차트 제목'을 선택합니다. [그리기 속성] 탭에서 '채우기'는 '밝은 색(하양)', '선'은 '어두운 색(검정)'으로 변경합니다.

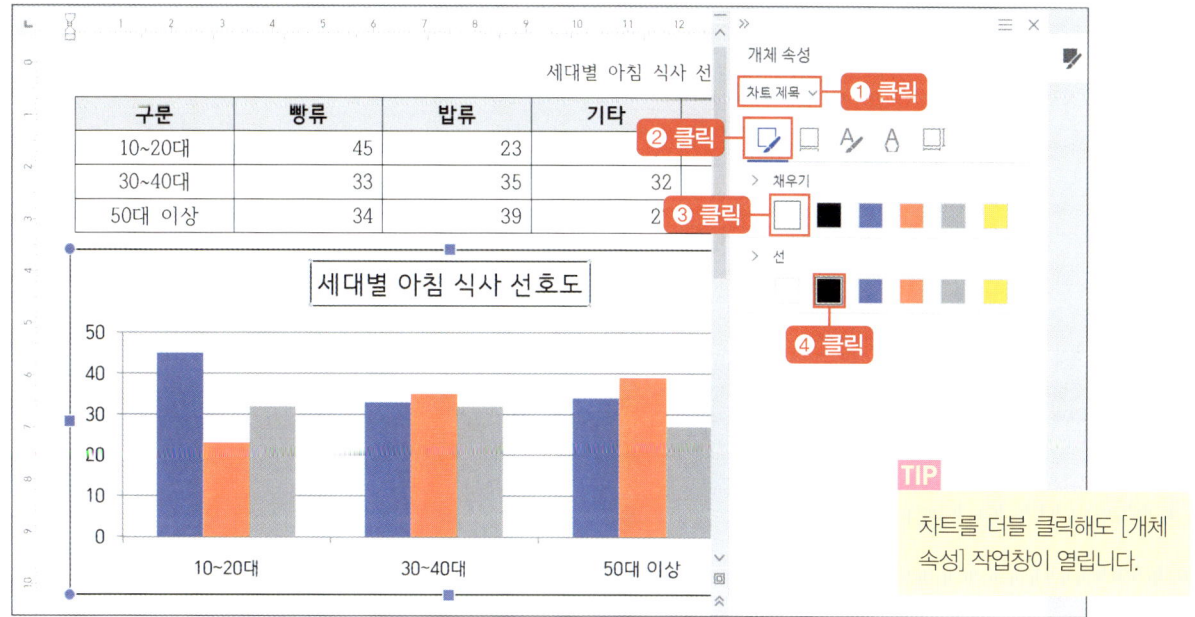

TIP
차트를 더블 클릭해도 [개체 속성] 작업창이 열립니다.

⑤ 세로축 제목을 추가하기 위해 '차트'가 선택된 상태에서 [차트 디자인] 탭의 [차트 구성 추가]를 눌러 [축 제목]의 '기본 세로'를 클릭합니다.

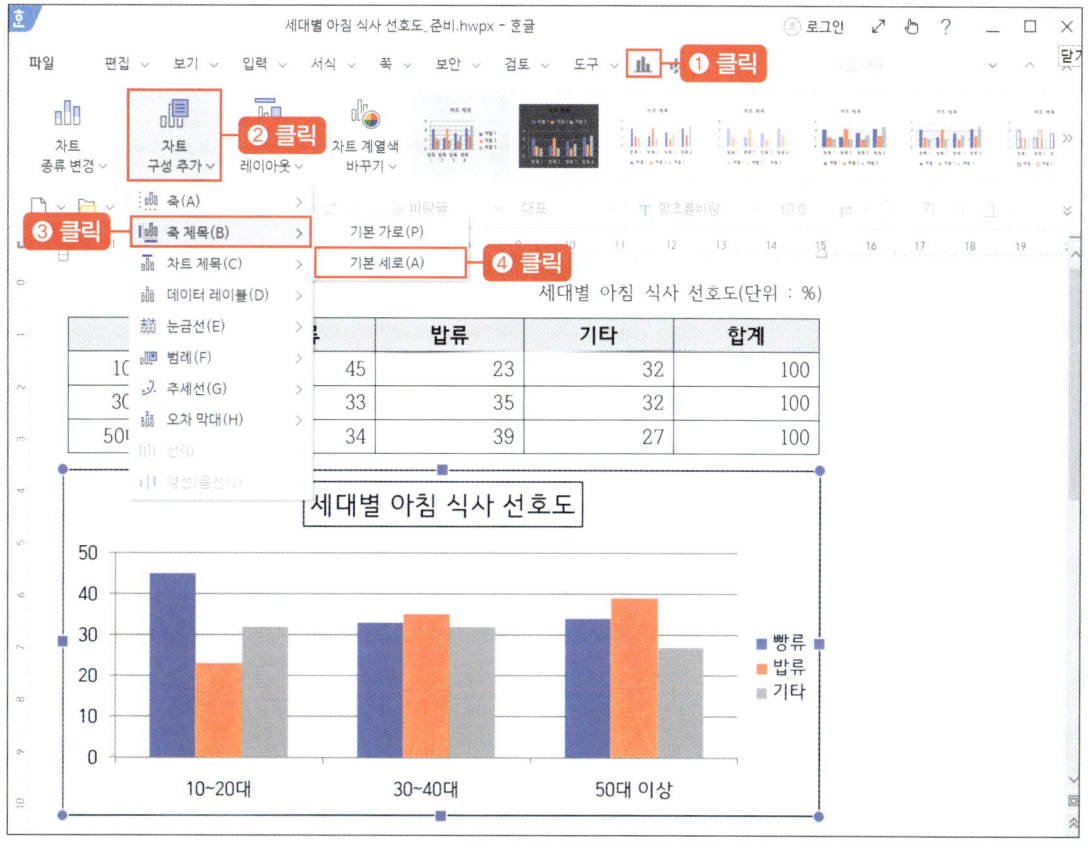

❻ '축 제목'을 클릭한 뒤 마우스 오른쪽 버튼을 눌러 [빠른 메뉴]가 열리면 [제목 편집]을 선택합니다.

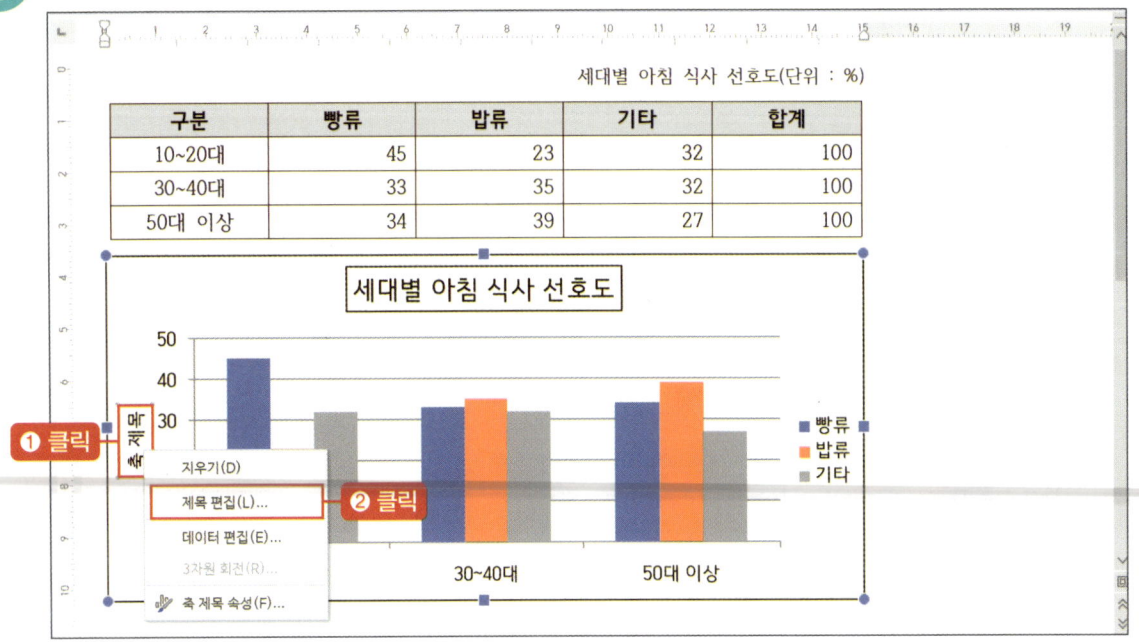

❼ [차트 글자 모양] 대화 상자가 열리면 '글자 내용'에 '(단위 : %)'를 입력하고 [설정]을 클릭합니다.

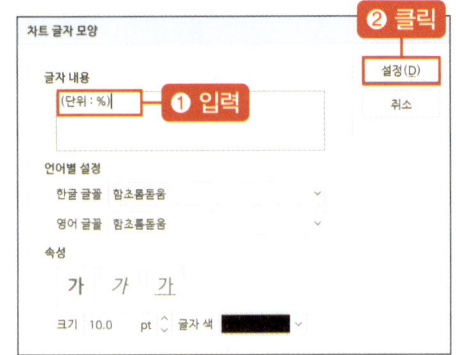

❽ 차트가 완성되었습니다.

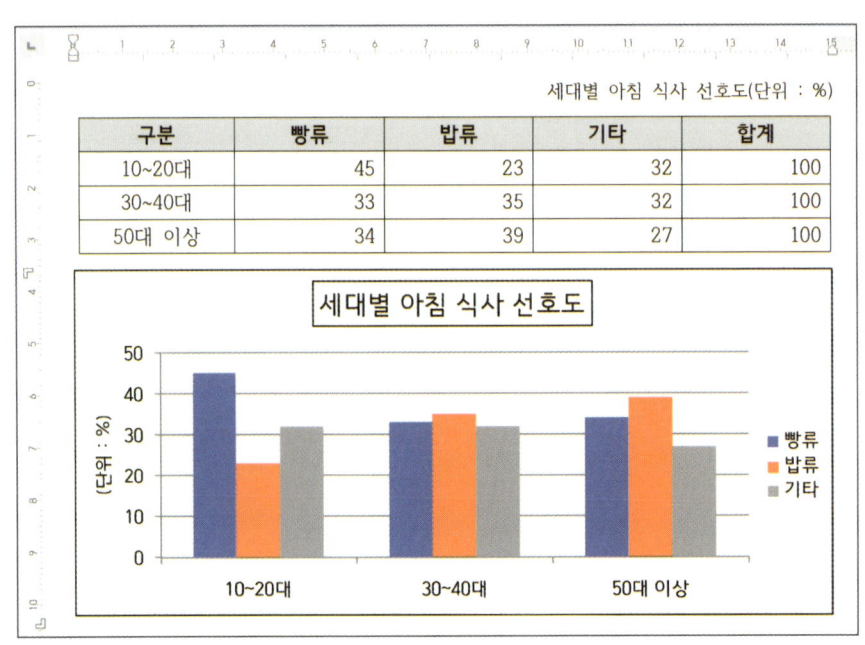

셀프 테스트

1 '체험학습 선호도 조사_준비.hwpx' 파일을 열고 차트를 삽입하여 다음과 같이 문서를 완성해 보세요.

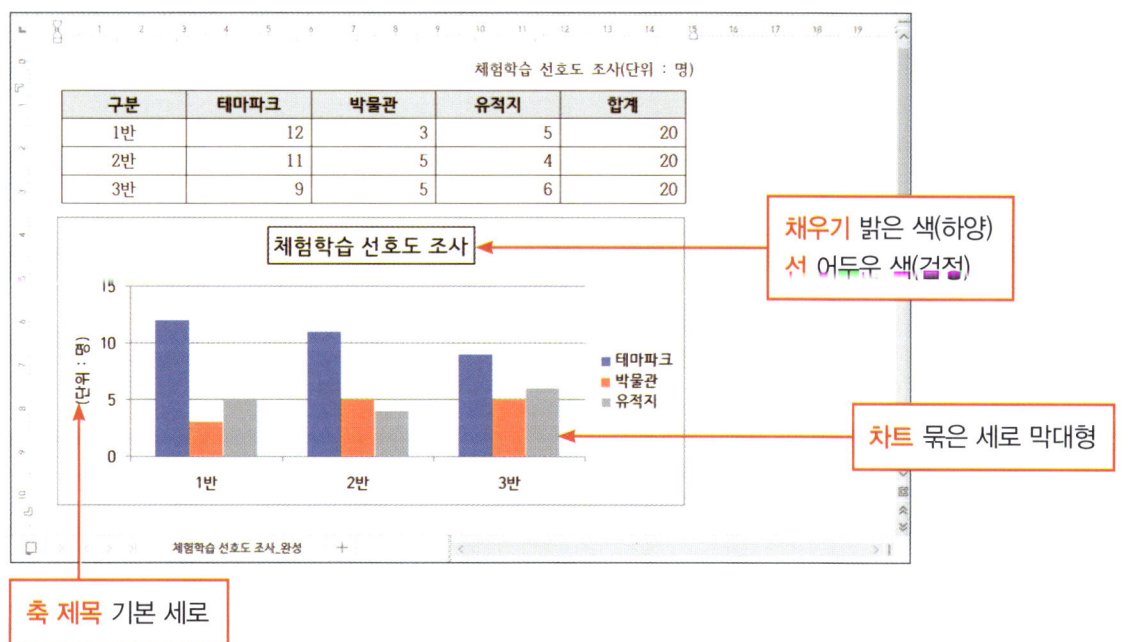

2 '상반기 매출 현황_준비.hwpx' 파일을 열고 차트를 삽입하여 다음과 같이 문서를 완성해 보세요.

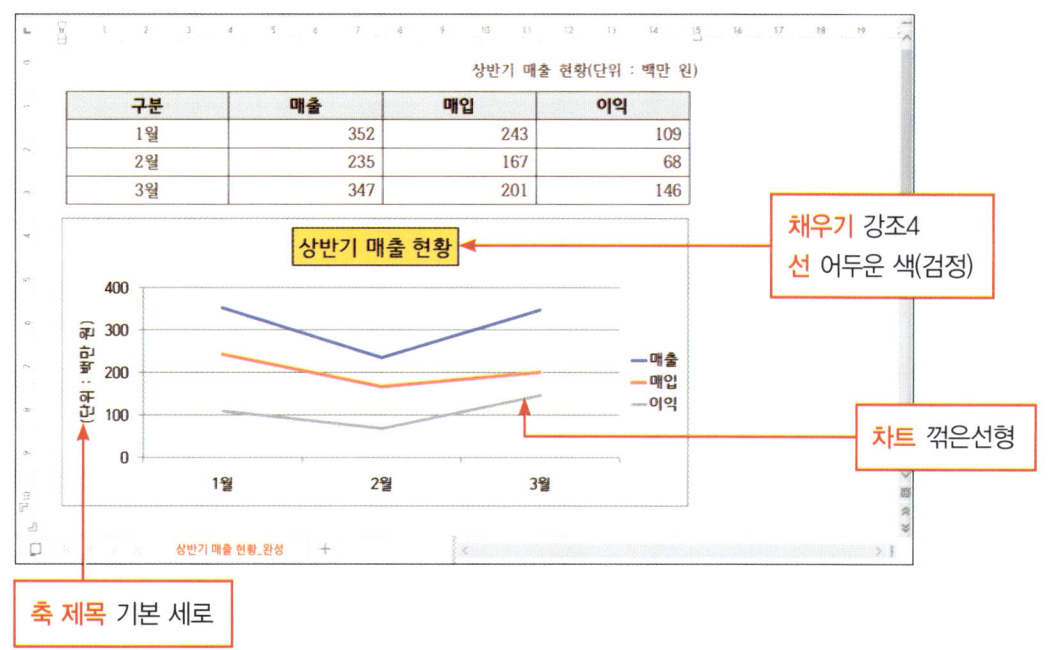

Hangul 2022

SECTION 14 수식 만들기

한글 2022에서는 분수, 로그, 거듭제곱 등 복잡해 보이는 수식을 입력할 수 있습니다. 수식 편집기를 활용하면 간단한 산술식은 물론 복잡한 수학식도 손쉽게 작성할 수 있습니다.

1 수식 편집기 살펴보기

1 [새 문서]를 실행하고 [입력] 탭의 ∨를 눌러 [수식]을 선택한 뒤 [수식 편집기]를 클릭합니다.

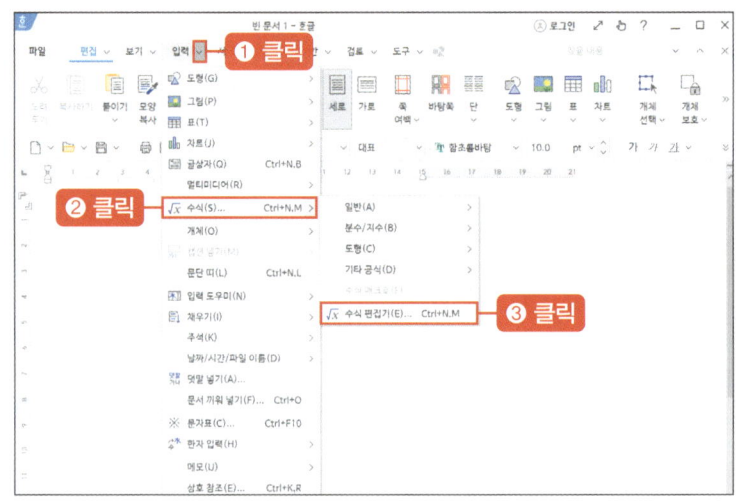

2 [수식 편집기] 작업창이 열렸습니다.

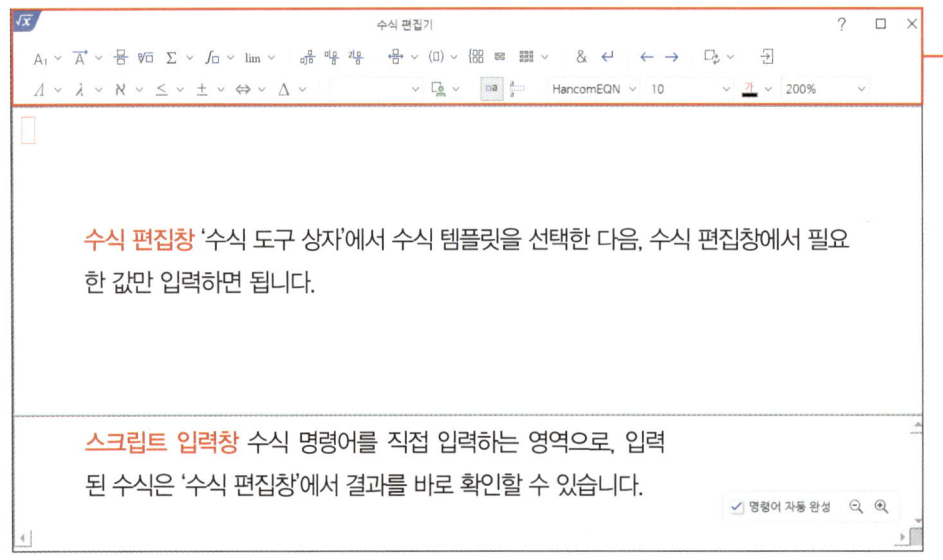

• **수식 도구 상자** 수식 작성에 필요한 템플릿을 제공하여 수학 기호와 명령어를 편리하게 입력할 수 있습니다.

수식 편집창 '수식 도구 상자'에서 수식 템플릿을 선택한 다음, 수식 편집창에서 필요한 값만 입력하면 됩니다.

스크립트 입력창 수식 명령어를 직접 입력하는 영역으로, 입력된 수식은 '수식 편집창'에서 결과를 바로 확인할 수 있습니다.

2 수식 입력하기

1 '수식 편집창'에 '4x'를 입력하고 [수식 도구 상자]에서 [첨자]의 ∨를 눌러 '오른쪽 위첨자'를 클릭합니다. '오른쪽 위첨자' 칸이 생성되면 '2'를 입력하고 → 키를 한 번 눌러 위첨자 칸에서 빠져나옵니다.

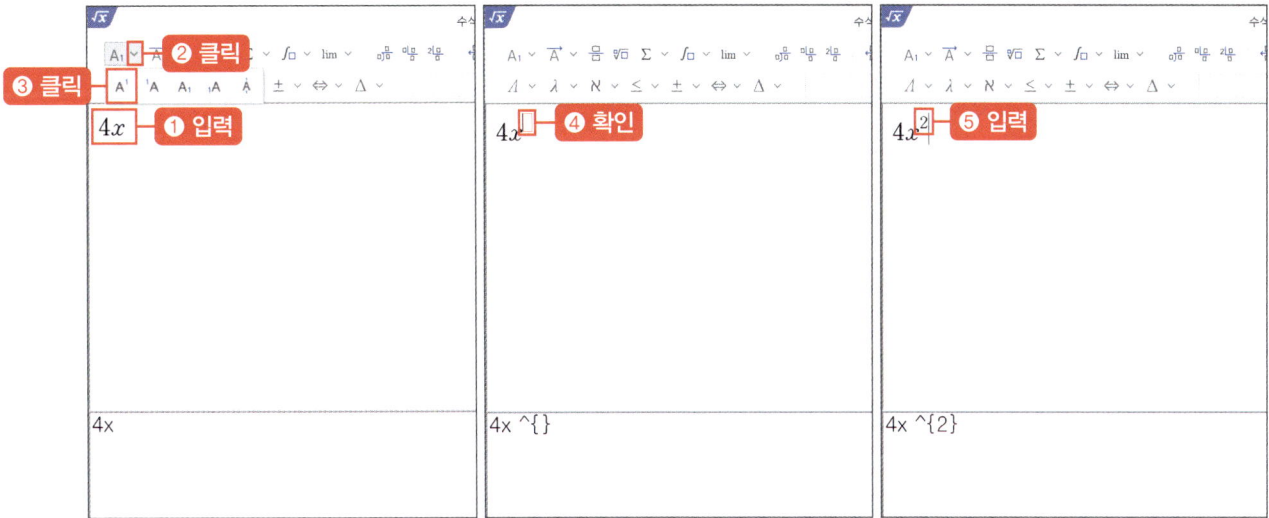

2 '+'와 'x'를 차례대로 입력합니다. [수식 도구 상자]에서 [첨자]를 눌러 '오른쪽 위첨자'를 클릭한 뒤 '2'를 입력해서 수식을 완성하고 [넣기]를 클릭합니다.

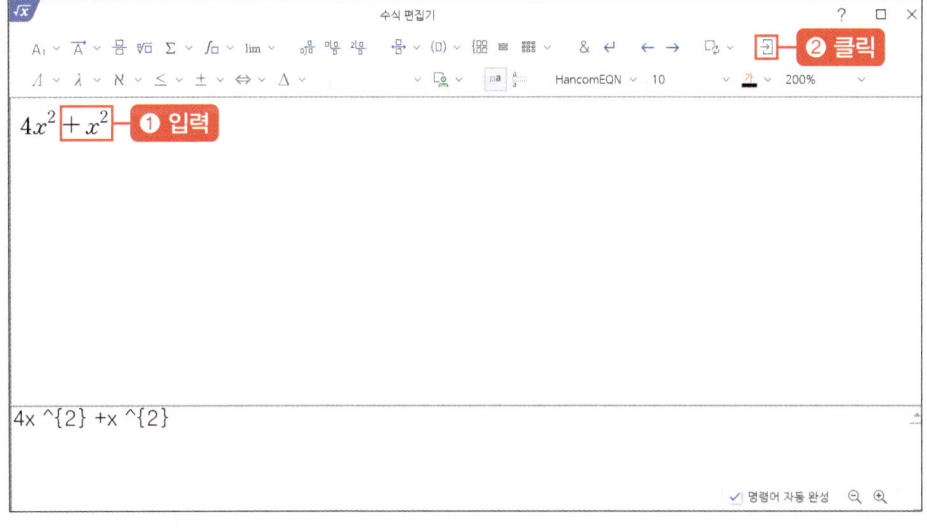

3 문서에 수식이 입력되었습니다.

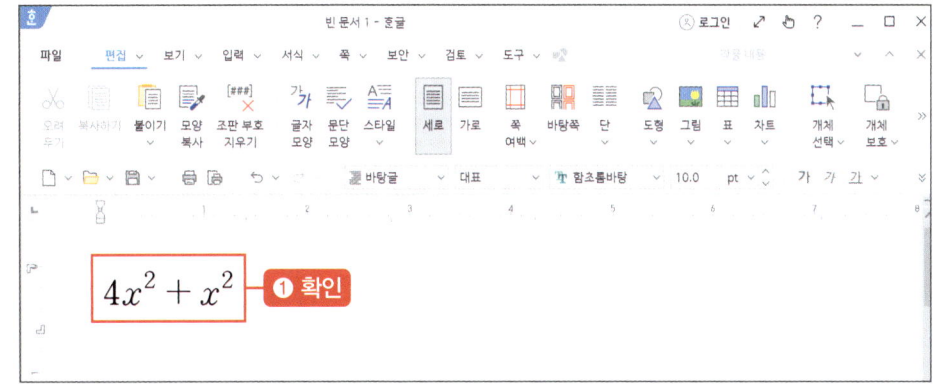

TIP 입력된 수식을 수정하려면 해당 수식을 더블 클릭하여 [수식 편집기] 작업창을 엽니다.

④ Ctrl 키를 누른 상태에서 M, N 키를 차례로 눌러 [수식 편집기] 작업창을 엽니다. '분수'를 입력하기 위해 [수식 도구 상자]에서 [분수]를 클릭하고 '분자'에 '1', '분모'에 2를 입력합니다. '+'와 $\frac{1}{3}$을 차례대로 입력하고 [넣기]를 클릭합니다.

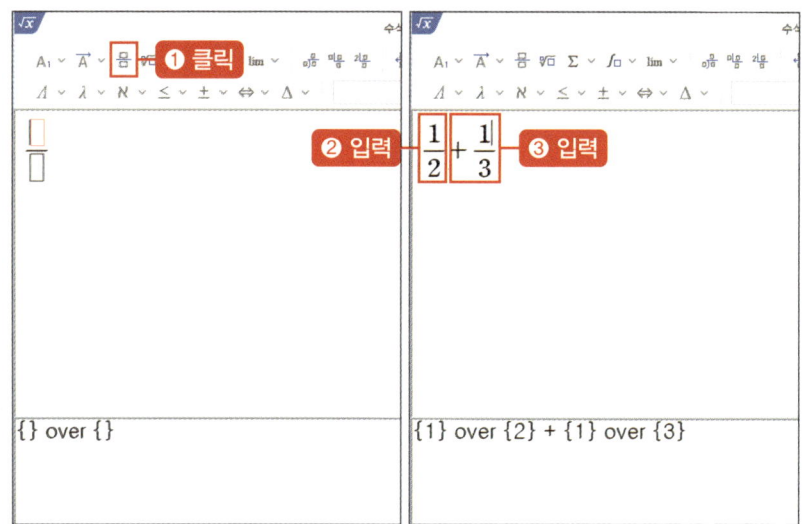

⑤ [수식 편집기] 작업창을 열고 '근호'를 입력하기 위해 [수식 도구 상자]에서 [근호]를 클릭합니다. 다음과 같이 차례대로 숫자를 입력하고 [넣기]를 클릭합니다.

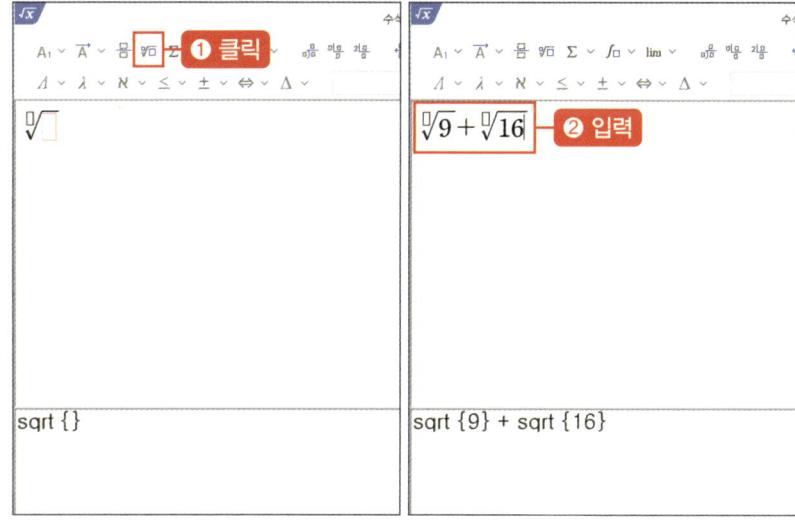

⑥ 문서에 모든 수식이 입력되었습니다.

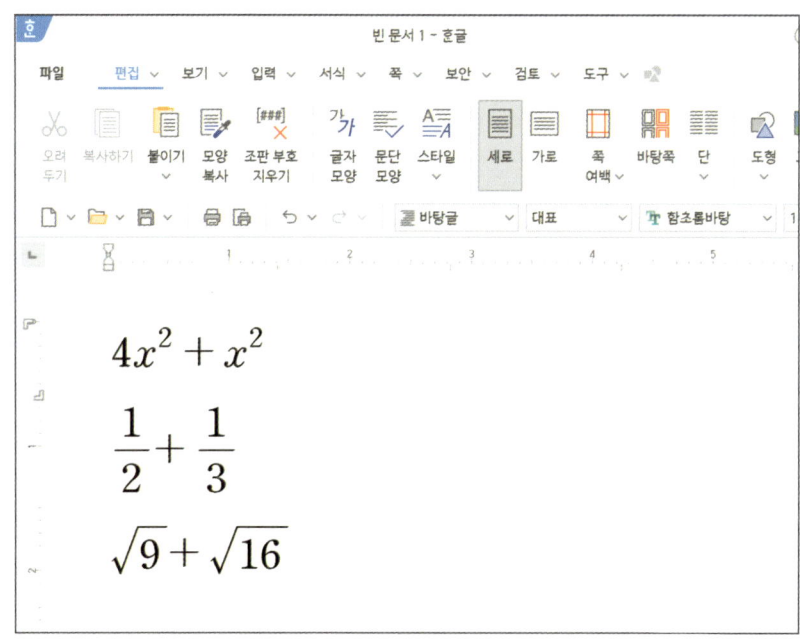

셀프 테스트

 [새 문서]를 실행하고 [수식 편집기]를 활용하여 다음과 같이 문서를 완성해 보세요.

> (기초편) 다음 문제를 풀어 보세요.
> (1) $4x^3 + 2x^3$
> (2) $\dfrac{3}{5} + \dfrac{2}{7}$
> (3) $\sqrt{25} + \sqrt{49}$
> (4) $\dfrac{2+3}{7} + \dfrac{2}{3}$

 [새 문서]를 실행하고 [수식 편집기]를 활용하여 다음과 같이 문서를 완성해 보세요.

> (심화편) 다음 문제를 풀어 보세요.
> (1) $\log_{0.1} \dfrac{1}{1000} = x$일 때 x는 얼마인가?
>
> (2) $\lim\limits_{x \to 2} \dfrac{x^2 - 4}{\sqrt{x+2} - 2}$의 값은 얼마인가?

Hangul 2022

15 SECTION 머리말/꼬리말, 주석, 쪽 번호 입력하기

머리말과 꼬리말을 사용하면 모든 페이지에 동일한 정보를 표시하여 문서의 일관성을 유지할 수 있습니다. 주석을 넣으면 본문의 흐름을 방해하지 않으면서도 용어 설명, 참고 문헌, 추가 설명 등을 제공할 수 있고, 쪽 번호를 넣으면 순서대로 문서를 정리할 수 있습니다.

1 머리말/꼬리말 입력하기

1. '남해_준비.hwpx' 파일을 열고 [쪽] 탭의 ∨를 눌러 [머리말/꼬리말]을 선택합니다.

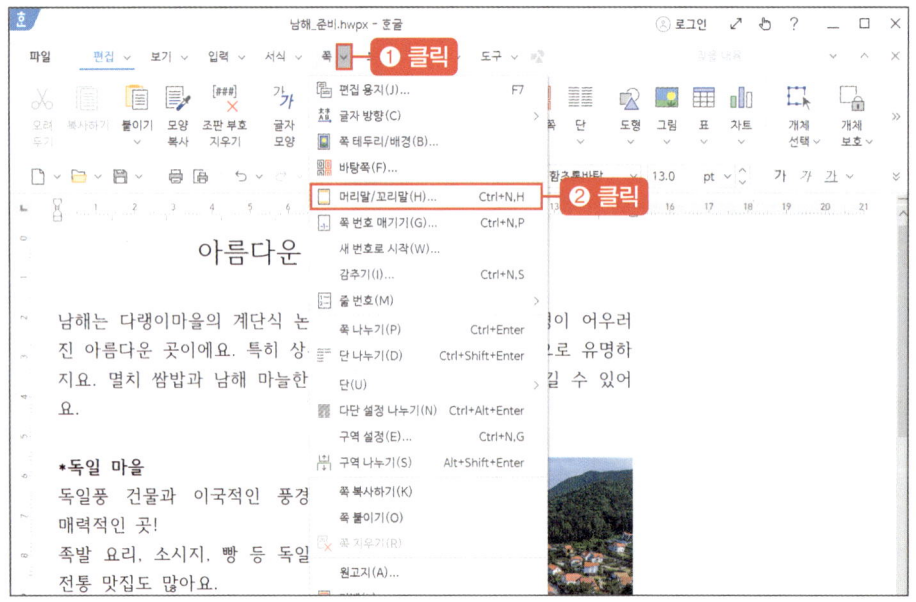

2. [머리말/꼬리말] 대화 상자가 열리면 '종류'는 '머리말', '위치'는 '양쪽'을 선택하고 [만들기]를 클릭합니다.

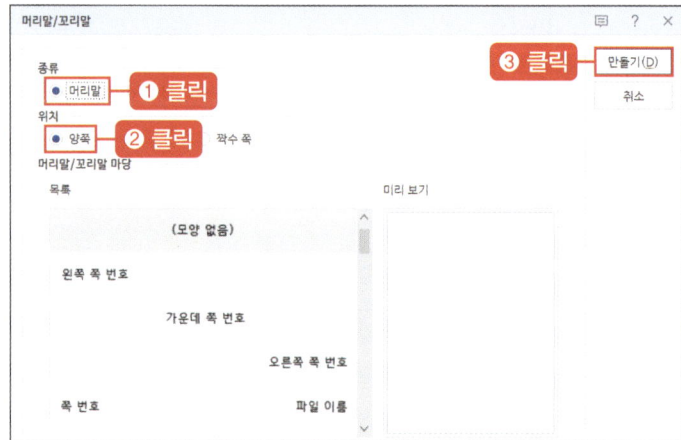

③ '머리말(양쪽)' 영역에 '우리나라로 떠나요'를 입력합니다. [서식 도구 상자]에서 '글꼴'은 '함초롬돋움', '글자 크기'는 '10.0pt', '정렬 방식'은 '오른쪽 정렬'로 설정합니다.

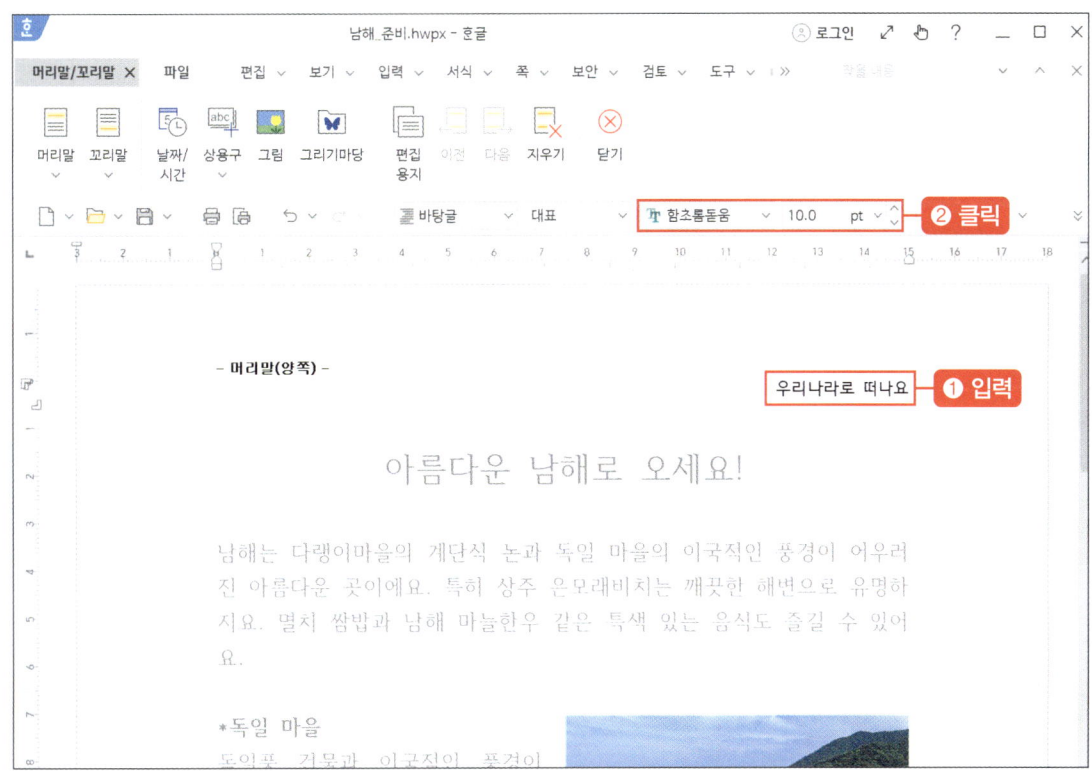

④ [머리말/꼬리말] 탭에서 [꼬리말]을 선택하고 '양쪽'의 '(모양 없음)'을 클릭합니다.

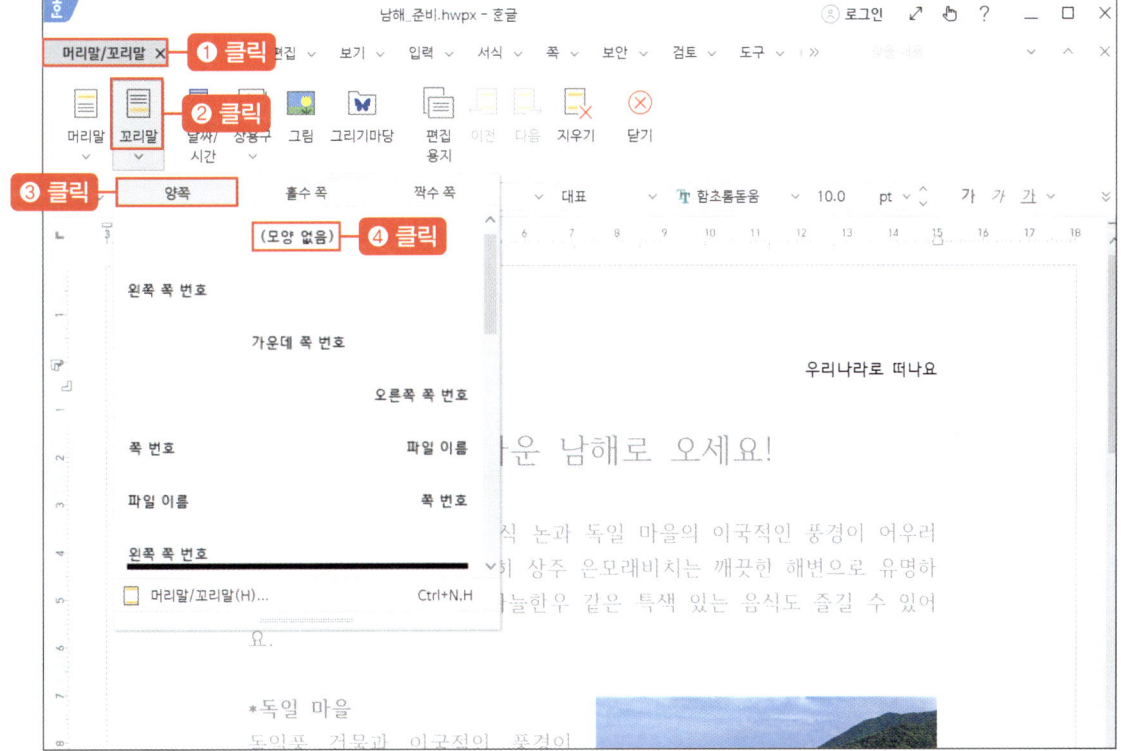

5 '꼬리말' 영역으로 이동하면 '남해로 오세요!'를 입력합니다. [서식 도구 상자]에서 '글꼴'은 '함초롬돋움', '글자 크기'는 '10.0pt', '정렬 방식'은 '양쪽 정렬'로 설정합니다. [머리말/꼬리말] 영역을 빠져나오기 위해 [닫기]를 클릭합니다.

더 알아보기 [쪽 윤곽] 보기

[보기] 탭에서 [쪽 윤곽]을 선택하면 용지 여백, 머리말/꼬리말, 쪽 번호 등을 화면으로 직접 보면서 편집을 할 수 있습니다.

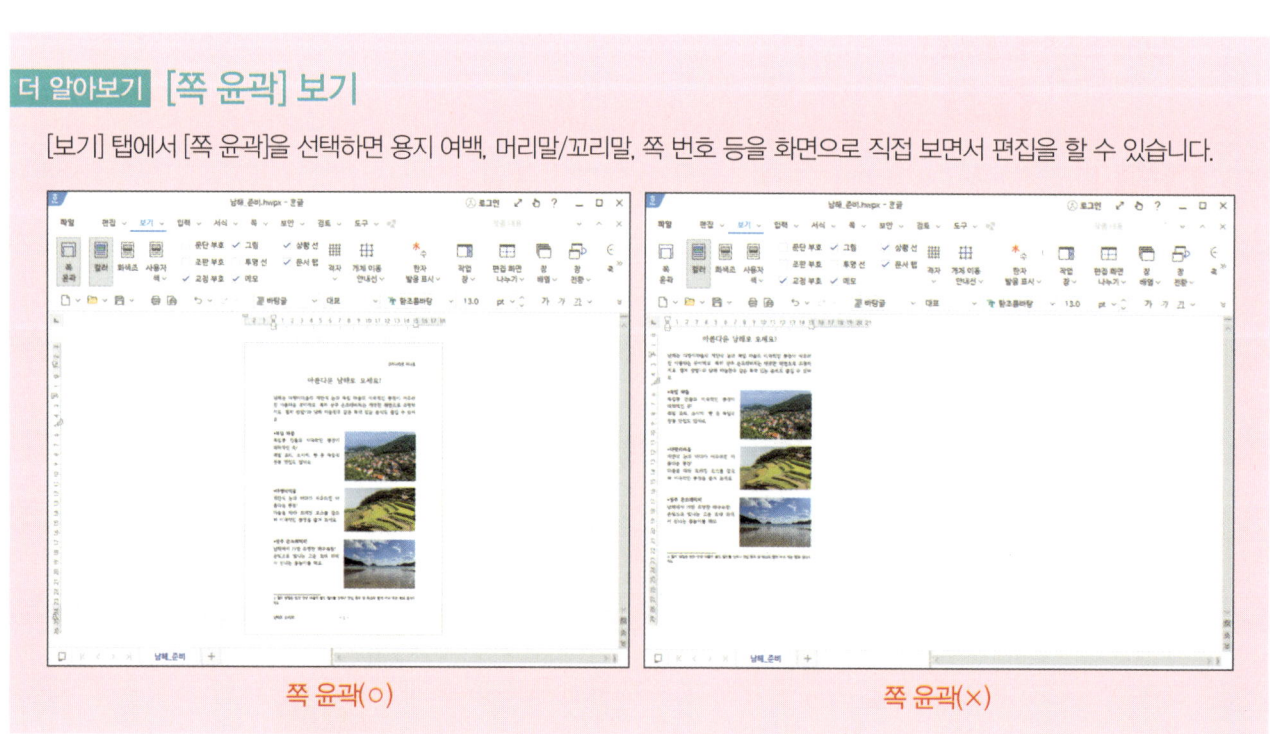

쪽 윤곽(○)   쪽 윤곽(×)

2 주석 입력하기

1 '멸치 쌈밥'에 대한 설명을 각주로 넣기 위해 본문에서 '멸치 쌈밥' 뒤에 마우스 커서를 놓습니다.

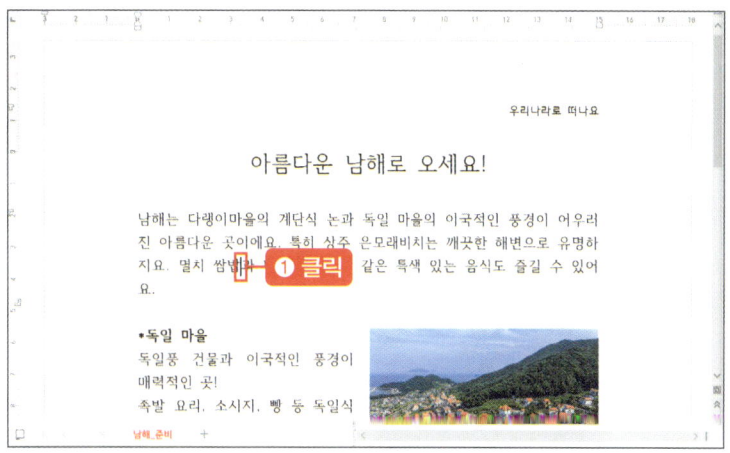

2 [입력] 탭의 ∨를 눌러 [주석]에서 '각주'를 클릭합니다.

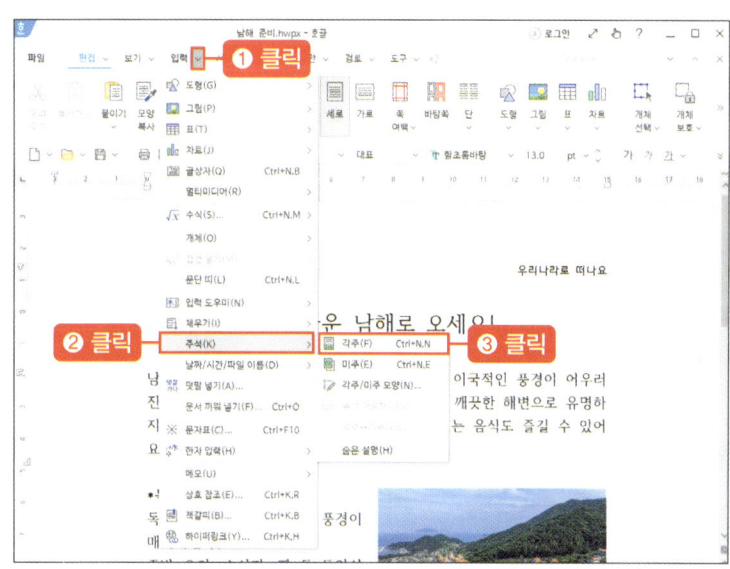

TIP '주석'에는 본문의 아래에 표기하는 '각주'와 본문의 마지막에 모아서 정리하는 '미주'가 있습니다.

3 각주 영역에 다음과 같이 입력하고 '글꼴'은 '함초롬바탕', '글자 크기'는 '9.0pt', '정렬 방식'은 '양쪽 정렬'로 하고 [닫기]를 클릭합니다.

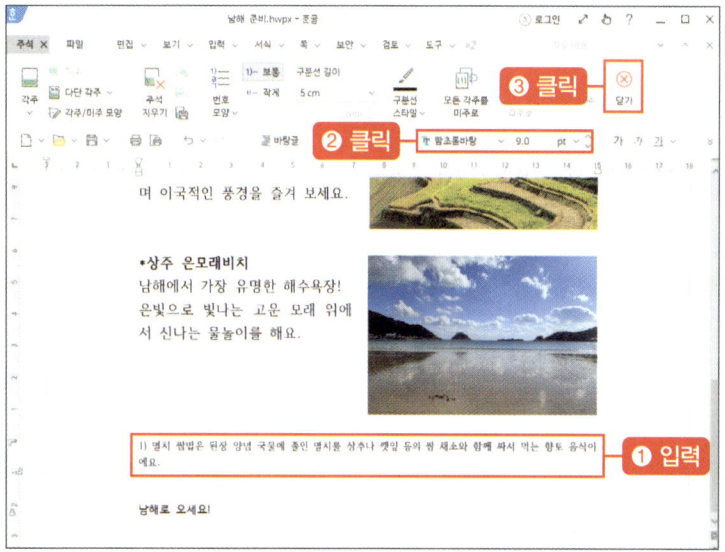

TIP 각주는 '멸치 쌈밥은 된장 양념 국물에 졸인 멸치를 상추나 깻잎 등의 쌈 채소와 함께 싸서 먹는 향토 음식이에요.'로 입력합니다.

3 쪽 번호 입력하기

1. 쪽 번호를 넣기 위해 [쪽] 탭의 ∨를 눌러 [쪽 번호 매기기]를 클릭합니다.

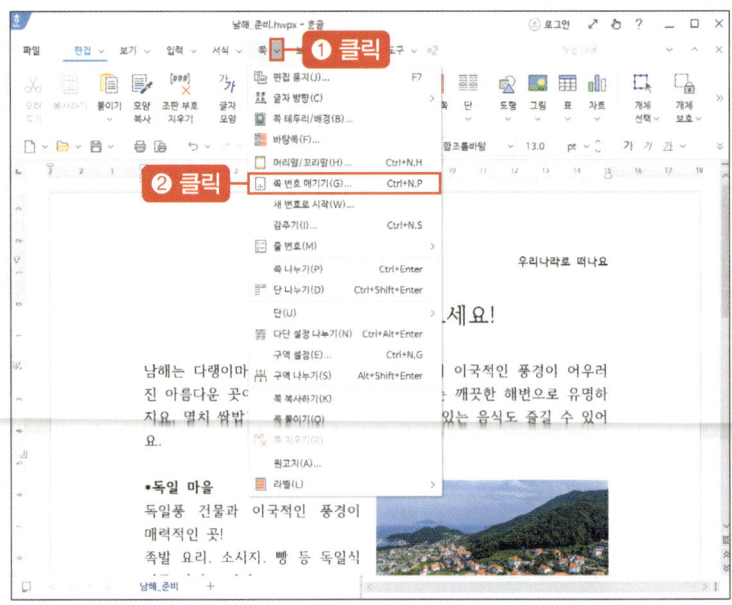

2. [쪽 번호 매기기] 대화 상자가 열리면 '번호 위치'는 '가운데 아래'를 선택하고, '번호 모양', '시작 번호', '줄표 넣기'를 다음과 같이 설정한 후 [넣기]를 클릭합니다.

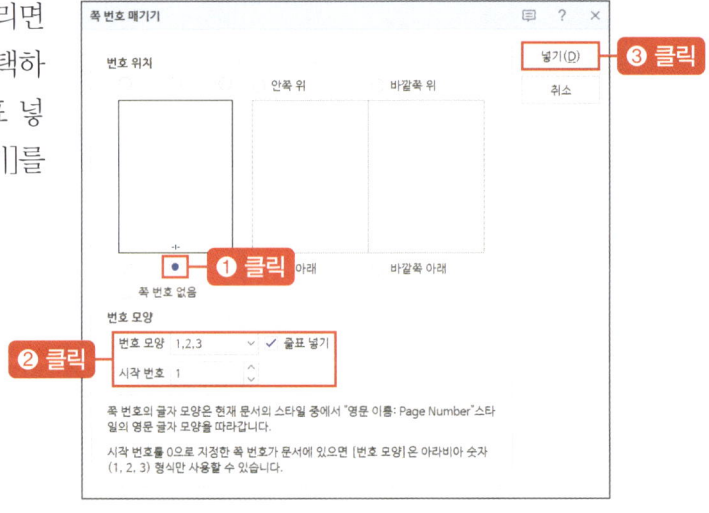

3. 문서의 가운데 아래 부분에 쪽 번호가 입력되었습니다.

셀프 테스트

1 '제주도 여행_준비.hwpx' 파일을 열어서 머리말과 각주를 입력하여 다음과 같이 문서를 완성해 보세요.

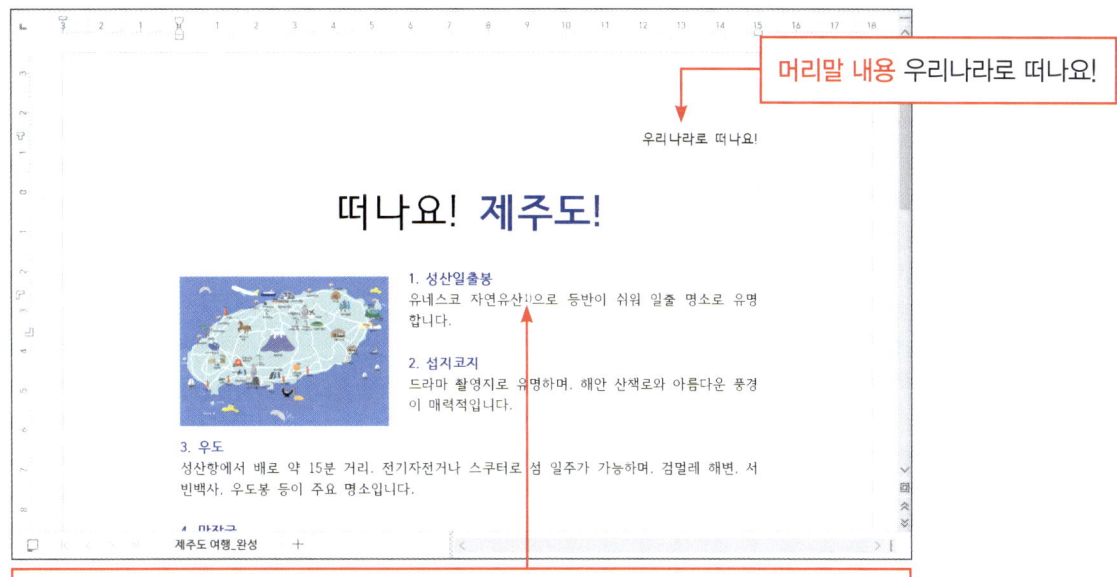

2 1번 문제에 이어서 꼬리말과 쪽 번호를 입력하여 다음과 같이 문서를 완성해 보세요.

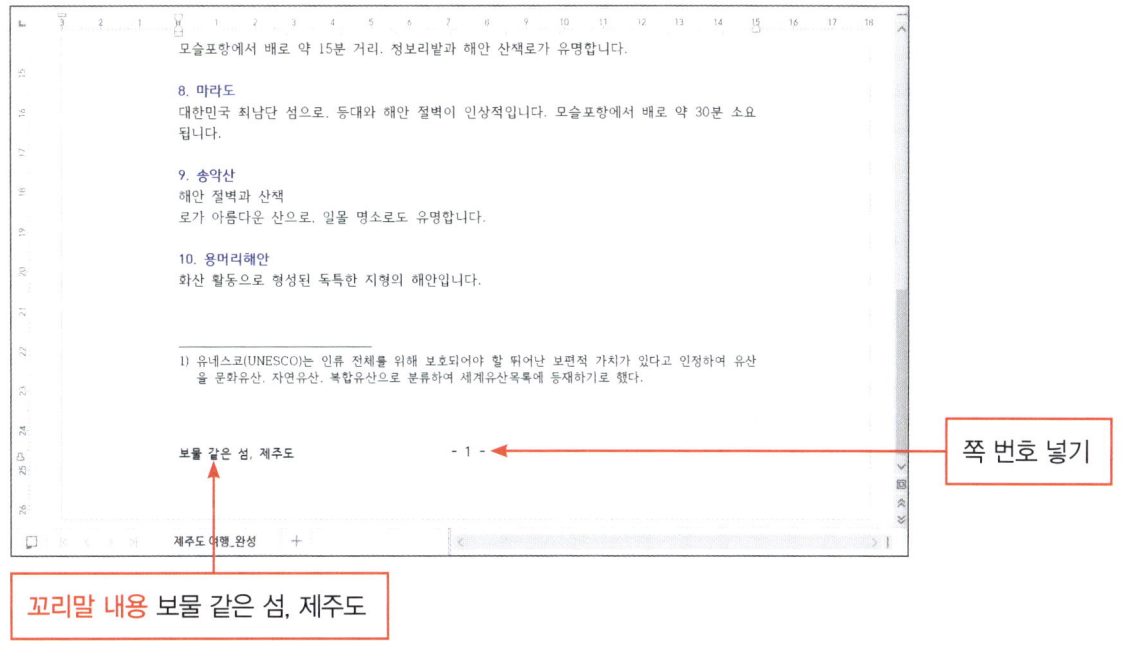

Hangul 2022

SECTION 16 문단 번호 적용하고 차례 만들기

여러 개의 항목을 나열할 때 문단 번호를 입력하면 편리합니다. 차례는 본문에서 해당 내용이 몇 쪽에 있는지 쪽 번호와 함께 표시해 주는 것으로, 단행본이나 논문 작성 등에 꼭 필요한 기능입니다.

1 문단 번호 적용하기

1 '절기_준비.hwpx' 파일을 엽니다. 본문의 각 제목에 '문단 번호'를 지정하기 위해 2쪽의 '봄' 앞에 마우스 커서를 놓고 [서식] 탭의 ∨를 눌러 [문단 번호 적용/해제]를 선택합니다.

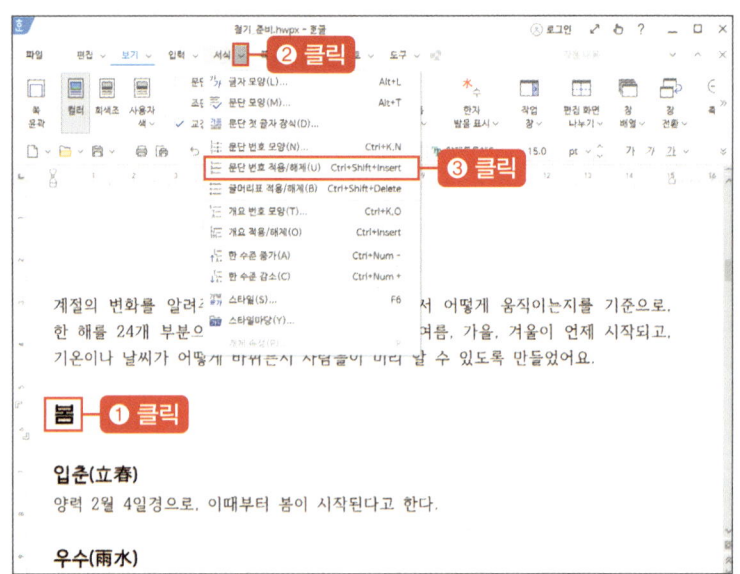

2 '봄' 제목 앞에 '문단 번호'가 적용되어 '1.'이 생성되었습니다. 이번에는 '입춘(立春)' 앞에 마우스 커서를 놓고 [서식] 탭의 ∨를 눌러 [문단 번호 적용/해제]를 선택합니다.

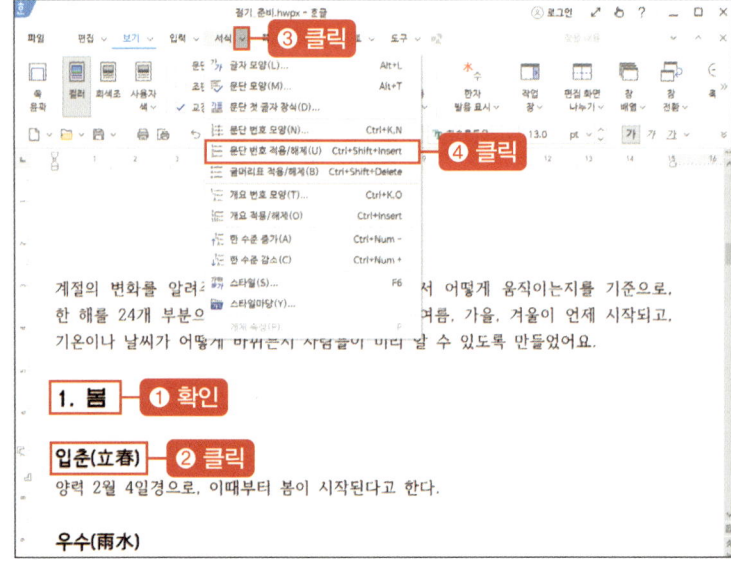

❸ 이때 '입춘(立春)' 앞에 문단 번호 '2.'가 나타나면 [서식] 탭의 ∨를 눌러 [한 수준 감소]를 선택합니다.

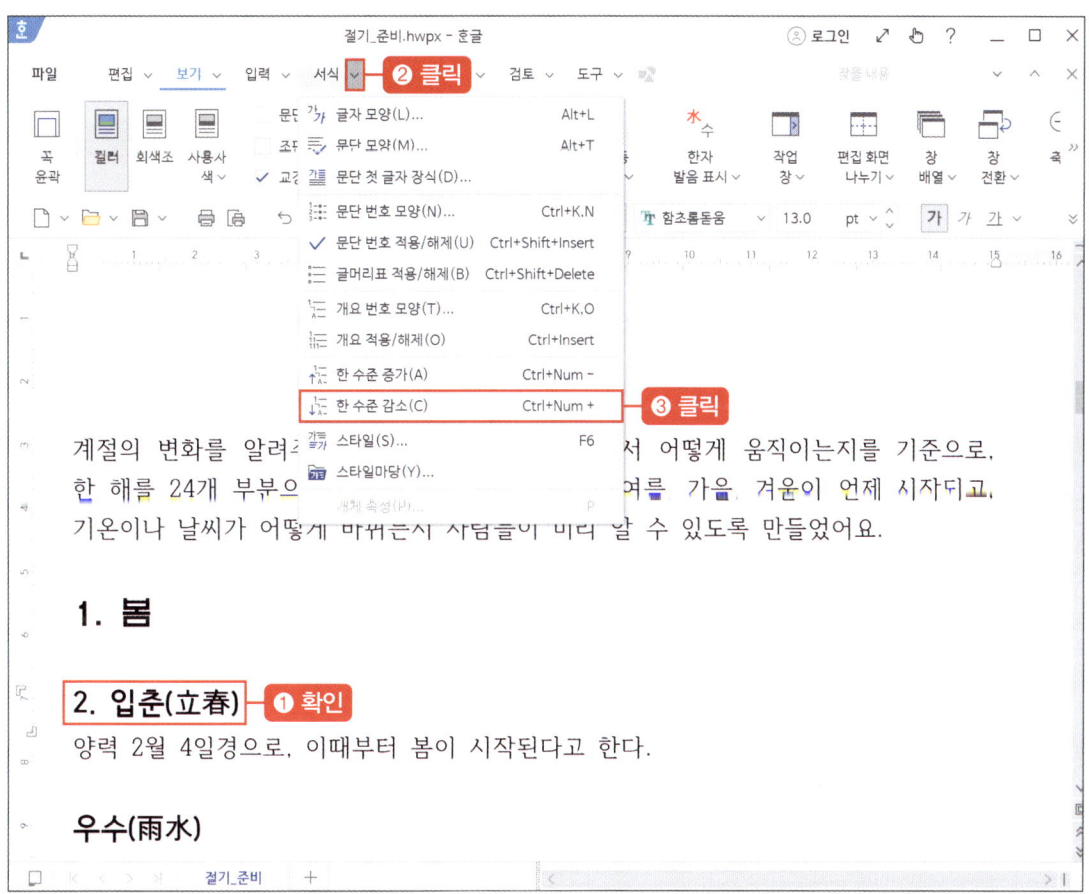

❹ '입춘(立春)' 앞에 문단 번호 '2.'가 한 수준 감소되어 '가.'로 변경되었습니다. 같은 방법으로 다음과 같이 문단 번호를 적용해 봅니다.

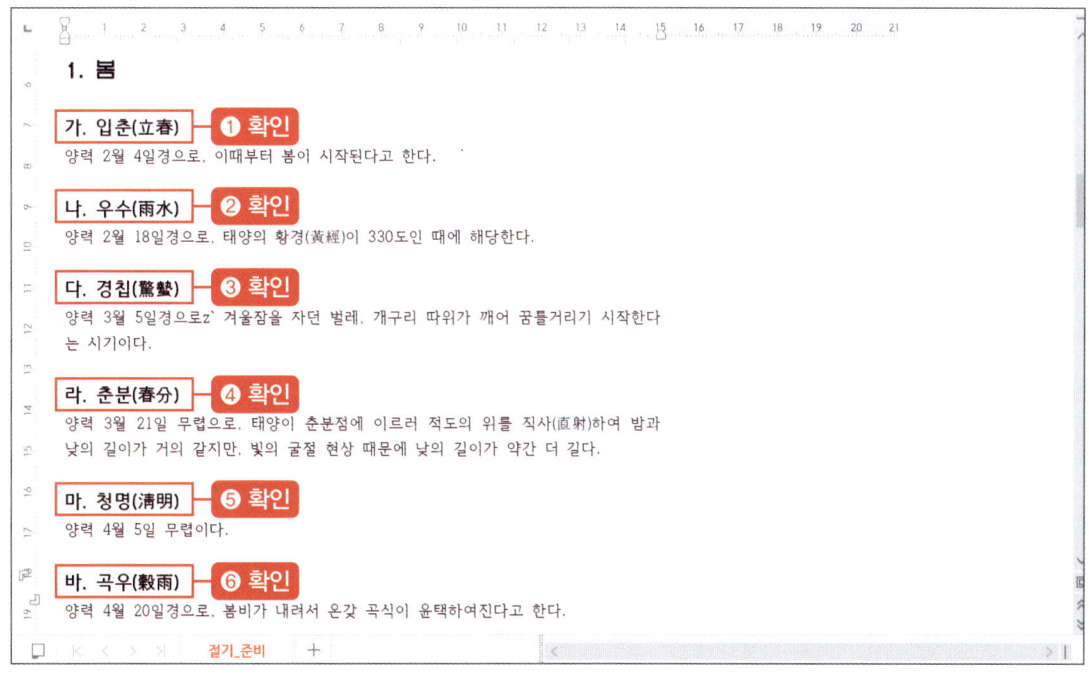

5 지정된 '문단 번호'의 모양을 변경하기 위해서 [서식] 탭의 ∨를 눌러 [문단 번호 모양]을 선택합니다.

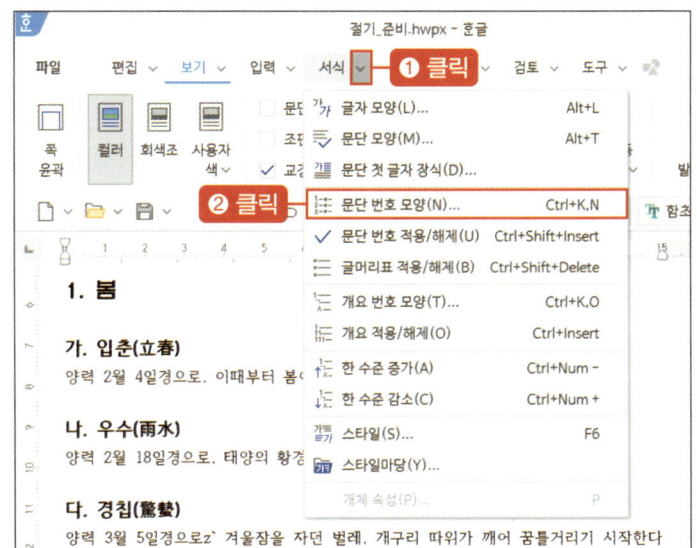

6 [글머리표 및 문단 번호] 대화 상자가 열리면 [문단 번호] 탭에서 다음과 같이 선택하고 [설정]을 클릭합니다.

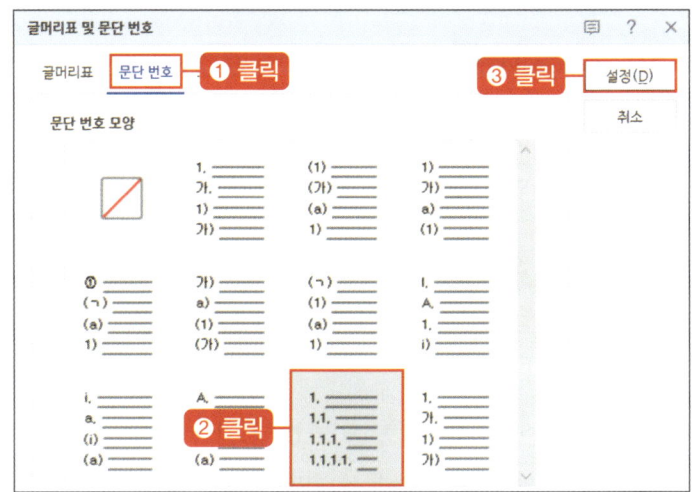

7 '문단 번호' 모양이 변경되었습니다. 3쪽부터 5쪽까지 모두 '문단 번호'를 적용해 봅니다.

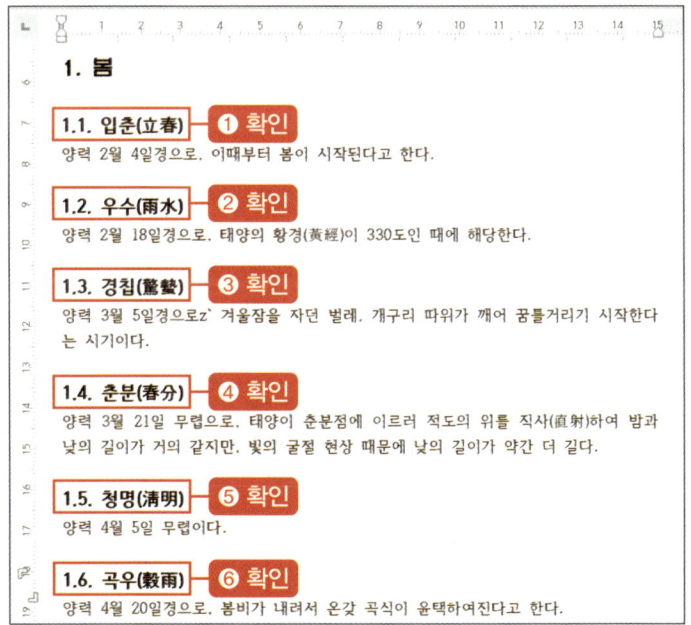

2 차례 만들기

1 차례를 만들기 위해 첫 번째 제목인 '봄' 앞에 마우스 커서를 놓고 [도구] 탭의 ∨를 눌러 [차례/색인]에서 [제목 차례 표시]를 클릭합니다.

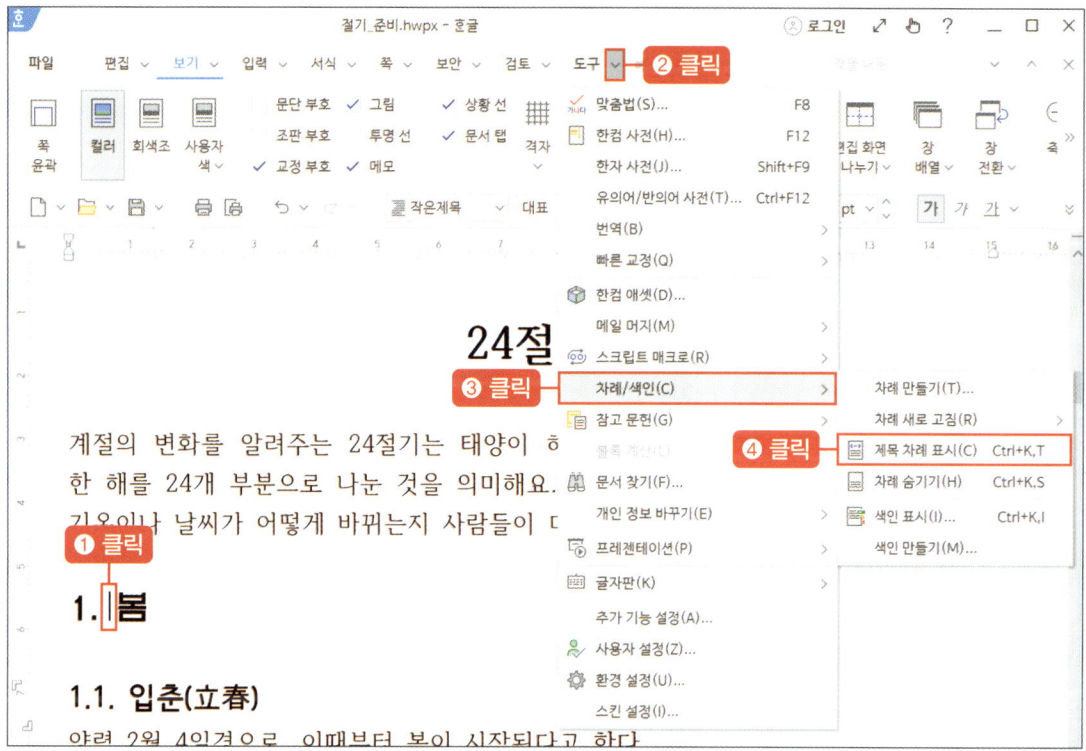

2 다른 제목들도 위와 같은 방법으로 모두 [제목 차례 표시]를 선택합니다. [보기] 탭의 [조판 부호]를 선택하면 [제목 차례]가 표시된 것을 확인할 수 있습니다. 확인을 마치면 [보기] 탭의 [조판 부호]는 체크를 해제합니다.

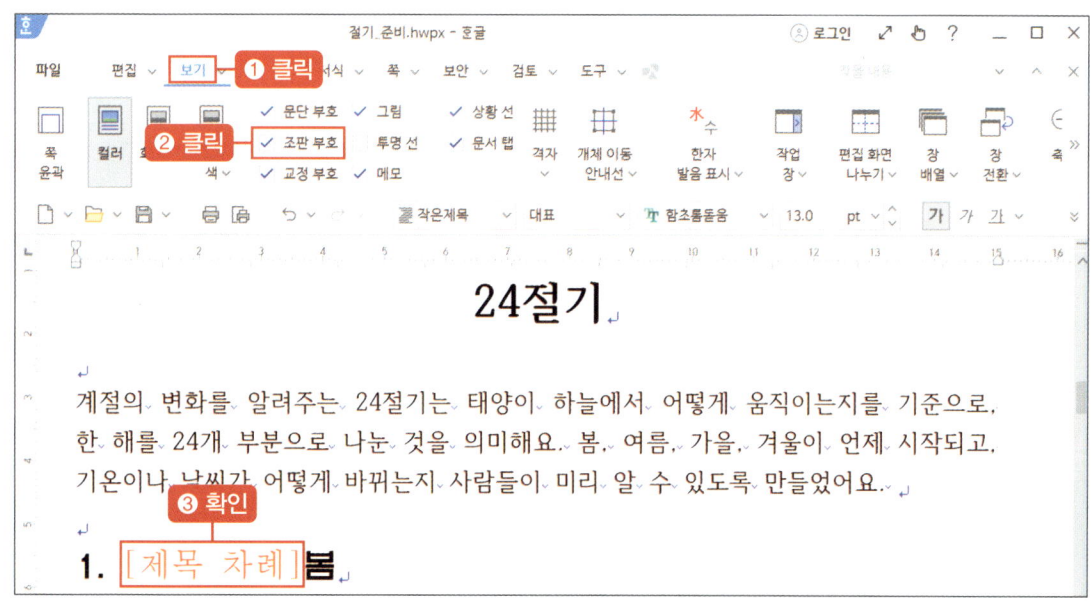

③ 차례를 만들 1쪽에 마우스 커서를 놓고 [도구] 탭의 ∨를 눌러 [차례/색인]에서 [차례 만들기]를 선택합니다.

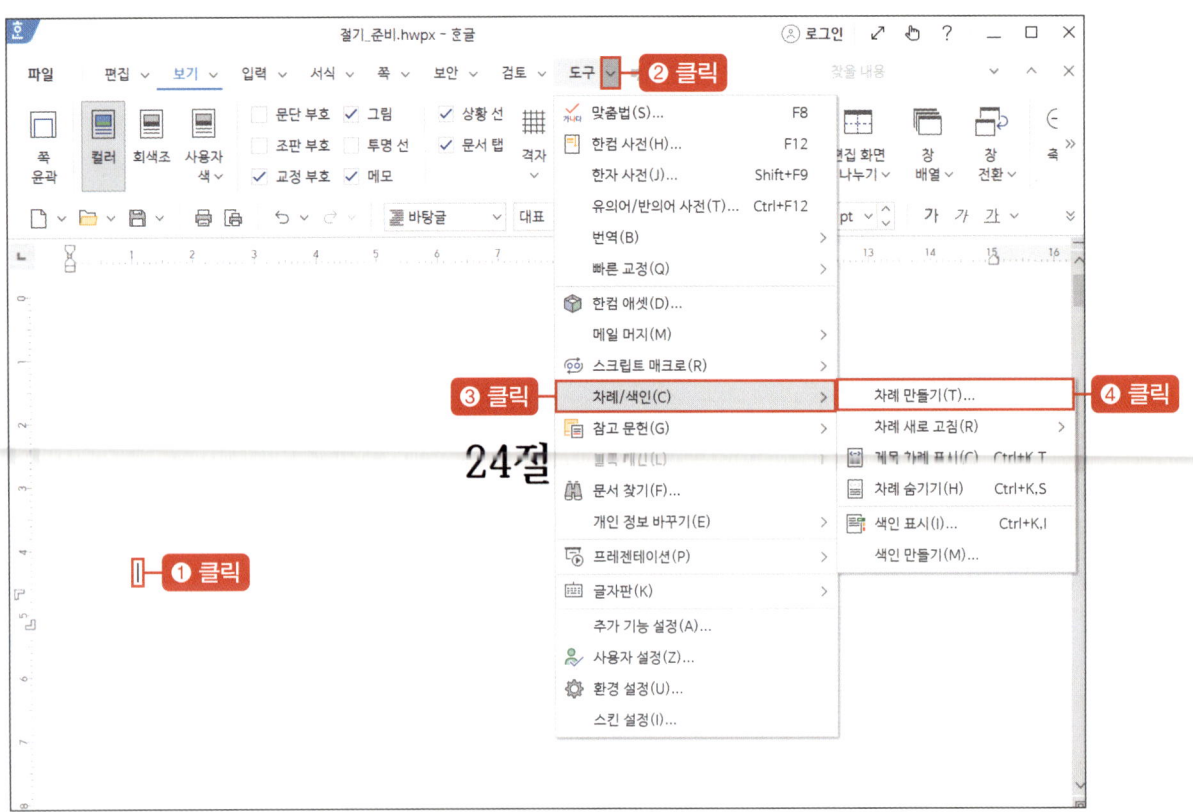

④ [차례 만들기] 대화 상자가 열리면 '차례 형식'은 '필드로 넣기', '만들 차례'는 '제목 차례'와 '차례 코드로 모으기'를 선택합니다. '탭 모양'은 '오른쪽 탭'과 '채울 모양'은 '점선'을 선택합니다. '만들 위치'는 '현재 문서의 커서 위치'를 선택한 후 [만들기]를 클릭합니다.

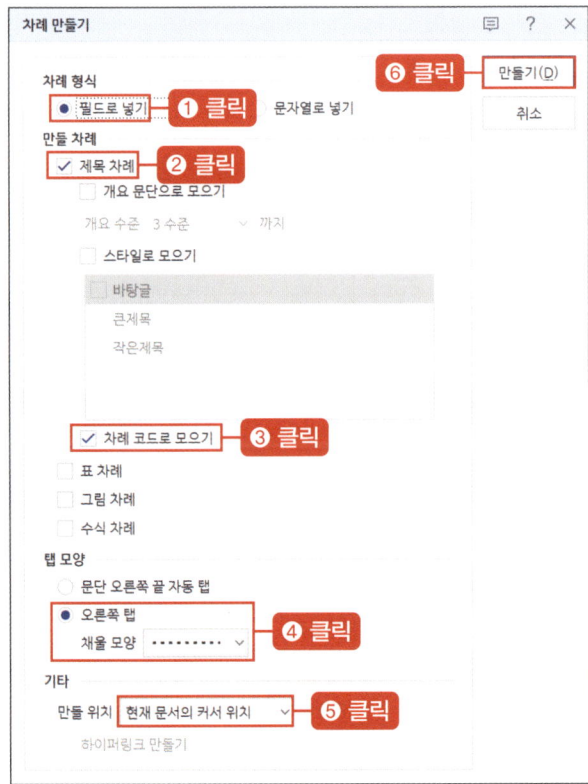

TIP '차례'가 만들어지면 다음과 같이 보기 좋게 편집합니다.

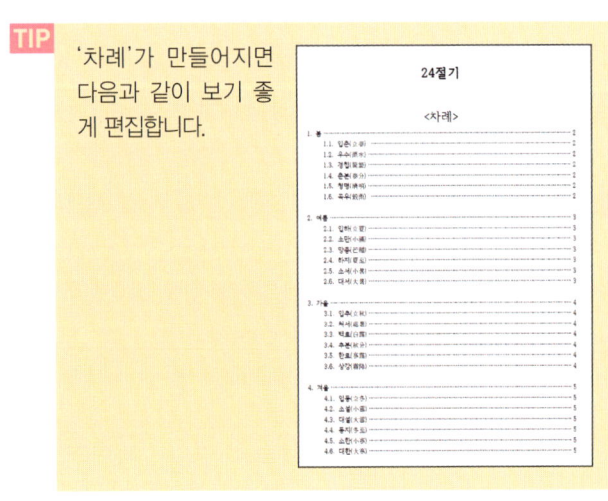

셀프 테스트

1 '우리나라 세계유산_준비.hwpx' 파일을 열어서 문단 번호를 적용하여 다음과 같이 문서를 완성해 보세요.

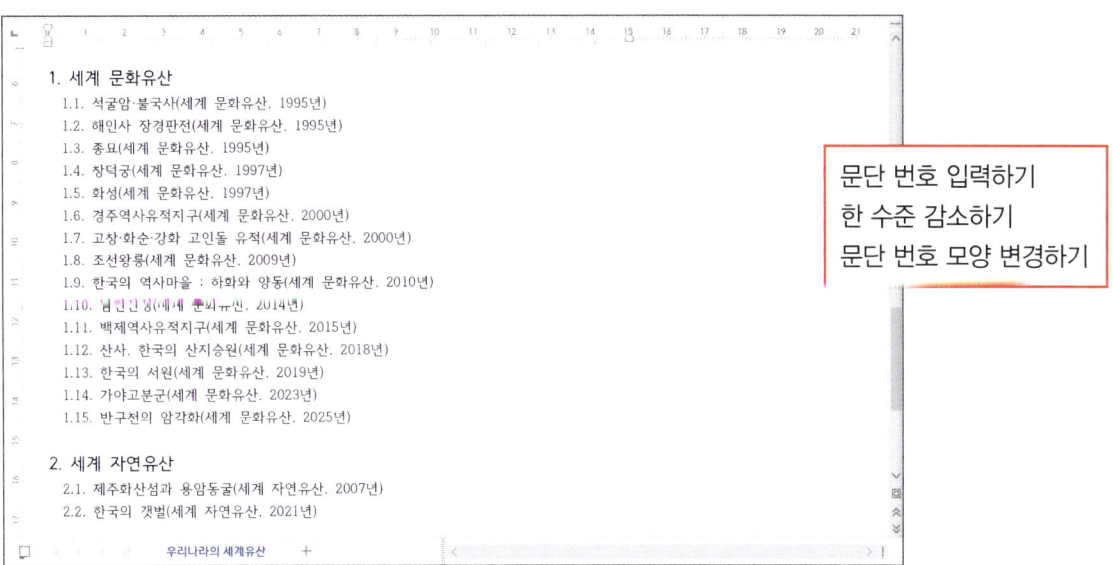

문단 번호 입력하기
한 수준 감소하기
문단 번호 모양 변경하기

2 1번 문제에 이어서 차례를 만들어 다음과 같이 문서를 완성해 보세요.

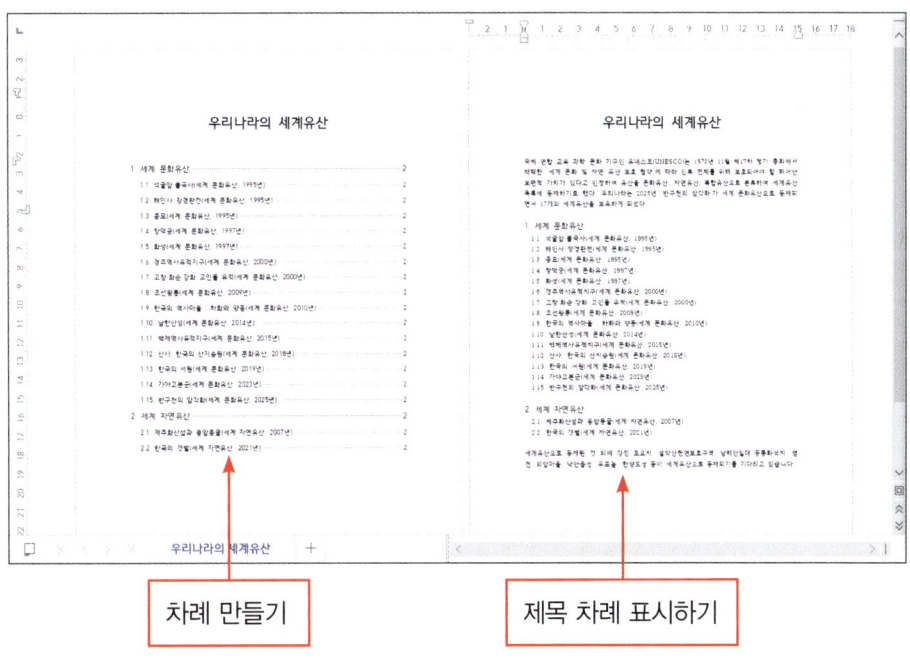

차례 만들기 제목 차례 표시하기

Hangul 2022

17 SECTION 찾아 바꾸기와 조판 부호 지우기

찾기 기능을 활용하면 작성 중인 문서에서 특정한 낱말을 찾을 수 있고, 찾아 바꾸기 기능을 활용하면 찾은 낱말을 다른 낱말로 바꿀 수 있습니다. 조판 부호 지우기 기능을 활용하면 머리말, 쪽 번호, 그림 등 특정 개체를 일괄 삭제할 수 있습니다.

1 틀린 글자 찾아 바꾸기

1 '세계유산_준비.hwpx' 파일을 열어서 '세계문화유산'을 찾기 위해 [편집] 탭의 ∨를 눌러 [찾기]의 [찾기]를 클릭합니다.

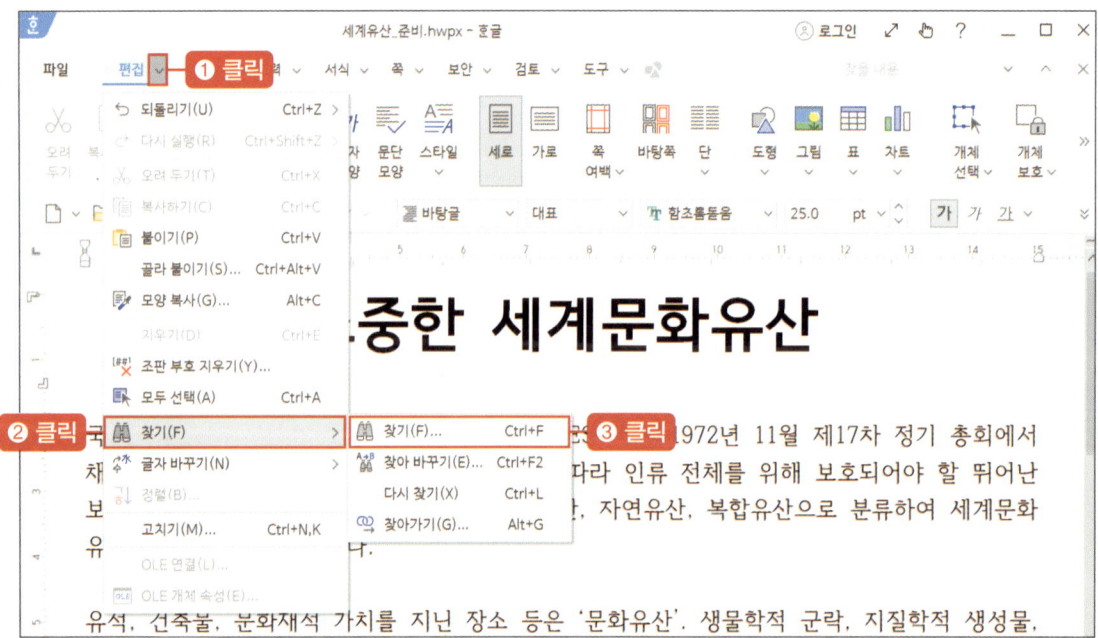

2 [찾기] 대화 상자가 열리면 '찾을 내용'에 '세계문화유산'을 입력하고 [다음 찾기]를 클릭합니다.

❸ 첫 번째 '세계문화유산'이 자동으로 블록 설정되었습니다. '세계문화유산'을 '세계유산'으로 바꾸기 위해 [찾기] 대화 상자에서 [바꾸기]를 클릭합니다.

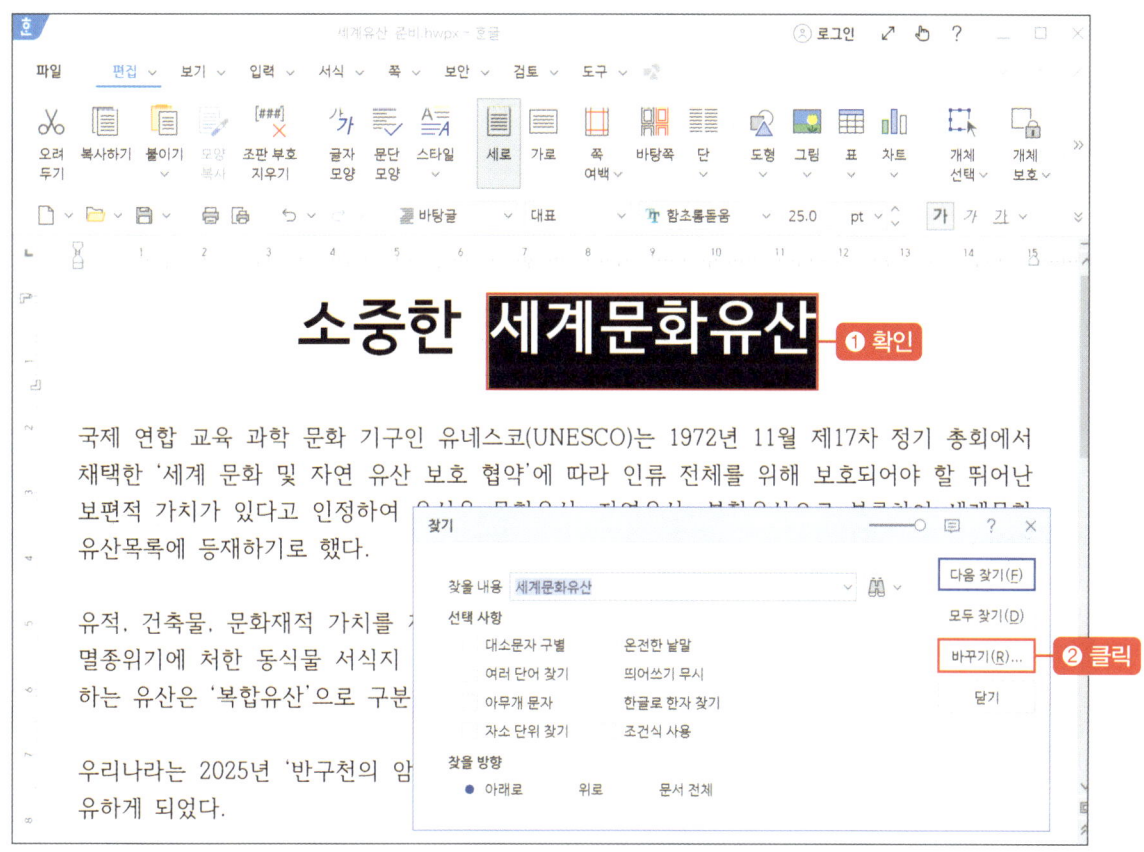

❹ [찾기] 대화 상자가 [찾아 바꾸기] 대화 상자로 바뀌었습니다. [찾아 바꾸기] 대화 상자에서 '바꿀 내용'에 '세계유산'을 입력하고 [바꾸기]를 클릭합니다.

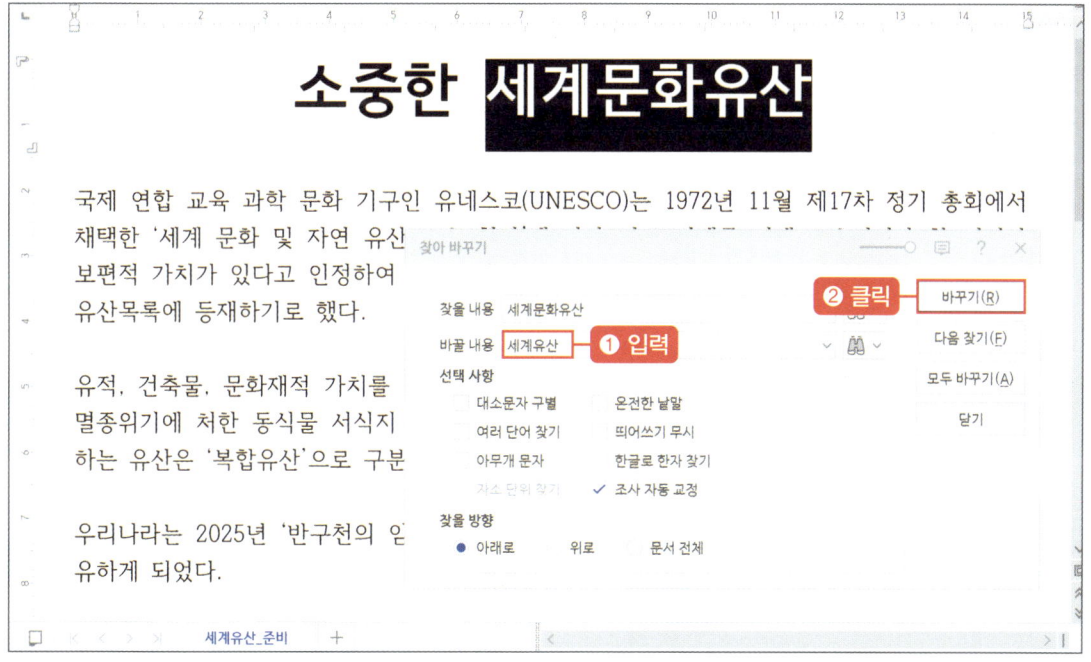

5 첫 번째 '세계문화유산'이 자동으로 '세계유산'으로 바뀌고, 두 번째 '세계문화유산'이 자동으로 블록 설정되었습니다. '세계문화유산'을 한꺼번에 '세계유산'으로 바꾸기 위해 [모두 바꾸기]를 클릭합니다.

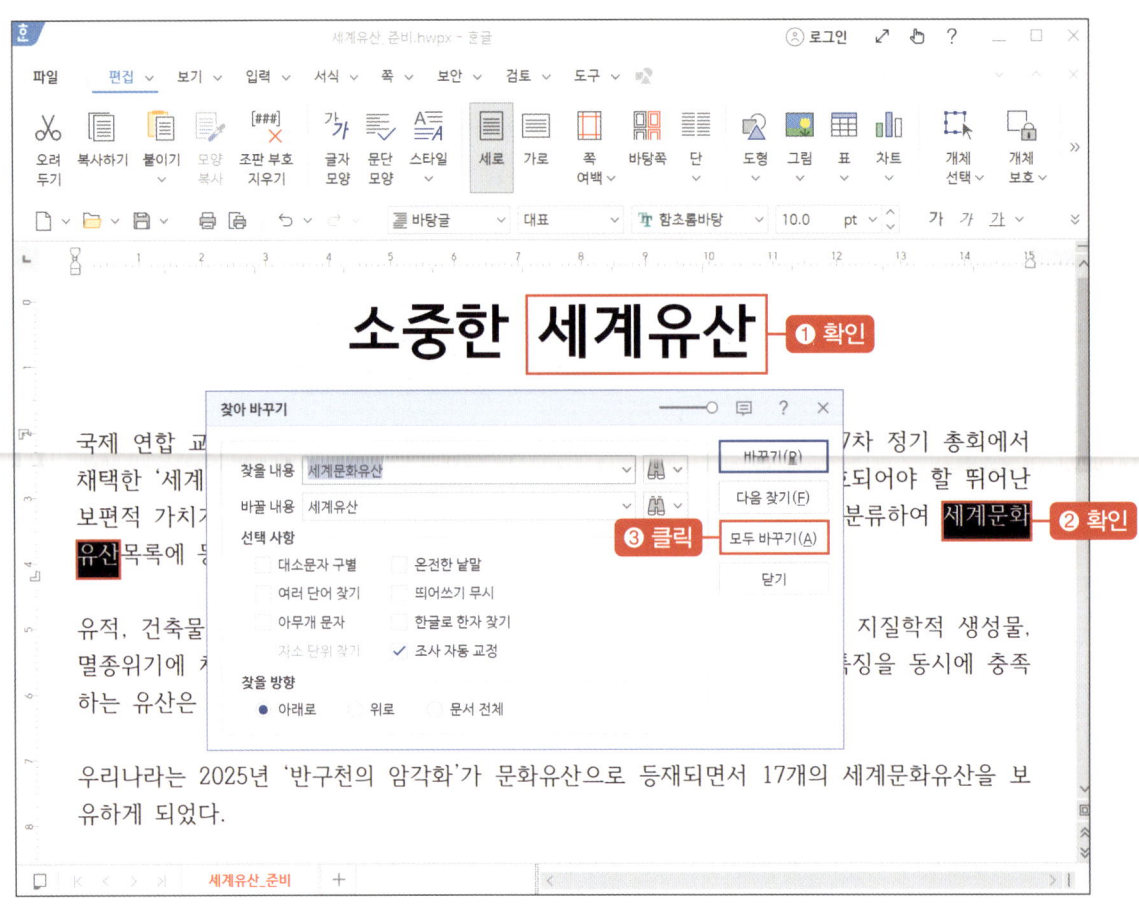

6 '찾아 바꾸기'를 몇 번 했는지 알려주는 안내창이 뜨면 누락된 것은 없는지 확인하기 위해 [찾음]을 클릭합니다.

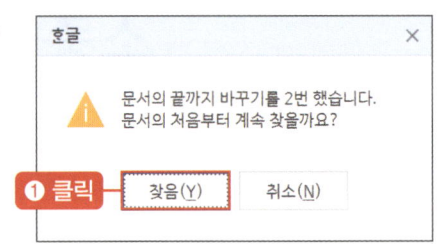

7 더 이상 찾아 바꿀 단어가 없으면 다음과 같은 안내창이 뜹니다. [확인]을 눌러 안내창을 닫습니다.

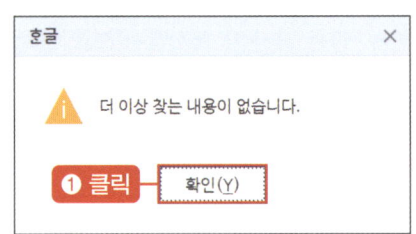

2 조판 부호 지우기

1 [보기] 탭에서 [쪽 윤곽]을 선택하면 '머리말'이 보입니다.

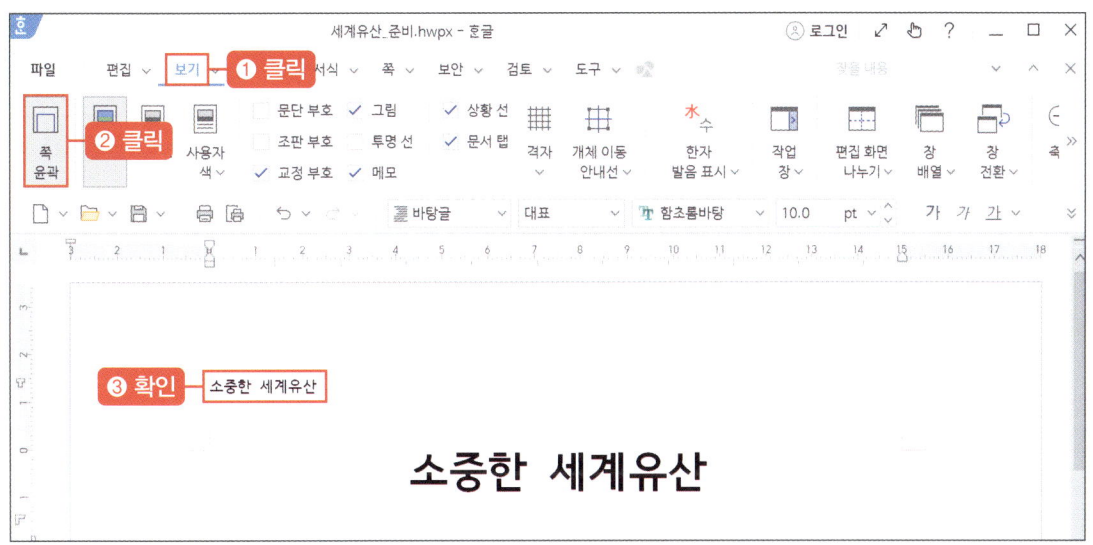

2 '머리말'을 지우기 위해 [보기] 탭에서 [조판 부호]를 체크합니다. '[머리말(양쪽)]' 앞 또는 뒤에 커서를 두고 Delete 키나 Back Space 키를 누르면 [지우기] 대화 상자가 열립니다. [지우기] 대화 상자에서 [지움]을 클릭합니다.

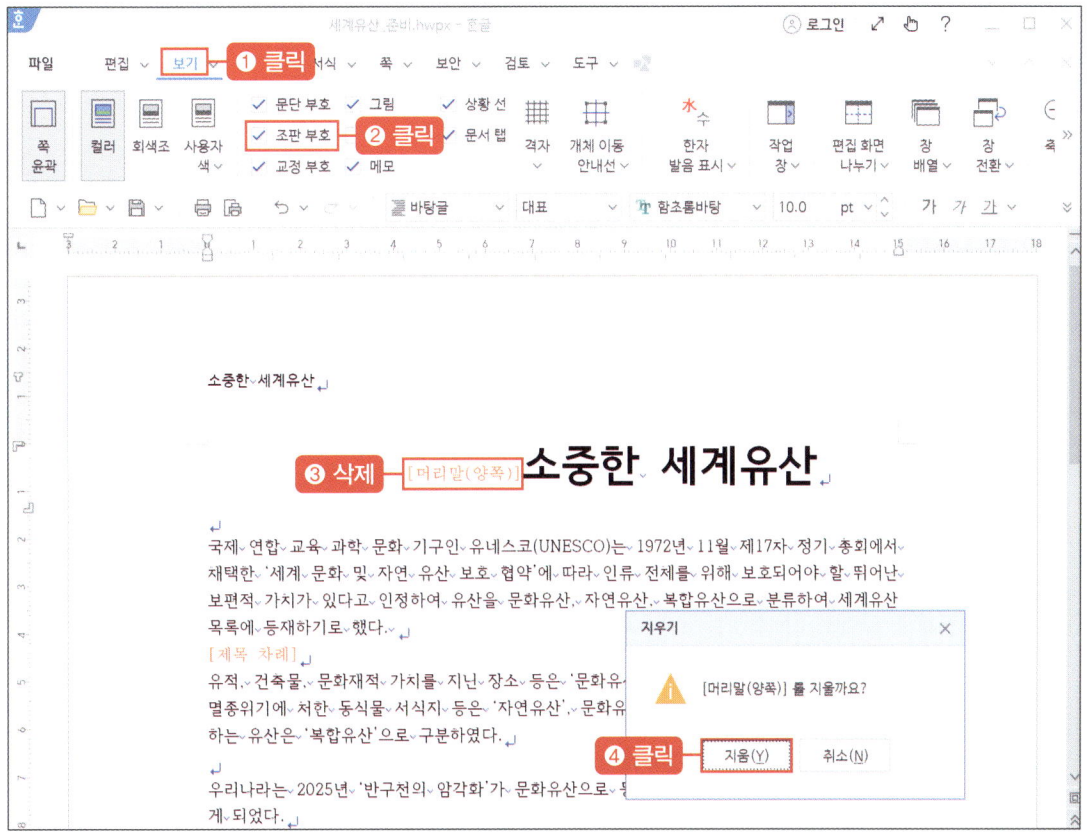

③ '머리말'이 삭제되었습니다. 문서를 살펴보면 [제목 차례]가 삽입된 것을 확인할 수 있습니다. 불필요한 조판 부호를 삭제하기 위해 [편집] 탭의 ∨를 눌러 [조판 부호 지우기]를 클릭합니다.

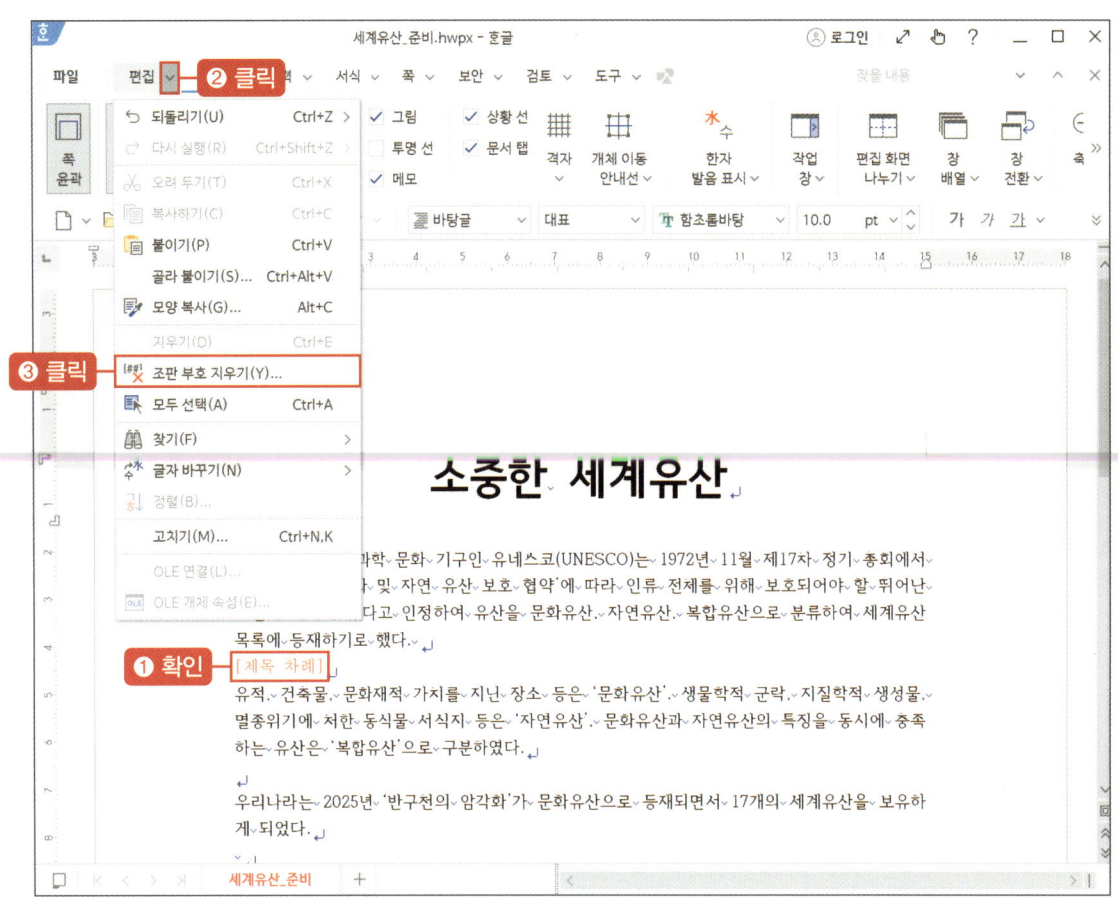

④ [조판 부호 지우기] 대화 상자가 열리면 '조판 부호 목록'에서 '제목 차례'를 선택하고 [지우기]를 클릭합니다.

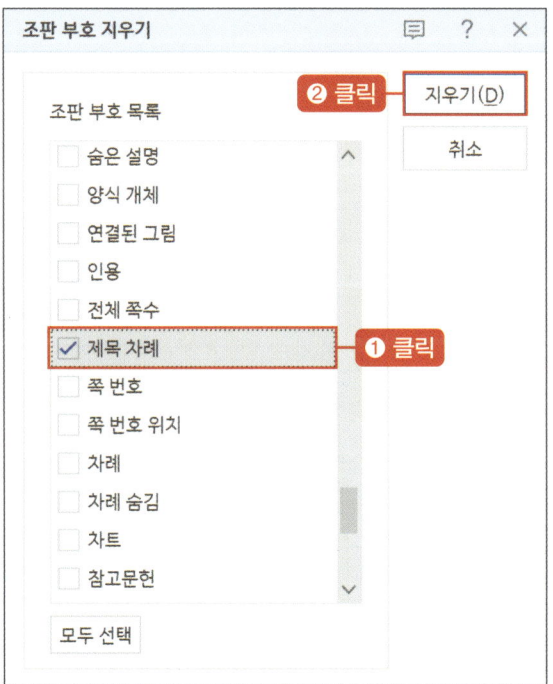

TIP 편집 과정에서 입력한 머리말/꼬리말, 쪽 번호 등의 명령은 '조판 부호'로 기록되는데, '조판 부호'는 일반적인 편집 화면에는 보이지 않습니다.
[보기] 탭에서 [조판 부호]를 선택하면 머리말/꼬리말, 쪽 번호 등이 '조판 부호'로 표시됩니다. 하지만 '조판 부호'는 어떠한 경우에도 인쇄되지 않습니다.
[문단 부호]는 Enter 키를 누른 곳을 줄 바꿈 문자(↵)로 화면에 표시해 주는 기능입니다. [조판 부호]를 선택하면 [문단 부호]도 함께 선택됩니다.

셀프 테스트

1 '북극곰_준비.hwpx' 파일을 열어서 다음과 같이 찾아 바꿔 문서를 완성하세요.

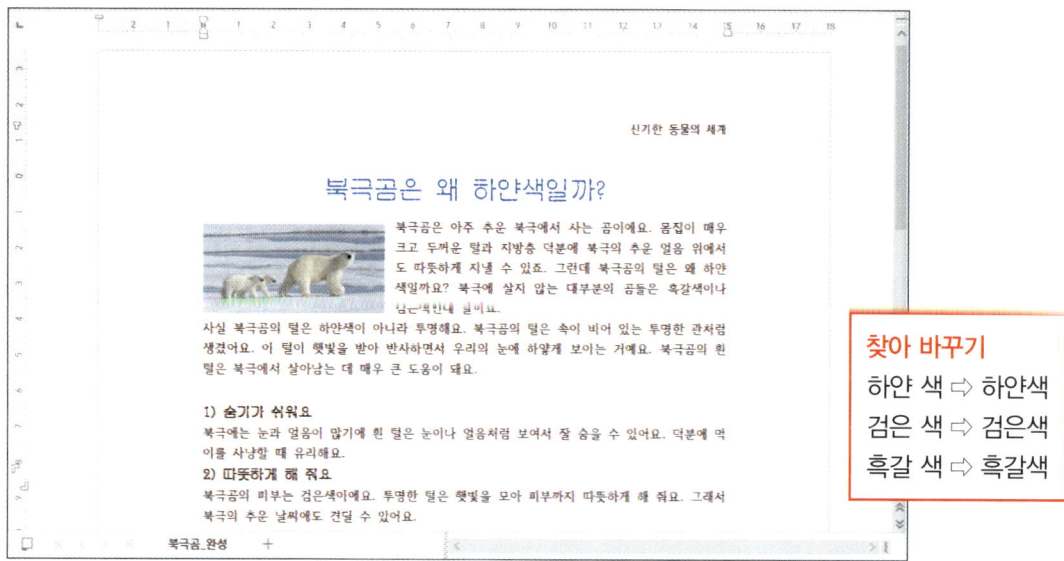

2 1번에 이어 불필요한 조판 부호를 지워서 다음과 같이 문서를 완성하세요.

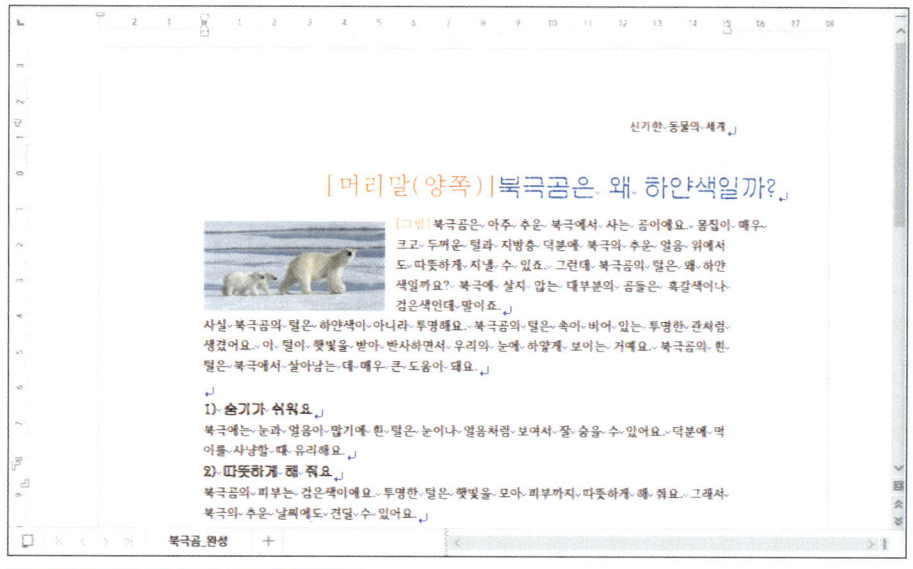

[보기] 탭에서 [조판 부호] 클릭
[제목 차례] 모두 삭제

Hangul 2022

18 다단과 구역 설정하기
SECTION

한 쪽을 여러 개의 단으로 나누어 작성하면 문서가 정돈되어 보이고, 보다 많은 내용을 한 눈에 볼 수 있습니다. 문서를 구역으로 나누면 구역마다 서로 다른 편집 용지, 바탕쪽, 각주/미주 모양, 쪽 테두리, 개요 모양 등을 사용할 수 있습니다.

1 다단 설정하기

1 '영어 단어장_준비.hwpx' 파일을 열어서 'apple' 앞부분에 마우스 커서를 놓고 [쪽] 탭의 ∨를 눌러 [단]의 [다단 설정]을 선택합니다.

2 [단 설정] 대화 상자가 열리면 '단 종류'는 '일반 다단', '자주 쓰이는 모양'은 '셋', '구분선 넣기'에 체크 표시를 하고 '종류'와 '굵기', '색'은 다음과 같이 지정한 뒤 [설정]을 클릭합니다.

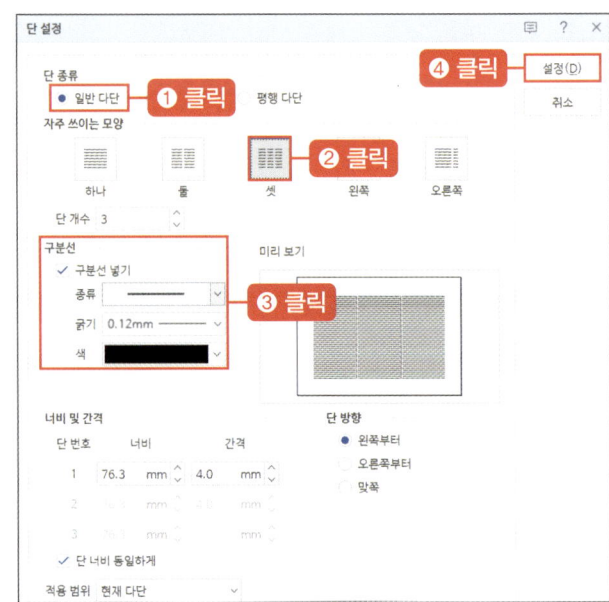

TIP 3단으로 설정한 결과는 다음과 같습니다.

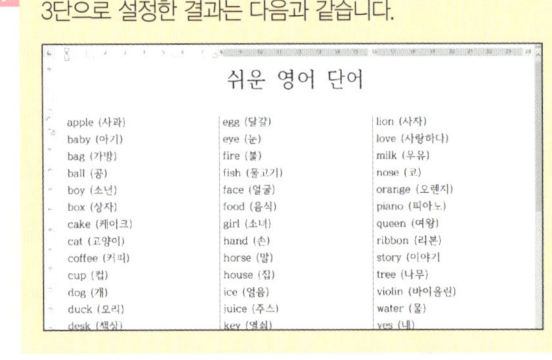

2 구역 설정하기

1 영어 단어장 2쪽에는 세로 형태의 시험지가 있습니다. 2쪽의 첫 줄에 마우스 커서를 놓고 [쪽] 탭의 ∨를 눌러 [구역 나누기]를 선택합니다.

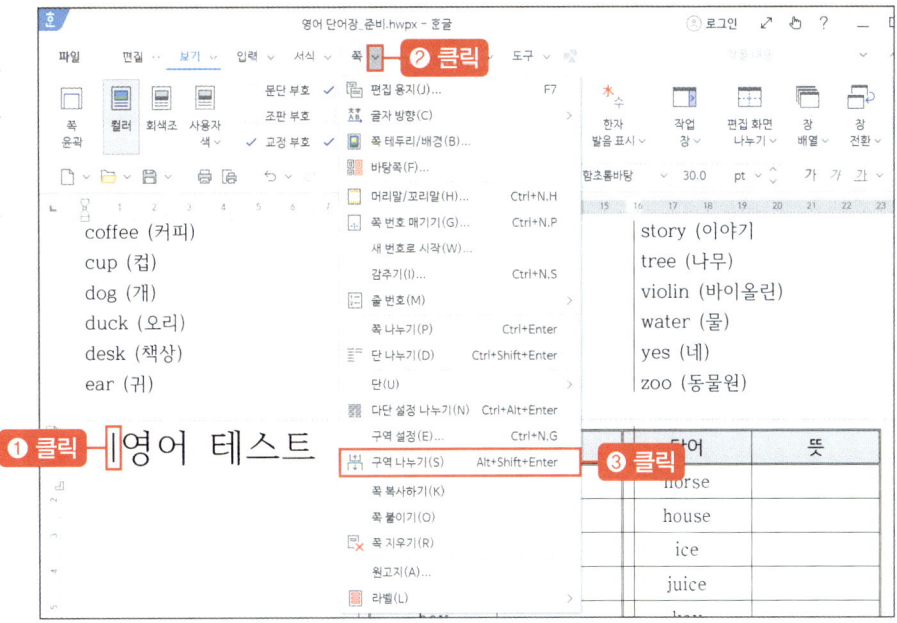

2 검은 점선이었던 쪽 분리선이 빨간 실선으로 변경되었습니다. 2쪽의 첫 줄에 마우스 커서가 놓인 상태에서 [쪽] 탭의 ∨를 눌러 [편집 용지]를 선택합니다.

3 [편집 용지] 대화 상자가 열리면 [기본] 탭에서 '용지 방향'을 '세로'로 선택하고 [설정]을 클릭합니다.

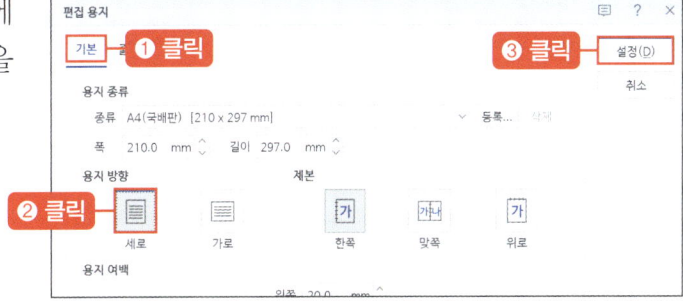

4 2쪽의 단 설정을 해제하기 위해 2쪽에 마우스 커서가 놓인 상태에서 [쪽] 탭의 ∨를 눌러 [단]의 '하나'를 선택합니다.

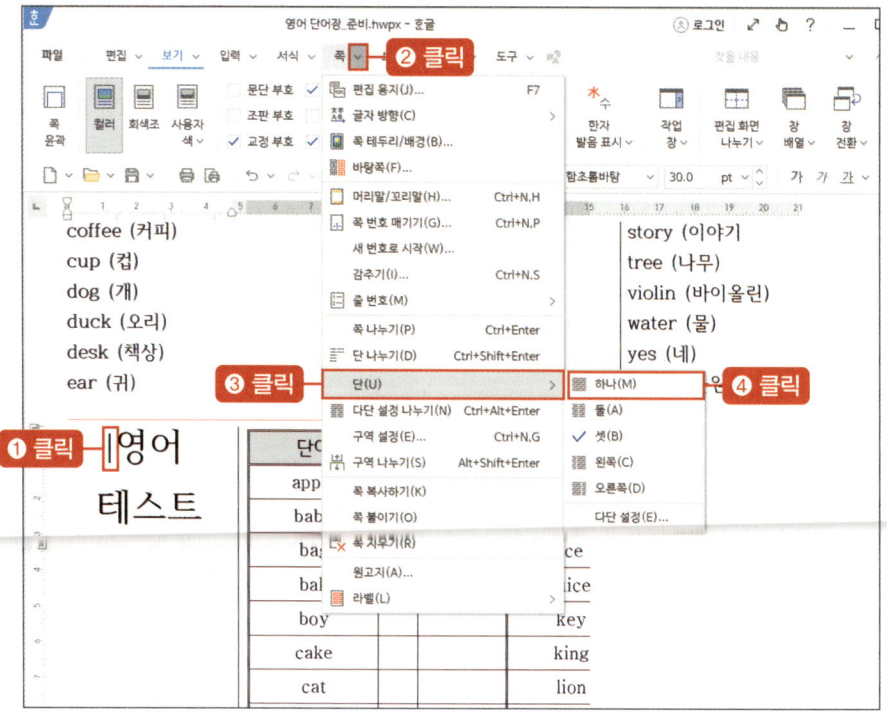

5 [보기] 탭의 [쪽 윤곽]을 선택하고 [쪽 맞춤]을 클릭하면 한 문서에서 세로형과 가로형이 함께 작성된 것을 확인할 수 있습니다.

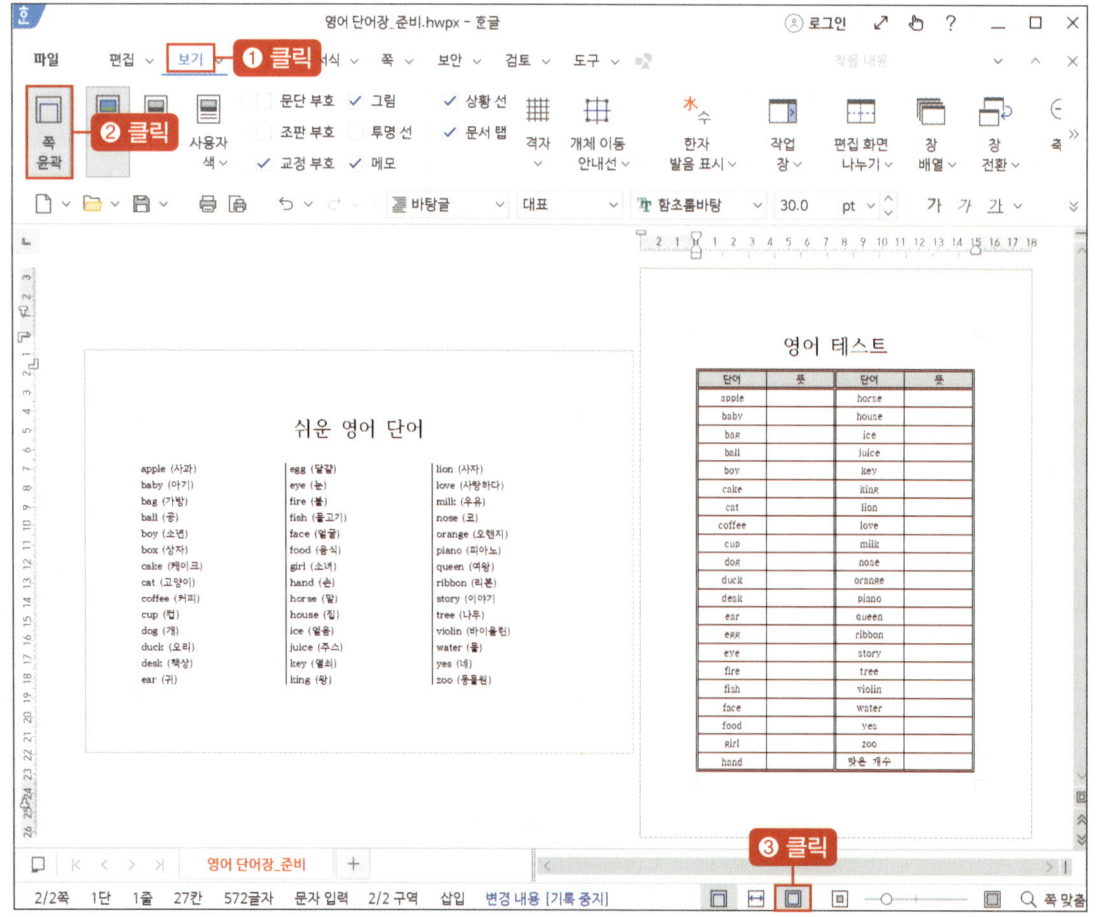

셀프 테스트

1 '감상문_준비.hwpx' 파일을 열어서 단을 설정하여 다음과 같이 문서를 완성해 보세요.

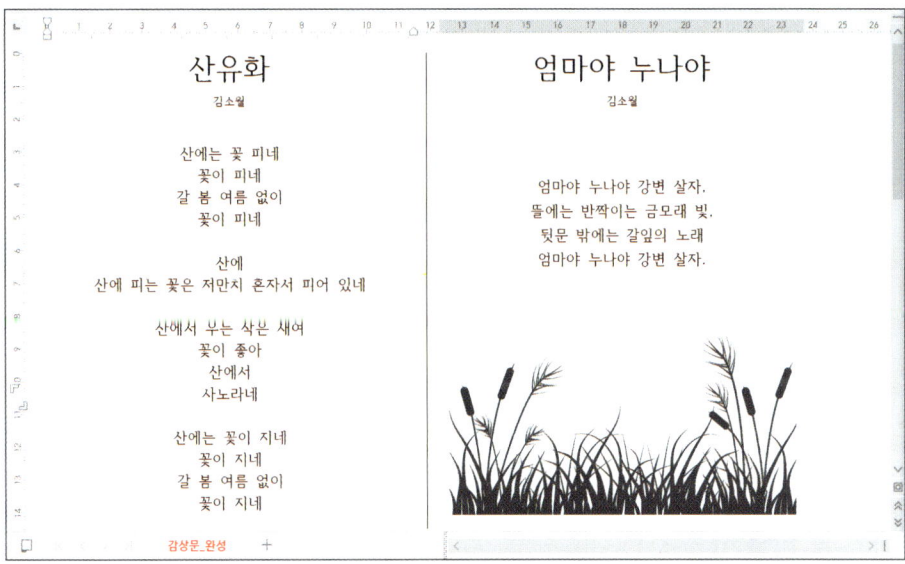

2 1번 문제에 이어 구역을 나눠서 다음과 같이 문서를 완성해 보세요.

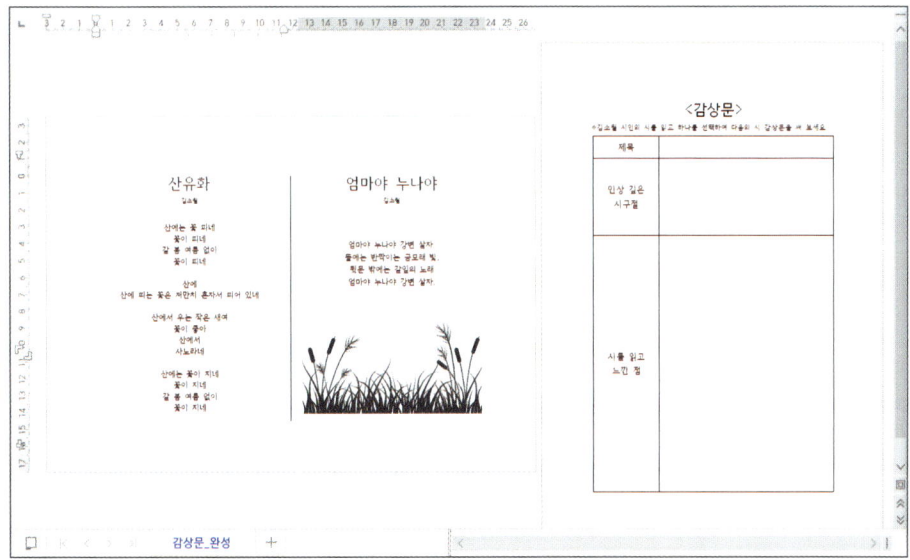

18 다단과 구역 설정하기 · 111

Hangul 2022

SECTION 19 덧말, 첫 글자 장식, 강조점 넣기

덧말은 본말의 위나 아래에 넣는 말로, 간단한 보충 자료를 제시할 때 넣으면 좋습니다. 첫 글자 장식 기능을 활용하면 문단에서 첫 글자를 크게 넣을 수 있고, 강조점을 선택하면 현재 글자의 위쪽 중앙 또는 글자 사이에 점을 찍어 문자열을 강조할 수 있습니다.

1 덧말 넣기

1 '몽골_준비.hwpx' 파일을 열어서 제목 '몽골'을 드래그하여 블록으로 설정하고 [입력] 탭의 ∨를 눌러 [덧말 넣기]를 클릭합니다.

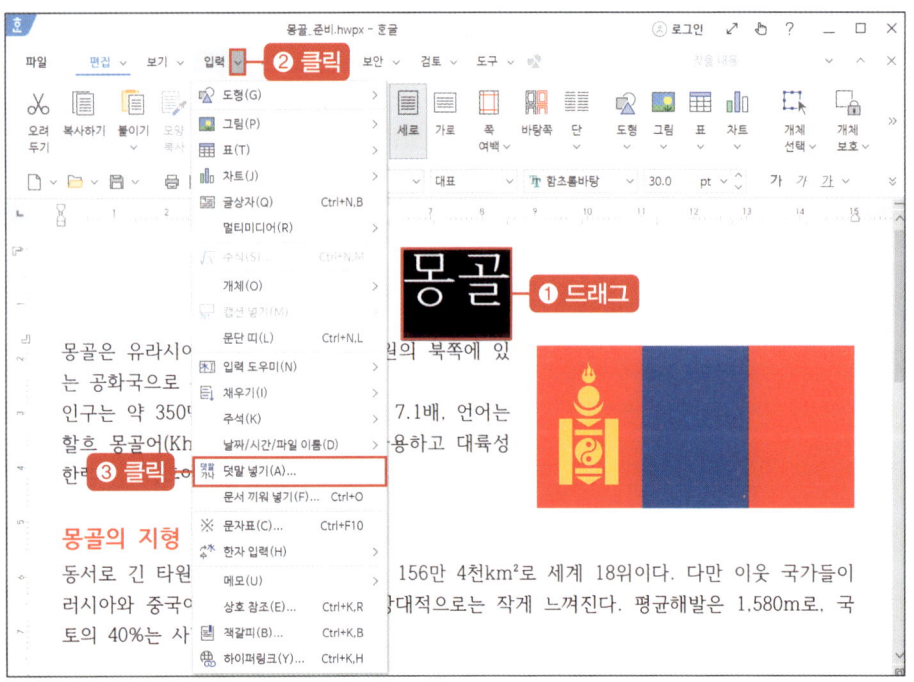

2 [덧말 넣기] 대화 상자가 열리면 '덧말'에 'Mongolia'를 입력하고 '덧말 위치'는 '위'로 선택한 뒤 [넣기]를 클릭합니다.

> **TIP** 덧말이 입력되었습니다.
>
>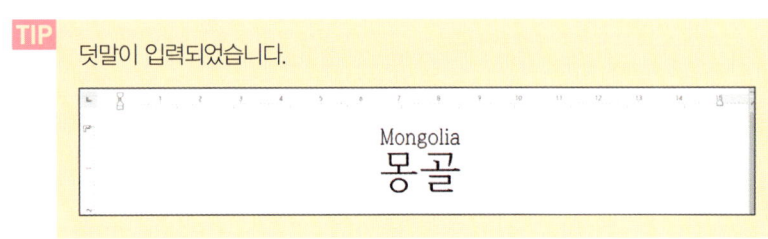

2 첫 글자 장식하기

1 본문 첫 글자 앞에 커서를 놓고 [서식] 탭의 ∨를 눌러 [문단 첫 글자 장식]을 클릭합니다.

2 [문단 첫 글자 장식] 대화 상자가 열리면 '모양'은 '2줄'을 선택한 뒤, '면 색'은 '빨강 40% 밝게'를 클릭하고 [설정]을 누릅니다.

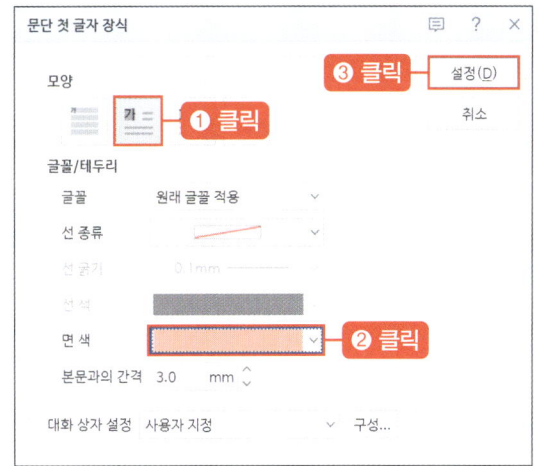

3 첫 글자가 장식되었습니다.

3 강조점 넣기

1 본문에서 '몽골의 지형'을 드래그하여 블록으로 설정하고 [서식] 탭의 ∨를 눌러 [글자 모양]을 클릭합니다. [글자 모양] 대화 상자가 열리면 [확장] 탭에서 '강조점'을 선택하고 [설정]을 클릭합니다.

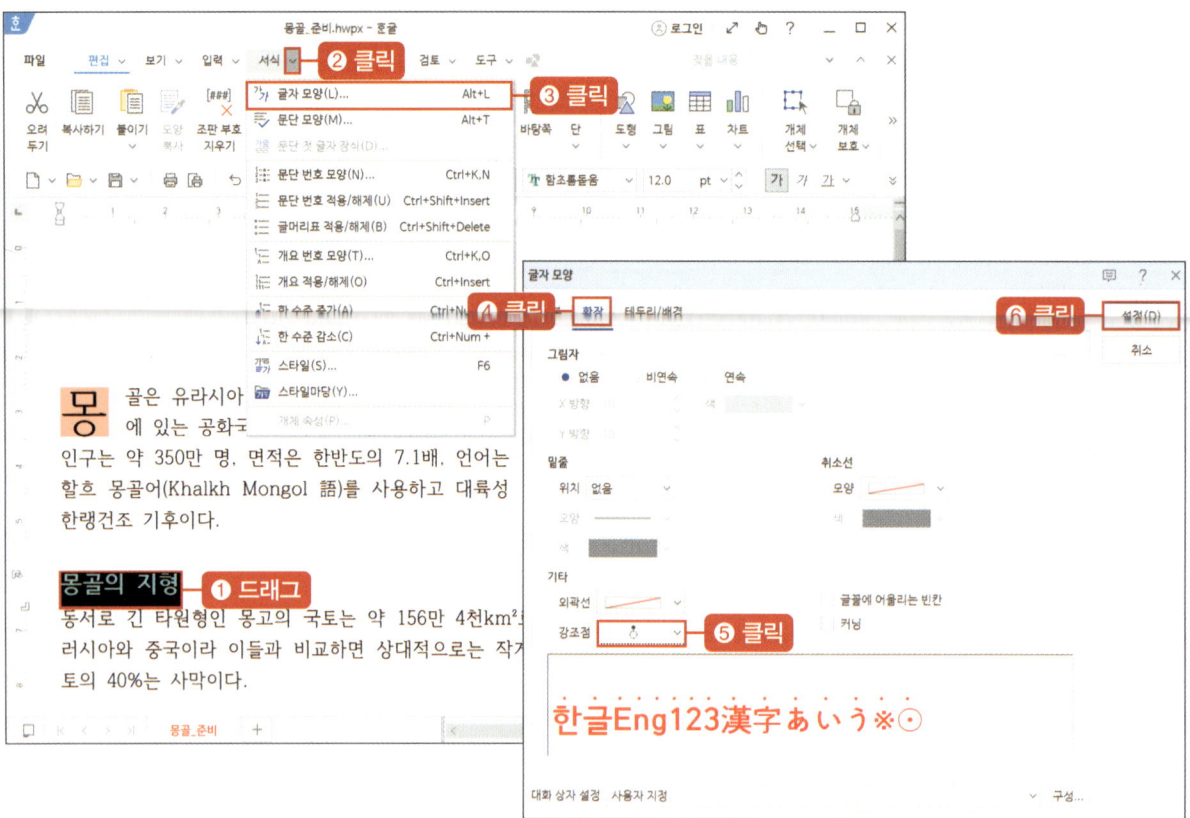

2 강조점이 삽입되었습니다.

셀프 테스트

1 '워터파크_준비.hwpx' 파일을 열어서 다음과 같이 문서를 완성해 보세요.

2 '세종문화회관_준비.hwpx' 파일을 열어서 다음과 같이 문서를 완성해 보세요.

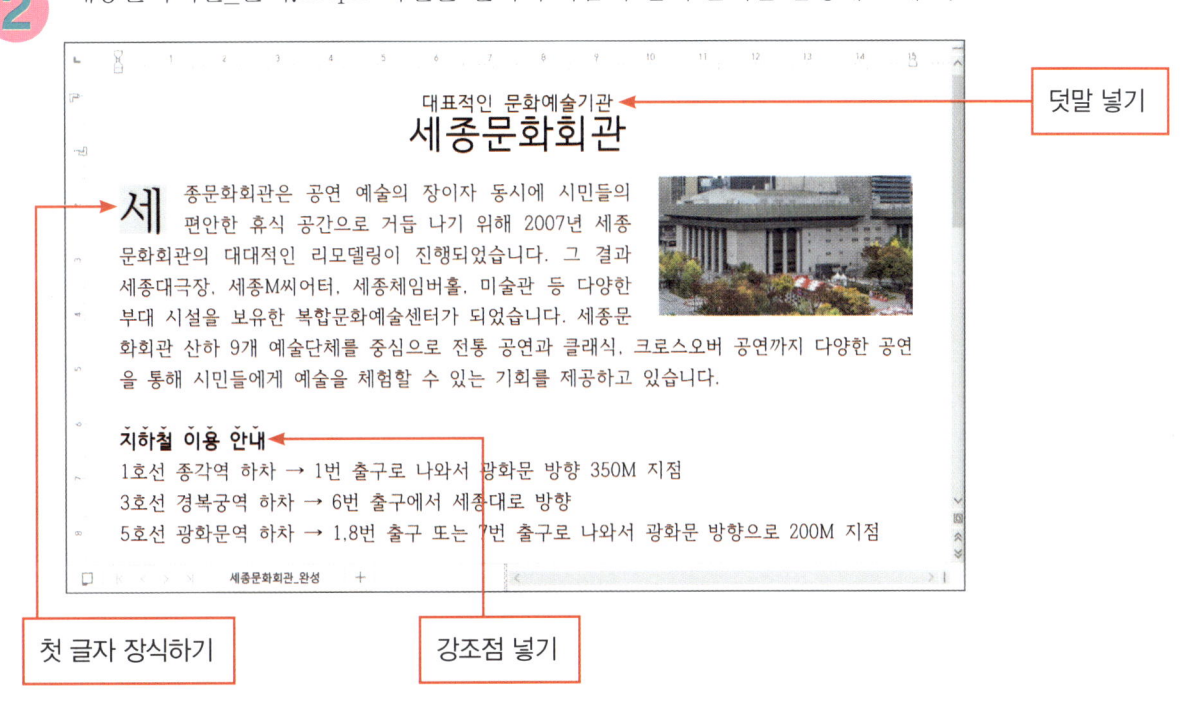

Hangul 2022

20 SECTION 책갈피와 하이퍼링크

책에 책갈피를 꽂아 두면 들춰 보기 편리하듯이 한글의 책갈피 기능을 활용하면 커서의 위치와 상관없이 표시해 둔 곳으로 바로 이동할 수 있습니다. 책갈피 기능은 하이퍼링크 기능과 함께 이용하면 더 유용합니다.

1 책갈피 넣기

① '절기 찾기_준비.hwpx' 파일에서 2쪽의 '봄'을 드래그하여 블록으로 설정하고 [입력] 탭의 ∨를 눌러 [책갈피]를 클릭합니다.

② [책갈피] 대화 상자가 열리면 '책갈피 이름'이 '봄'으로 입력되어 있는지 확인하고 [넣기]를 클릭합니다.

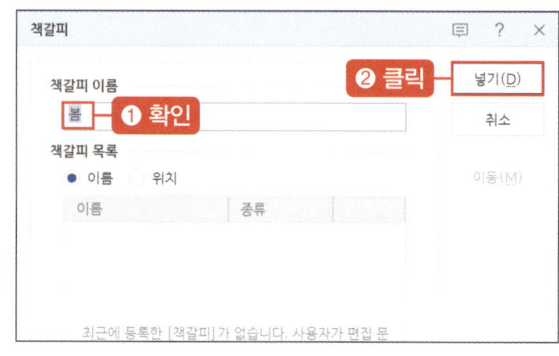

TIP [책갈피] 단축키 Ctrl + K, B

③ 같은 방법으로 3쪽의 '여름', 4쪽의 '가을', 5쪽의 '겨울'에 책갈피를 넣어 봅니다.

④ 책갈피를 모두 넣고 단축키 Ctrl + K , B 키를 눌러 [책갈피] 대화 상자를 열어 보면 '책갈피 목록'에 '봄', '여름', '가을', '겨울'이 모두 입력되어 있습니다. '겨울'을 선택하고 [이동]을 클릭합니다.

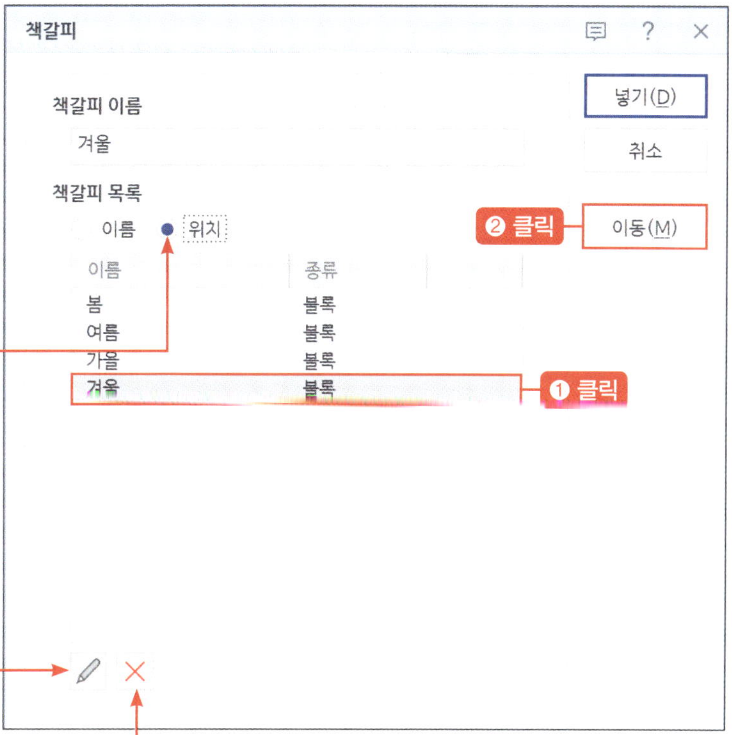

TIP '책갈피 목록'에서 '이름' 대신 '위치'를 선택하면 책갈피가 삽입된 위치순으로 정렬됩니다.

TIP '책갈피 목록'에 등록된 '책갈피 이름'을 바꿀 수 있습니다.

TIP '책갈피 목록'에 등록된 '책갈피'를 삭제할 수 있습니다.

⑤ 마우스 커서가 '겨울'로 이동합니다.

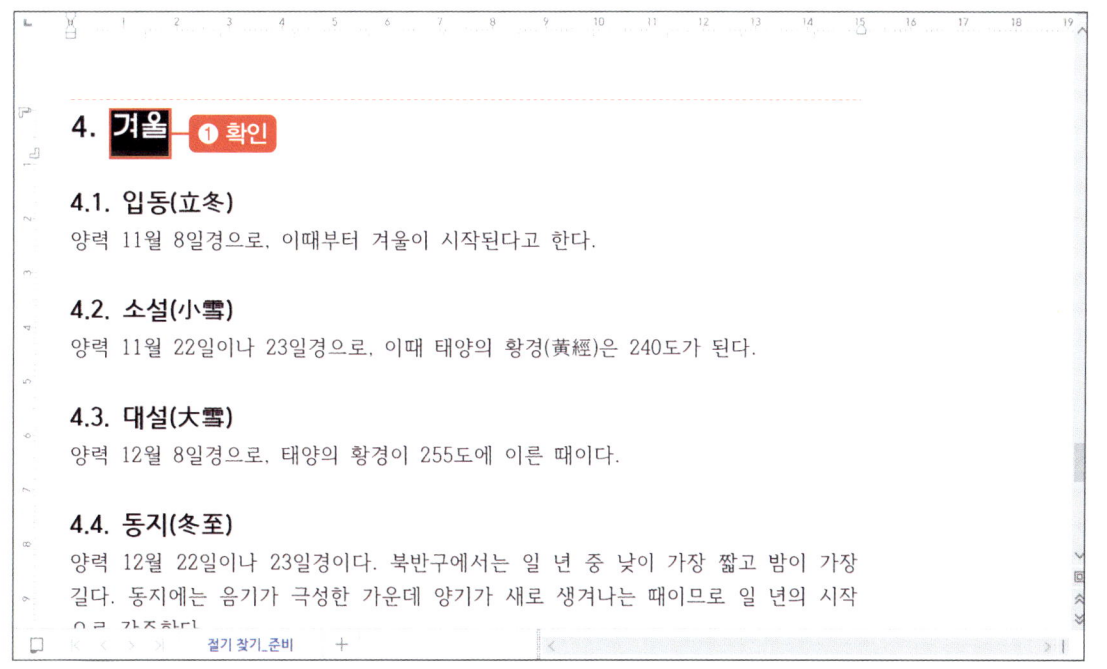

2 하이퍼링크 연결하기

1 하이퍼링크를 연결하기 위해 1쪽의 차례에서 '봄'을 드래그하여 블록으로 설정하고 [입력] 탭의 ∨를 눌러 [하이퍼링크]를 클릭합니다.

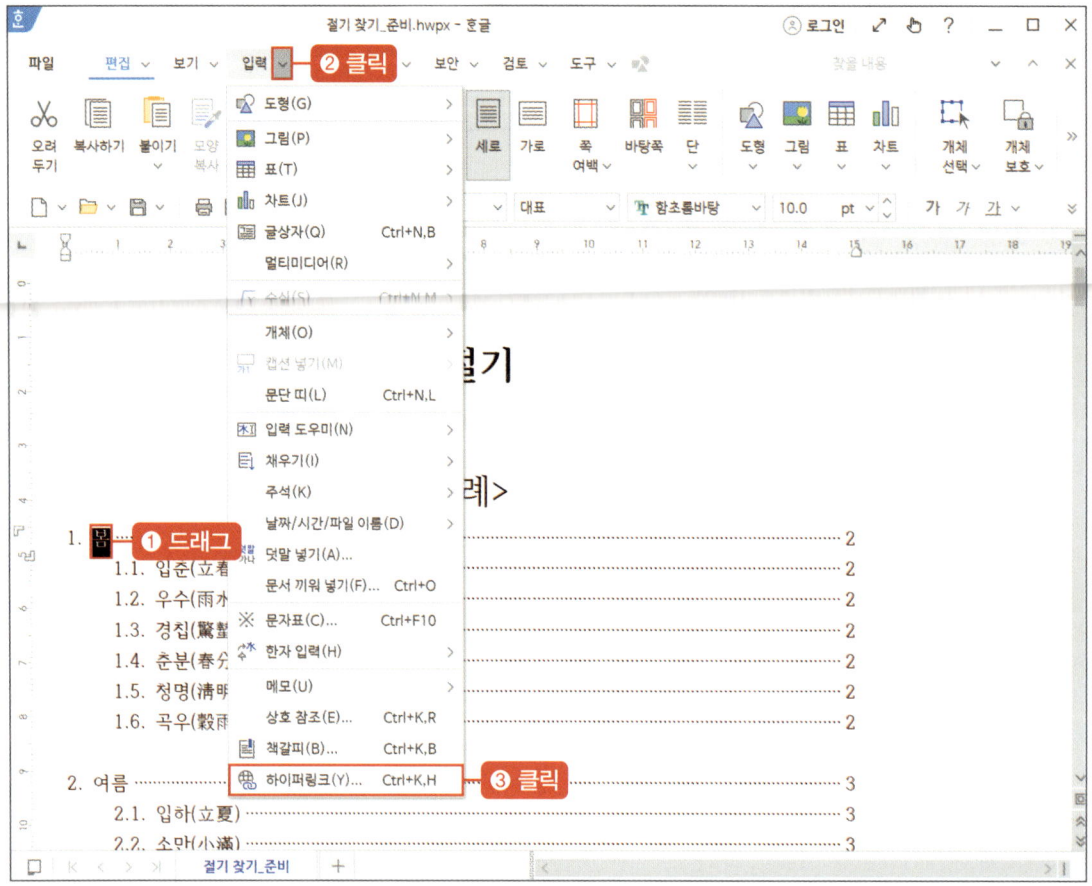

2 [하이퍼링크] 대화 상자가 열리면 '연결 대상'에서 [한글 문서] 탭을 클릭합니다. '현재 문서'의 책갈피에서 '봄'을 선택하고 [넣기]를 클릭합니다.

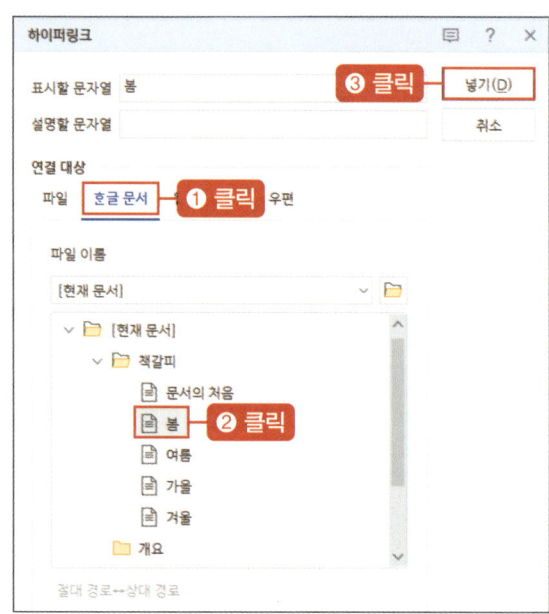

③ '차례'의 '봄'을 클릭합니다.

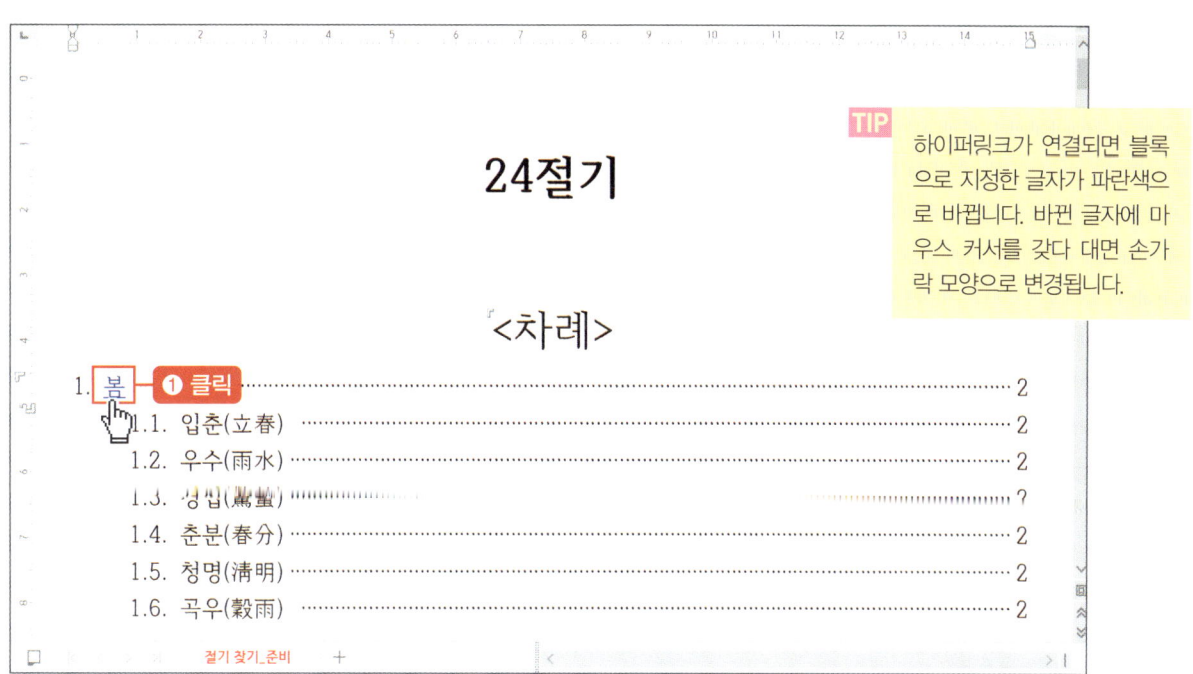

④ 마우스 커서가 2쪽의 '봄'으로 이동합니다.

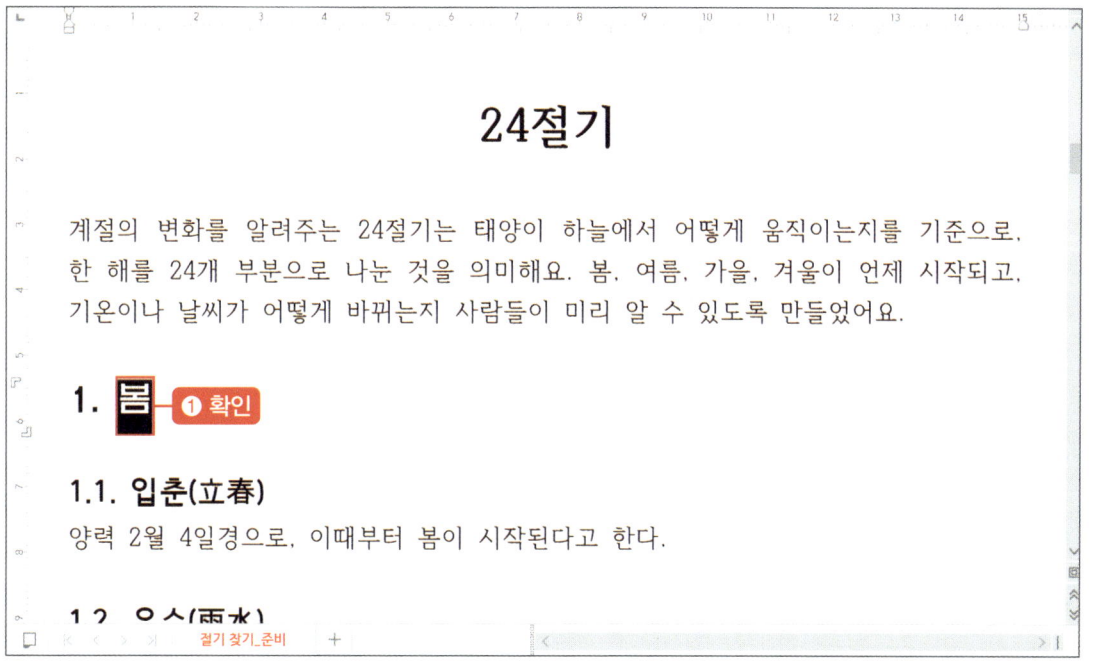

⑤ 같은 방법으로 1쪽 '차례'의 '여름', '가을', '겨울'에도 [하이퍼링크]를 연결합니다.

셀프 테스트

1 '우리나라의 국경일_준비.hwpx' 파일을 열어서 다음 표시한 부분에 책갈피를 넣어 보세요.

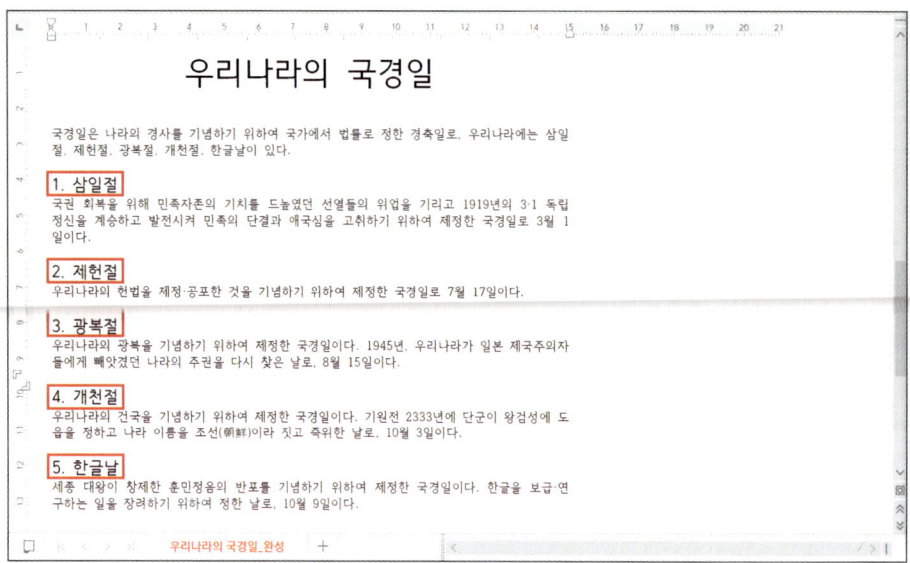

2 1번 문제에 이어서 차례에 하이퍼링크를 연결하여 다음과 같이 문서를 완성해 보세요.

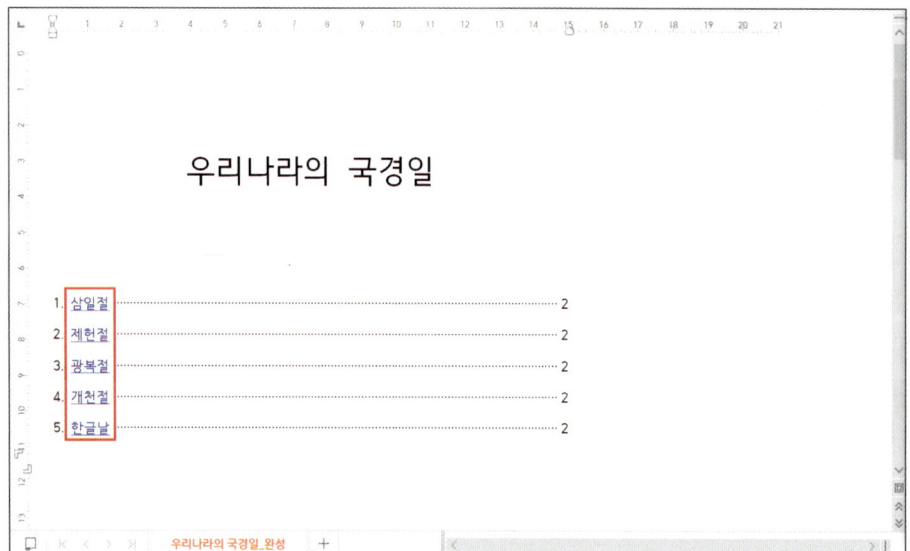